人類史上牽連最深遠的
掠奪戰

Chine LE GRAND PRÉDATEUR

中國大掠奪

PIERRE-ANTOINE DONNET

著——**董尼德**

蔡紫珊、謝珮琪————譯

目次

CONTENTS

序言

高敬文（Jean-Pierre Cabestan）

法國漢學家，當代華人世界的法律和制度專家，尤其是關於台灣的研究。他是國家科學研究中心的主任。2007 年起任香港浸會大學政治學系教授及系主任。也是亞洲研究中心（Asia Centre- Centre d'études Asie）的副研究員。

　　這是一本重要而且非常有用的書。之所以重要，是因為董尼德先生對當前中國政權及其國內外政策做出了令人震驚和憂慮的總結。至於為什麼有用，則是因為現在正是我們歐洲，包含法國，必須檢討對中關係的時候，無論是在外交戰略、經濟、或人文方面。本書的書名——中國大掠奪——靈感，顯然來自海斯堡最近出版的《大掠奪的時代》（*Le Temps des Predateurs*, Odile Jacob, 2020）。董尼德對中國的關注其來有自，不僅因為他研究中國已逾四十載，能說流利的中文，而且也因為當前中共政權「正在挑戰全球」，正如本書的副標題所示。

　　我想進一步說明：中國政權——也就是中國共產黨，而非中國社會——這個擁有約 9 千多萬黨員，由 60 萬精英領

導階層以鐵腕手段和完全不透明的方式所操控的龐大國家機器，是全世界的首要威脅。

董尼德在此用五個精闢的章節分析中國的現狀，尤其是中國共產黨蓄意透過宣傳和虛假訊息來一手遮天的事實。我在此就不贅述他的觀點：閱讀此書，您就會恍然大悟。事實上，北京政權扼殺自由的情況比以往任何時候都更為嚴重，尤其 2012 年上台後的習近平主席更是箇中翹楚。利用現代化技術所建立的歐威爾式監視系統使之能大幅制敵機先，箝制任何可能威脅到他的力量。他接管香港之後，於 2020 年開始摧殘當地倖存的民主和政治自由。他對西藏進行嚴厲的鎮壓，對新疆更是如此，他懷疑所有為了爭取真正自治或只是尋求保護自身文化和宗教的穆斯林人（維吾爾人、哈薩克人、吉爾吉斯人）都是「恐怖主義分子」。更有甚者，他比以前更殘酷地防微杜漸，戮力摧毀任何民主、甚至政治改革的渴望。正如中國外交部長王毅日前所證實，習近平甚至公開表示要繼續執政，建立「千秋萬載」一黨獨大的政權。總之，中國政權和和主宰中國命運的「秘密社團」儼然已經成為民主的頭號敵人。為什麼是頭號敵人？首先，並不是因為中國比其他專制政府更反民主。而是普丁轄下俄羅斯、緬甸最近的軍事政變、甚至華盛頓國會大廈被占領——美國歷史上前所未有的事件——再再提醒我們獨裁主義多麼蔓延肆虐！從民主走向獨裁是多麼迅速又輕而易舉！民主政治又何

其脆弱！第二個原因則是因為中華人民共和國現居世界第二大經濟和軍事強國之位。中國的國內生產總值（GDP）在十年之後很有可能超越美國。而中國也日益有能力挑戰美國及其盟友，特別是台灣海峽和南海等地區的國家。如果美國的全球領導權被中國霸權所取代，那麼我們民主國家的未來將會是如何？屆時，民主國家將無可避免的處於劣勢，而我們的民主價值將岌岌可危。

西方人咸信，中華人民共和國與我們民主國家接觸並受惠於「溫柔的貿易」交流之後，將會適應民主，但這是完全錯誤的想法。董尼德先生很好意地引用了拙著，只是令人唏噓的是，拙著的悲觀結論在出版三年之後仍然適用現實情況。[1] 更重要的是，誠如《中國大掠奪》的作者董尼德先生所言，北京政府不再僅僅以批評所謂的「西方民主」來替共產黨辯護，並保障中共繼續專政。他們更利用經濟和金融實力推棋過河，企圖將社會主義與資本主義之間——意即獨裁與民主國家之間——的權力角逐推往有利於己的方向。中共一邊說不會輸出自已的「模式」，卻一邊譴責人權的普世性並大肆宣揚其治理體系的優勢。同時前所未有地向聯合國體系滲透，從而加強中共話術的思想灌輸，尤其是習近平關於構建人類命運共同體的「建樹」……

北京政權的掠奪性表現在各個層面。中共曾在 1979 年決心放手讓中國社會拚經濟掙大錢，中國經濟才得以空前發

展。但這前所未有的現代化也為環境帶來了嚴峻的挑戰。習近平政府雖然意識到這一點，但因其政治不透明，也無法完全融入國際社會，使問題雪上加霜，導致世界各國必須共同克服這些問題：在中國本身，電力製造業的減碳進程過於緩慢，還有大規模的水汙染；而在全球範圍內，則是過度砍伐熱帶地區森林以及有計畫性地濫捕海洋魚類。眾所周知，中國政權不惜一切代價從美國及其他發達國家巧取豪奪，以取得技術方面的主導地位。近年來，這場戰鬥愈演愈烈，也符合習近平在 2020 年提出的「雙循環」新經濟戰略，即中國必須刺激國內消費，同時繼續保持經濟全球化。實際上，該戰略的目標是讓中國減少對西方技術的依賴，發展自己的技術並制定自己的技術標準，然後盡可能地將這些技術與標準輸往更多的國家，尤其是最容易被收買的「南方國家」，然後再擴展到那些最依賴中國經濟的「北方國家」。換言之，中國政府的戰略正是要與西方經濟脫鉤。中國在這方面的努力會成功嗎？中國能成為未來科技的領導者嗎？我無法斷言。雖然中國在一些領域獲得卓越的成就，例如導彈、火箭、衛星、無人機、高鐵、行動支付，而在許多其他領域仍然遠遠落後：電子晶片、飛機引擎、奈米技術、醫學研究等等。

　　中國在國際上的野心無人不知：不惜一切代價統一台灣，取得其主張擁有主權的海域及所有相關領土，以中國自

訂的國際規則加諸於世，進而重組世界經濟，使其不再以西方國家馬首是瞻，而是以中國經濟為首。因此，在中國共產黨眼中，只有中華人民共和國才能將美國趕下全球霸主寶座。而那些拒絕認同習近平新絲綢之路戰略的國家都不懷好意。「一帶一路」（BRI）實際上倡議追求的是經濟目標：中國大型企業集團的國際化、征服新市場、確保原物料供應穩定。但是，越來越多南方國家的經濟和金融日益依賴中國，從而讓中國建立了一種可以說是附庸臣屬的不對等關係，形成新的霸權形式。近年來，在中國政府的堅持之下，很多國家支持中國在新疆或香港的政策，也證明中國霸權上升的事實。這是否意味著這些國家「愛中國」？當然不是；這只因他們被中國債務陷阱套牢而逼不得已的表態。

值得慶幸的是「一帶一路」正在失去動力，不只因為這些簽署國越來越難償還積欠中國銀行的債務；還因北京需要更多融資去支援國內的經濟增長、基礎建設或先進技術的研發。但這個演變也不能改變中國在外交上日益粗魯的形象。澳大利亞、加拿大和現在的歐盟國家因為膽敢制裁一些在新疆犯下令人髮指人權侵害罪刑的中共高官，正在為此付出代價。北京對台灣的威脅越來越大，加劇各界對軍事危機甚至武裝衝突的擔憂，這將使中國和美國直接陷入不可避免的衝突，甚至可能迅速引發核戰。而這一切在無止境的新冠肺炎疫情下進展，除了中國和美國兩國經濟恢復且持續增長

（2021 年在 6% 到 8% 之間）外，歐洲經濟環境仍然處於疲軟狀態，更甚者，在歐洲民主國家內部的民粹主義和種種不容忍現象也相繼抬頭。

董尼德先生精準地列出了令人憂心忡忡的總結，有鑑於此，我們該如何自處？我認為必須先從地緣戰略對抗、經濟與意識形態競爭等方面來衡量。世界正進入新的冷戰期，這絕非我們所願，但是中國共產黨利用言論、政策和行動，把局勢往此推進。我完全理解可能有些讀者不同意我的判斷，因為當前的情勢和上世紀的冷戰具有明顯的差異。我還記得 1974 年第一次訪問柏林的查理檢查哨以及 1977 年第一次去蘇聯，當時布里茲涅夫剛剛修改了國家憲法，使他可以在獲得蘇共總書記的頭銜之外，還能成為共和國的總統。我們現在處於一個全球化的世界，而中國也隸屬其中，但中國卻恰恰沒有完全融入其中。它肆無忌憚地藐視我們所信仰的普世價值，而且不尊重世界貿易組織的標準、海洋法規以及外交關係上最起碼的禮貌和禮節。中共強盛後更竭盡所能，無處不挑戰普世價值觀和規範。

一些接受北京論點的歐洲人會告訴我，我們與中國沒有戰略衝突。事實上，我們離亞太地區很遠，我們在戰術上關切的範圍僅止於自家門口：伊斯蘭恐怖主義、薩赫勒（Sahel）地區、俄羅斯、中東；我們沒有辦法在遠東進行軍事干預，只能象徵性地提醒航行自由的原則，尤其是在

南海地區。如果中美在台海發生衝突，我們對中華人民共和國應採取什麼政策？作為北約成員國，大多數歐洲國家會不會被迫支持他們的美國盟友，對中國實行封鎖，大幅降低甚至凍結我們與中國的經濟和人文關係？我們還沒有走到這一步，但我們必須小心提防，千萬不要接受北京的《慕尼克協定》，也不可屈服於中國的意志。中共夢想支配台灣，不讓台灣決定自己的命運；也妄想逐步控制南海或東海那些屬於其他國家的島嶼。歐洲與中華人民共和國在經濟，尤其在科技的競爭上已有更加充分的準備。然而，我認為當務之急是把最具戰略意義的產業遷回國內，並且將其他產業轉移到那些不會威脅我們或促使我們耽於依賴的國家，以盡可能減少我們對中國經濟的依賴。這樣做當然會讓我們面臨失去中國市場的風險。但這幾年來外國企業在中國的市場不也是被中國政府有計畫地邊緣化了嗎？中國難道不是只有在確定自己的企業在某經濟領域處於領先地位的情況下，才會向國外企業開放該經濟領域？

最後，我們必須比以往任何時候更堅定捍衛民主及其價值。因為如果我們自己不做，就沒有人會為我們做這件事。關於這一點，我想分享一些比較樂觀的情況。我在香港一所大學講授中華人民共和國的內政與外交政策已經十四年了。當我 2007 年到香港時，我的學生普遍不關心政治，對這個城市的政治也不太感興趣。然後情勢開始有了變化，在 2014

年的雨傘運動中，他們如飛蛾撲火奮不顧身，然後在 2019
年繼續抗議中國頒布的引渡送中條例和土地收歸國有政策。
我們都看到了後來發生的事情。我的學生顯然變得更加謹
慎，但是我們繼續關注所有關心政治的人都會關心的各種問
題。他們當中有些來自中國大陸，他們的政治敏感性和思想
獨立性是短短十年前的我所無法想像的。更普遍的現像是，
我的學生對台灣民主經驗的興趣日益增長。這並非基於我的
鞭策，雖然大家都知道我從不吝於讚美台灣島國的價值，並
且對那些我在 1970 年底前往台灣留學時仍然被台灣人稱為
「共匪」的人沒有太多好的評價。

　　所以，中國社會正在發生變化，不熟悉中國的讀者不應
該被北京的大外宣所矇騙。當然，套句韋伯[2]的話說，中共
政權仍然享有無可爭辯的「結果的正當性」。中國人多數是
民族主義者：但很少有人「喜歡」中國共產黨並完全聽信共
產黨的話。那些加入中國共產黨的人通常都是野心勃勃的機
會主義者。很多中國大陸人，現在還有香港人，傾向於隱瞞
自己的想法或只與親近的人分享。他們與政治保持距離並漠
視官方說法。他們對於黨的宣傳心知肚明，知道只是在粉飾
太平並掩飾一切有損黨形象的東西。他們尤其清楚黨凌駕於
法律之上，而權力就是法則。最後，在精英階層中，習近平
的權力也遭受質疑。在中國經常聽到批評他將權力獨裁化、
實施威權主義、在國際舞台上表現出侵略性等等。但這並不

意味著他立於險境，雖然也有人大膽預測他將會在中南海政變後垮台。當然這也不代表中共政權陷入困境。不過這確實意味著中國社會正在變得更加自主、全球化，並且每天都有多元化的思想不斷湧現。中國人受的教育比以前更好，對外部世界和自己的國家的瞭解也更多。中國人還渴望獲得更多自由，尤其是資訊和言論的自由，2020 年春季的新冠肺炎危機就是一個很好的例子。

我們也不要忘記，中國政府——這裡指的是所有中國政府普世無論其政治立場如何——將繼續應付國內多重的挑戰：除了令人擔憂的環保問題，還有人口快速高齡化、耕地急遽減少、社會一半人口相對且持續的貧困（6 億中國人每月收入不到 120 歐元）以及城市中產階級對追求美好生活的期望越來越高。換句話說，真實的中國並非像它所假裝的那樣強大。我在即將出版的著作中也提到，中國政府對於與美國展開武裝衝突的問題仍然猶豫不決，寧願在戰爭與和平兩者之間採取戰略家所謂的「灰色地帶」戰術以從中牟利，包括對台灣問題的態度也是如此。[3] 這些理由都足以讓我們避免屈服於中共政權的要求、威脅和恐嚇。我們已經被迫參與這場角力，所以我們必須為此作好萬全準備。

但這並不妨礙我們與中國政府在互利的前提下合作，例如對抗全球暖化、管理新冠肺炎危機或是伊朗跟北韓的核武問題。無論如何，我們也不需自欺欺人：就結構而言，今天

我們和中國的對抗仍然多於合作。

　　中國並不是唯一的掠奪者。另外還有一個俄羅斯，但因為俄羅斯的國民生產總額跟義大利差不多，造成傷害的能力很有限。因此，這位我在三十多年前於北京相識的忠實朋友董尼德，他提醒我們關注中國正當其時。祝各位閱讀愉快！

　　儘管受到出現在武漢市的新冠肺炎病毒大流行嚴重影響，中國在 2020 年仍是世界大國中經濟增長（+2.3%）表現最亮眼的大型經濟體，在 2021 年應該會持續增長，甚至會大幅超越 2020 年，[4] 因為在經歷 2020 年的經濟動盪之後，預計會出現強勁的反彈。隨著拜登於 2020 年 1 月 20 日入主白宮，西方盟國再次團結對抗中國，但徒勞無功。中國即將成為領先全球的經濟強國，[A] 從其獨特的發展模式看來，無論是在全球暖化、生態轉型、經濟高速發展、技術創新和政治動盪方面，都對下一代地球人構成了重大挑戰。中國社會正埋頭進行一場競賽，即使能夠在破紀錄的時間內消除極端貧困，但對全人類並非沒有重大影響。這完全是因為中國在人口、經濟和環境方面舉足輕重，今天北京做出的任何決定，明天將會影響整個世界。然而目前沒有跡象表明中國當局會改變戰略方向。而且恰恰相反，中共為了鞏固政權，以發展經濟為唯一的正當性，並對此選擇堅信不疑。中國是否正踏往一條與全世界作對的不歸路？利害攸關究竟為何？誰能夠阻止這場瘋狂的競爭？[B] 繼十九世紀歐洲在世界上進行

殖民運動，接著二十世紀美國取得全球主導權，中國是否已成為二十一世紀環境、政治、經濟的大掠奪者？這是我想要在本書探討的主題之一。

在此希望大家先理解：我們絕對不是要否定中國享有經濟和社會進步的權利。而且正好相反，我們認為中國人民和世界上所有其他民族一樣，普天之下同享平等生存權。我們也必須記住，歐洲在中世紀時還曾經歷過糧食短缺、流行病和宗教戰爭，而中國一千多年來一直是世界的強國，只是我們不知道而已。我是第一個向中國致敬的人，他們在短短四十年裡成功擺脫了極度貧困，憑藉不懈的努力，成為世界經濟第二強國。[C]1978 年由鄧小平推動第一次改革以來，中國

A. 根據作為該領域標杆的英國智庫經濟與商業研究中心（Centre for Economic and Business Research）於 2020 年 12 月 26 日發布的 2020 年年度報告，中國將在 2028 年超越美國成為世界領先的經濟強國，比原先預期提前了五年，主要是因為中國經濟即使在疫情之下，仍然在 2020 年第二季度迅速恢復。這一預測也得到日本經濟研究中心（JCER）的證實。根據國際貨幣基金組織的數據，2021 年中國經濟增長預計將攀升 7.9%，其他 G20 國家無法望其項背。預計該國在 2021-25 年期間的年均 GDP 增長率為 5.7%，在 2026-30 年期間為 4.5%，這一表現在工業化國家當中是無與倫比的。中國在世界經濟中的份額從 2000 年的 3.6% 上升到 2020 年的 17.8%，並將在未來幾年繼續增長。

B. 中國領導層顯然並沒有瘋狂。相反地，他們非常理性，他們經濟方面的決定都是盤算過的。另需指出的是，中國經濟的增長在過去 10 年中顯著放緩。

C. 退一步來說，我認為中國致富現象對某些人的好處遠遠超過其他人。中國的貧富差距在世界上名列前茅。

風馳電掣般的崛起令人嘆為觀止，贏得世人的尊重和欽佩，在此不得不佩服鄧小平的高瞻遠矚。中國人對鴉片戰爭和一個半多世紀前的「不平等條約」所帶來的屈辱記憶猶新，因此他們完全有理由為現在所取得的成就感到自豪。這真是如中國人所說的十年河東十年河西；何況世界正在發生巨變，我們正在迎接亞洲世紀的到來。

中國的前身為清朝（1644 至 1911 年），曾在十九世紀淪為西方國家無情掠奪的玩物，而中國也時隔多年後成為強大的掠奪者。我們必須記住這一段歷史。但是如果說西方列強侵略清朝的歷史事實無可辯駁，那麼回顧一下當時的真實背景也無可厚非：一個日暮西山而且貪汙腐敗的垂死王朝真正的歷史。當時的慈禧太后不僅未能籌錢建造一支足以抵禦外侮的中國艦隊，也不關心人民眾生的苦難，反而以在頤和園建造一艘大理石船為樂（1860 年 10 月在第二次鴉片戰爭期間被英法遠征軍燒毀）。但中國官方宣傳從未提及這一情況。[D]

在不帶任何敵視意味的前提下，我們必須有所體認，今天在我們眼前發生的中國劇變令人難以置信，其引起的動盪效應是多層面、而且全球性的。在地球自然資源枯竭、土壤荒漠化、生物物種消失，尤其是全球暖化方面，中國具有舉足輕重的影響。習近平主席史詩級的新絲綢之路計畫顯然是經濟統治的工具，也是全球商業、環境和政治掠奪的新形

式。因此，我們不禁要提出一個敏感的問題：習近平治下的中國是否有意願和能力履行其作為當今和未來世界新大國的巨大責任？多年來，中國的野心逐漸成為關乎地球未來的良心問題。在新疆、西藏和香港，中國的面具已然摘除，而對台灣的威脅也越來越明確。與不朽中國之間無憂無慮的關係已經結束，覺醒總是殘酷的！

本書立場不一定是中立的，這我同意。但我一直提醒自己保持客觀。記者的天職責是選擇客觀性而不是主觀性。即使在中國社會曲折的發展中想要對中國一直保持客觀確實不那麼容易。每一個誠實和好奇的記者難道不是扮演著守望者的角色嗎？記者的任務是在火勢蔓延到平原或者海平線上出現暴風雨時發出警報吧！我在 2021 年上半年所展開的這項研究調查工作是基於明確、可靠和經過核實的資訊來源。[E]所以我盡可能地避免偏祖任何一方，寧願選擇原始資訊，而不是分析帶有偏見的檔案，以便讓讀者自己做出判斷。除了

D. 就此問題，中國也不會錯過機會大作文章：2021 年 3 月 24 日，歐盟、加拿大、英國和美國決定對參與鎮壓新疆維吾爾人的中國官員實施制裁，中國外交部發言人華春瑩毫不猶豫地將此制裁比喻成 1900 年美國、歐洲和日本的八國聯軍入侵中國 ： 「但中國已經不是 120 年前的樣子了。任何人都不該膽敢冒犯中國人民。」

E. 在能力所及的情況下，我都會在註腳中註明網頁，以便讀者可以驗證來源並找到更多資訊。

事實，別無其他！我在 1982 年加入法新社時學到了這條黃金法則。在我的職業生涯中，從未偏離過這個原則。這個原則多年來在我們世界中始終占據主導地位，並在我們無所適從時，自動出現在我們的腦海的雷達螢幕上。我給自己訂立的行為準則是避免在敘述中引起無端論戰，也不留任何空間給侮辱的字眼和仇恨情緒。但恐怕我辦不到了，你們在接下來的書頁裡會知道為什麼。當我寫這本書時，我一面寫著一面開始對自己揭露資訊的意義產生了許多懷疑。義無反顧的揭露真相也是一樣不容易的事。失眠常伴隨著寫作的日夜，我在這段期間反覆思考所寫內容的意義。失眠時也有好處，法國人喜歡說靜夜有助思考，從而得出妙計。來自新疆維吾爾族、哈薩克族、吉爾吉斯族和其他穆斯林少數民族的眾多證詞（主要是女性）令人震驚，自 2020 年以來數量更大幅增加。還有被毛澤東於 1950 年吞併的前東突厥斯坦，關於他們於再教育營中過著煉獄生活的證詞已經超出我的心防。我們再也無法合理懷疑這些證詞的真實性，它們實實在在地震撼著我的良知。為什麼要針對中國？這本書當然不是針對我最尊敬和欽佩的中國人民，而是針對習近平的政權。這本書是我個人的寫作計畫，因此由我承擔全部責任。法新社三十七年來雖然是我的第二家庭，但與本書的內容及立場無任何連帶責任。

對於如此熱愛中國的我來說，這個國家的現狀讓我不

由得心如刀割。我想我終究毫無選擇，只能與其他已經存在的聲音一起努力，為今天在許多方面已經變得很可怕的中國留下見證。很久以前，中國在我心頭就占有一席之地。嚴格來說，我從來都不是毛澤東主義者。我一直對流行現象很警惕並與群眾運動保持距離。不過，我在少年時期曾經參加紅十字會的各種活動。我在臥室的牆上掛了一張帥氣周恩來總理的海報，令我父親相當惱火。海報一直掛在牆上好幾年。我的朋友們都還記得：我一考過大學聯考，就不間斷地學習中文。那個時代的年輕人對毛澤東的中國有些天真的幻想，堅信那個毛聖人的出現很快就會照亮全世界並拯救人類。後來幻想破滅。很久以後才恍然大悟，我們被一些虛假承諾欺騙得慘兮兮。而這些承諾實際上給中國帶來了駭人聽聞的災難，中國共產黨至今仍在試圖一手遮天，掩蓋這些災難的真相。這種對中國的天真幻想雖然在今天已經不太一樣，但是中國的大外宣仍然讓我們許多的領導人和政治決策者被影響而不自知。

　　如果包含我去台灣和香港學語言的時間，我在 1980 年代總共花了八年時間在當地研究中國。三十多年過去了，我不只經常往返中國，也從未停止觀察這個國家。深思熟慮之後，我認為該是掀開中國假面具的時候了。所以拙著即為這種反思的結果。中國如何、為何成為世界良知的關鍵？這就是本書的主旨。

　　自 2021 年 8 月本書的法文版付梓以來，中國的面貌發生了很大變化，其在世界上的地位也是如此。

　　共產黨的未來是什麼？這個問題日漸浮出水面。在中國只剩下少數知識分子敢說話。其中一個就是許章潤，2021年8月法國R&N出版社發行了他的著作法文譯本《病毒警報，當憤怒大於恐懼時》（*Alerte virale, quand la colère est plus forte que la peur*），書中預測了習近平政權的末日。據他判斷：習近平政權過去幾年當中，對香港和台灣問題累積了許多戰略錯誤。而造成這些致命性錯誤的始作俑者就是中國國家主席本人，他無疑是在自掘墳墓。許章潤認為，中國今天受到國際社會的唾棄，是因為對新疆維吾爾人、西藏人和香港人民肆無忌憚地鎮壓，甚至任何民主跡象都一一被摧毀殆盡。作者想激勵的，是一個不同於習近平2012年上台以來的中國，一個一直在尋找失落的現代性的中國。許提出了一個必然結局：為了有一天能夠加入這個國際社會並重新獲得應有的角色，中國別無選擇，必須接受普世價值。這個在過去幾個世紀曾經照亮整個地球的國家，今天完全黯淡無光。

許章潤的結論是，從現在開始，習近平及其黨羽的時間已經不多了，政權結束指日可待。5年？10年？20年？沒有人敢說，但敗象已現。因此，作者在書的最後一頁向他的同胞懇求：「睹此亂象，願我同胞，14萬萬兄弟姐妹，我們這些永遠無法逃離這片大地的億萬生民，人人向不義咆哮，個個為正義將生命怒燃，刺破夜瘴迎接黎明，齊齊用力、用心、用命，擁抱那終將降臨這片大地的自由的太陽！」

　　許章潤是獨立智庫天則經濟研究所的成員，支持自由改革，尤其是為數不多敢批評政府的聲音之一。該研究所不得不在 2019 年關閉。許章潤現在生活在警察的監視之下，不能離開北京。他怎麼說呢？

　　至此，人禍之災，於當今中國倫理、政治、社會與經濟，甚於一場全面戰爭。再說一遍，甚於一場全面戰爭。此可謂外寇未逞其志，而家賊先禍其國。老美或有打擊中國經濟之思，不料當軸急先鋒也……中國再度孤立於世界體系，已成定局……事情很複雜而道理卻很簡單，一個不能善待自己國民的政權，怎能善待世界；一個不肯融入現代政治文明體系中的國族，你讓人怎麼跟你共同體嘛！故爾，經濟層面的交通互存還將繼續存在，而文明共同體意義上的孤立卻已成事實。此非文化戰爭，亦非通常所謂「文明衝突」一詞所能打發，更非迄今一時間數十個國家對中國實施旅行禁

限，以及世界範圍的厭華、拒華與貶華氛圍之悄悄高漲這麼簡單。……而買單承受歧視與隔離之痛的只會是我華族同胞，而非權貴。毋寧，關乎對於歷經磨難方始凝練而成的現代世界普世價值的順逆從違，而牽扯到置身列國體系的條約秩序之中，吾國吾族如何生存的生命意志及其國族哲學，其取捨，其從違。在此，順昌逆亡，則所謂孤立者，全球現代政治文明版圖上之形單影隻、孤家寡人也。扭轉這一局面，重建負責任大國形象，擔負起應擔之責，而首先自良善內政起始，必然且只能皈依人類普世文明大道，特別是要坐實「主權在民」這一立國之本。……人民已不再恐懼。而說一千道一萬，就在於生計多艱、歷經憂患的億萬民眾，多少年裡被折騰得一佛升天二佛出世的「我們人民」，早已不再相信權力的神話，更不會將好不容易獲得的那一絲絲市民自由與三餐溫飽的底線生計，俯首貼耳地交還給僭主政制，任憑他們生殺予奪。………敗象已現，倒計時開始，立憲時刻將至。……自此一路狂奔倒退，終至敗象連連。撇開人心已喪不論，則前文敘及之港台應對失策與中美關係失序，以及經濟下滑之不可遏止、全球孤立，表明治理失敗，違忤現代政治常識的強人政治事與願違。大家面對悶局而恐懼其已成僵局，苦思焦慮其開局與再布局，期期於內部生變式與自下而上式之破局猶如水中撈月之時，港台形勢發展實已自邊緣捅破鐵桶，而開闢出一線生機。此種自邊緣破局、而漸進於中

心的和平過渡之道，或許，將成爲中國式大轉型的收束進路。當此關口，天欲曉，將明未明，強權抱殘守缺，不肯服膺民意，則崇高之門既已打開，可得預言者，必有大量身影倒斃於黎明前矣。……而一再申說，就在於國家治理未入常態政治軌道，國族政治文明有待現代轉型，而於積善前行中，期期以「立憲民主，人民共和」收束這波已然延續一個半世紀的文明大轉型。正是在此，我們，「我們人民」，豈能「豬一般的苟且，狗一樣的奴媚，蛆蟲似的卑汙」？！

　　還有其他跡象表明黨內精英日益不滿。例如前中國駐美國大使崔天凱在 2021 年 12 月 20 日猛烈抨擊那些「無能」、並讓中華民族成爲世界第二大經濟體的努力付諸流水的人。這位前大使尖銳批評所謂「戰狼」政策，強調美國對中國的重要性。崔天凱是在隸屬外交部的智庫中國國際問題研究院（China Institute of International Studies）的座談會上發表講話，而且是在北京釣魚台國賓館，更具特殊意涵。他說，「我們要有清醒的頭腦、充分的準備，應對好中美關係今後的曲折、動盪甚至『坐過山車』的場景。堅決維護好主權、安全、發展利益。」而「原則上，不打無準備之仗，不打無把握之仗，不打賭氣仗，不打消耗仗」，這句話很明顯是暗喻台灣問題。另外，「人民的每一點利益都來之不易，我們絕不能讓任何人掠奪，也絕不能因爲我們自己的大意、懈怠

和無能，使之遭受損失。」當然，崔天凱也刻意向習近平主席致敬，他在講話中多次引用習近平主席的話，但實際上，他的批評似乎就是針對他的。這次演講將成為中國共產黨精英劃時代的里程碑，因為崔天凱在中國受到高度尊重，說話極有分量。在所有駐美外交官當中，他是任職時間最長的。也所以他與歐巴馬、川普和拜登都有交情。

另一方面，幾起轟動一時的醜聞動搖了當局政權，進一步損害了中國在國際舞台上的形象。其中一起最駭人聽聞的是「鐵鏈女」的不幸遭遇，她先被綁架然後賣給一個男人，並與他生了八個孩子。這樁受虐婦女的新案件令中國人大感震驚。一位部落客在 2022 年 1 月 28 日發布了一段影片，片中可以看到一名婦女被鐵鍊鎖在一個破舊屋棚內的牆上，地點是東南沿海省分江蘇省徐州一個村莊。她只剩幾顆零落牙齒，而且幾乎凍僵，因為在嚴寒之中只穿了幾件破衣服。旁邊則是一些已經結凍的食物。這位姓楊的女子已身為人母，似乎「瘋了」。她有八個從兩至二十三歲孩子，這在中國是非常罕見的，因為直到 2015 年，一胎化政策仍然是有效法律。拍攝影片的人原本想為這個女人的丈夫營造一個正面形象，宣揚他是一個簡樸的男人，證明儘管他的妻子是「瘋子」，但他還是能好好地照顧孩子和他們的母親。但很快地，社群網路開始關注這個案子。這個女人是誰？她從哪裡來的？地方當局在做什麼？在一胎化政策下，這對夫婦怎麼

能生下八個孩子？許多網民懷疑丈夫買了妻子，然後故意把她逼瘋。這段影片的瀏覽人次在一星期之內就達到 20 億。中央很快就明白，在北京舉辦冬奧會之際，這樣的案件可能會引起國際關注。因此在 2 月 7 口星期一，官方開始滅火。特約評論員胡錫進在具民族主義色彩的官方媒體，環球時報，發表了一篇網路文章，承認買賣婦女「在某些地方很常見」，並含蓄地呼籲當局不要隱瞞真相。「這個案子不應該玷汙奧運會的成功。中國是一個發展中國家，現實情況很複雜。我們以奧運會的開幕式驚豔世界，我們擁有世界上最大的高鐵線路，但我們同時也有落後的地方。（豐縣）這件可恥的事情正說明了這種複雜性。」

當晚，面對迅速爆發的輿論，國家中央電視台 CCTV 播出了一則報導，解釋當局終於確定了這名女子的身分。據悉，楊女來自中國西南部的雲南。結過一次婚，於 1996 年離婚。本來已經患有精神障礙的她，被帶去江蘇醫治，楊女在抵達當地之後走失，當時陪伴前去的一名女子並未盡心告知楊女的家人。雲南與江蘇相距數千公里，因此這個版本仍然疑雲重重。許多網民確信，這個神秘的「同伴」應該是人口販運組織的一分子。一位網民稱，徐州這個 900 萬人口的城市由許多村莊地區組成，在 1980 年代至少有 48,100 名婦女被農民收買。其他類似的案件再次出現，包括一名四川婦女被內蒙古的兩兄弟買下並監禁了十五年。2007 年，李揚

導演的電影《盲山》揭發了這種現象。2 月 14 日星期一，一項民意調查在網路上流傳，但很快遭到查禁：調查顯示大多數中國人認為這類悲劇的罪魁禍首是地方當局首長，排在其他原因（犯罪組織、貧困和教育水平低下）之前。別忘了，在這個全球人口最多的國家，兒童「失蹤」和被綁架的情況相當多，也是許多家庭揮之不去的夢魘。中民社會救助研究院的一項研究顯示，2020 年時，中國有超過 100 萬人無聲無息地「消失」無蹤。

專門討論鐵鍊女醜聞的話題標記已經產生了近 40 億的瀏覽人次和 200 萬則尖刻的評論。2 月 19 日星期六，《費加洛報》引用了其中一則：「對於一個強姦犯、他的八個孩子和一個被鎖住的子宮來說，這是一個美好的新年。」《費加洛報》同時也引用了北京獨立政治學家吳強的話作為新聞標題：「這是當代中國爆發的中世紀野蠻事件」。對於聲稱已經消除「極端貧困」的中共來說，這個案子無疑是一個汙點，況且消除「極端貧困」還是中共唯一能吹噓的執政合法性。著名的清華大學社會系教授郭于華敢於在微信上大膽寫道：「一條鐵鍊鎖住的母親，把扶貧的光輝業績、把巨額的對外援助、把冬奧的美輪美奐全都打得稀碎。」「鐵鍊女」事件發生在北京冬奧會期間，與此同時，另一名中國女子則是被捧上了天，與楊女士的命運相比判若雲泥。那就是十八歲的自由式滑雪運動員谷愛凌，在美國加州出生長大，後來

跟著從事人工智能工程師的父親搬回祖國。谷愛凌在北京奧運會上獲得三枚獎牌，兩金一銀。此前一直沒沒無聞的她，瞬間成為了中國的紅人，受到了眾多贊助商的追捧。社群網絡在所難免地拿楊女士和谷愛凌的命運互相比較。近日，一首名為〈不要我了〉的歌曲，將這兩位女性相提並論。這首歌在中國的收聽次數迅速破了紀錄。《環球時報》專欄作家胡錫進也稱讚這位中國滑雪界新星，其目的是「讓中國找到應該屬於她的位置」。這些措辭在中國社交網絡上廣受批評。作家慕容雪村在推特上寫道：「一邊是冬奧冠軍不能非議，一邊是徐州鐵鍊遭遇噤聲。一邊是前程似錦，一邊是走投無路。一邊是火熱，一邊是水深。這就是中國生活。」「谷愛凌的成功，和普通人有什麼關係？」一個社群媒體的貼文問了這個問題，這句話立即在網路上成為熱議。另一篇文章「我們能在祝賀谷愛凌的同時記住這個女人嗎？」被自由亞洲電台引用，發表後不到一小時就被刪文了。「要判斷一個社會是否文明，我們應該觀察特權者有多成功，窮人有多弱勢」，文章補充道，「數以萬計的冠軍無法洗去淪為奴隸的女性所遭受的屈辱」。

除了中國給自己的人民帶來的災難性形像外，犯錯的不僅僅是失職的地方政府。「鐵鍊女」事件讓整個國家計畫生育政策蒙上一層陰影。一胎化和重男輕女的觀念造成性別嚴重失衡，數以百萬計的未婚男性都在尋找妻子。儘管 1959

年已經禁止童婚，但許多家庭，尤其是農村地區的家庭，還是會購買孤兒或貧困家庭的女孩，將她們養大之後再與他們的兒子成婚。這類問題在司法上出奇地寬鬆：在中國，非法購買植物（七年徒刑）和動物（判處無期或死刑）的人，懲罰比那些花錢向人口販子購買婦女和兒童的人還要重。後者的最高刑罰為三年監禁──如果買方沒有對被販賣者「實施虐待」，或者沒有阻礙拯救他們的努力，則刑期更短。

另一個激起全世界憤慨的案件涉及中國網球冠軍彭帥，她是中國的明星，於 2021 年 11 月 2 日指控一名前黨內高官強暴她。她也從此消聲匿跡。這位三十五歲的前雙打世界球后在中國的社群網路微博上發布了一則貼文，指控前中國國務院副總理張高麗在三年前強迫她發生性關係。「我又怕又慌。那天下午，我原本沒有同意，一直哭」，她寫道，「在恐懼和困惑中，我屈服了，我們發生了性關係」。她補充說，特別不堪的是副總理的妻子知道這件事，並且「在外幫守著」。彭帥指出，她後來成為了副總理的情婦，直到前一週發生爭執。這位運動員說，她並沒有證據能證明她的說法。「你總怕我帶什麼錄音器，留下證據什麼的」，她對張高麗寫道，「你一定否認或者可以反扣給我」。現年七十五歲的張高麗現已退休，自 2012 年至 2018 年初一直是中共中央政治局常委，所以是中國最有權勢的七人之一。出任副總理前，曾任東北沿海山東省委書記、天津市委書

記。自全球 #MeToo 運動譴責針對女性的性侵犯與性騷擾行為以來，揭發了種種令人震驚的真相，這次是首次把矛頭指向黨的高級官員，也讓中共高級官員的下流行為無所遁形。11 月 20 日，面對國際社會的強烈抗議，中共當局進行了溝通行動。環球電視網（CGTN）記者沈詩偉在推特上發布了彭帥的三張照片。其中一張照片似乎是在彭帥家拍的，這位網球運動員面帶微笑，手中抱著一隻貓。後面的背景可以看到絨毛玩具、獎杯、中國國旗和一些證件。另一張照片則是彭帥與兒童動畫電影功夫熊貓中的小玩偶自拍。背景中出現了一個相框，裡面有一張彭帥與卡通人物「小熊維尼」的合照。沈詩偉用英文寫道，這些照片最初是彭帥在中國超流行的社群網路微信上私下發布的，以祝福關注她的網友們「週末愉快」。這家官方媒體的另一個標題堅信照片為真：極具民族主義色彩的《環球時報》編輯胡錫進轉貼了沈詩偉的推文，稱已透過私人管道證實照片確實為近照。「我今天透過私人管道證實，這些照片的確是彭帥現在的模樣。過去幾天裡，她自由待在自家，不想受到打擾。她很快就會參加某些活動公開露面」。儘管中國努力查禁，彭帥的指控仍然在推特上被不斷發布，而中國禁止人民使用推特。這事件也因此得到了全球性的關注。全球許多頂級網球運動員利用 #WhereIsPengShuai# 彭帥在哪裡的主題標籤紛紛表達對此事件的關注。日本籍前球后、四座大滿貫冠軍得主大坂

直美表示，「對目前的狀況感到震驚」。男子網球巡迴賽的最佳球員諾瓦克‧喬科維奇也同樣發表聲明：「老實說，她失蹤一事太令人震驚」。前世界網球冠軍小威廉絲則表示，她「非常悲痛與震驚」，並補充說，「這必須好好調查，而我們絕不可以沉默」。目前世界排名第三的德國選手亞歷山大‧茲維列夫說：「我希望她安全，並能夠盡快找到她，因為我們在這裡談論的不是網球比賽或比賽，而是人的生命。」國際女子網球協會（WTA）表示，如果北京不對此案做出說明，他們準備退出在中國舉辦的所有比賽。讓這件事的重要性更甚囂塵上。國際女子網球協會主席史蒂夫‧西蒙（Steve Simon）告訴美國有線電視新聞網（CNN），「我們絕對願意取消我們的業務，並處理隨之而來的所有複雜問題。因為肯定是保護運動員比比賽更重要。女運動員需要得到尊重，而不是被審查。」史蒂夫‧西蒙也同樣對中國官方電視公布的所謂彭帥的電子郵件真實性表示懷疑：「我很難相信是彭帥寫了這封電子郵件，也很難相信所寫的內容。」他要求提供「獨立且可驗證的證據」來證明彭帥是安全的。「我們已經通過每一個電話號碼和電子郵件地址以及其他形式的聯繫方式試圖與彭帥取得聯繫。但到目前為止，我們仍然無法得到回應。」他說，並要求彭帥「被允許自由發言，不受任何形式的脅迫或恐嚇」。然後，甚至聯合國也做出了反應，並要求提供網球冠軍沒事的證據。聯合國人權事務高

級專員巴舍萊（Michelle Bachelet）的發言人史勞塞爾（Liz Throssell）在瑞士日內瓦對記者表示：「我們務必要見到她的下落及是否平安的證據。我們也要求對她的性侵指控進行充分透明調查。」美國表達了「嚴重關切」。白宮發言人表示，拜登政府也要求中國就這名中國球員的下落「提供獨立、可驗證的證據」。法國方面也表達關切。法國外交部的一份聲明說：「網球運動員彭帥始終沒有消息的情況令我們擔心，也讓國際社會和體育界感到擔憂。」

　　中國社群網路和媒體上顯然封鎖這件事在國外引起的反應。彭帥神秘的「缺席」，讓人聯想到中國其他名人。9月初，中國最有名的女演員之一，成為製片人和女商人的趙薇已經從觀眾面前消失了，二十天後才又重新出現在微博上。坎坷的阿里巴巴老闆馬雲也是如此。自 2020 年 10 月公開批評中國監管機構以來，這位億萬富翁一直在北京的監控視線之中。從那以後，馬雲就幾乎沒有在公眾場合露面過。據阿里巴巴旗下的《南華早報》報導，馬雲於 2021 年 10 月中旬首次訪問歐洲，這是他一年來第一次參加一系列商務會議。在更早以前，2018 年秋天，當時中國片酬最高的女演員范冰冰，已經三個多月沒有音訊，最後才在北京附近的一個「海濱度假勝地」被發現。這位被指控逃稅的三十九歲女演員表達了她的後悔並向大家「道歉」，「我辜負了國家對我的培養，辜負了社會對我的信任，也辜負了影迷對我的喜愛！在

此，我再次向大家誠懇道歉！請大家原諒！」

另一方面，關於維吾爾人遭受可怕鎮壓的新證詞出現。2021 年 2 月 8 日，法德公共電視頻道 Arte 播出了紀錄片《中國：維吾爾悲劇》（*Chine: Le drame ouïghour*）。兩位導演羅曼・富蘭克林（Romain Franklin）和弗朗索瓦・雷納爾（François Reinhardt）進行了詳細的調查工作，呈現新疆穆斯林和突厥少數民族的遭遇相當於種族滅絕。這部紀錄片的表現不但非常有說服力，也令人揪心。即使在西方，「種族滅絕」一詞也存在許多爭議。

一位在歐洲取得難民身分的維吾爾人，在這部紀錄片中對著鏡頭解釋道 ：「最糟糕的折磨是這樣的：被鐵鍊鎖住，背部彎曲，被綁在床上。我遭受這種非人的待遇足足有七個月的時間。即使是對待動物，我們也不會這樣做。他們試圖抹去我們的身分、語言、文化、我們的生活方式和我們的宗教。中國政府的所作所為，其用意毋庸置疑。他的目標是消滅整個族群。」這種志在滅絕一個種族或民族的情況是否構成對新疆的種族滅絕？這是弗朗索瓦・雷納爾和羅曼・富蘭克林紀錄片的大哉問。為了找到答案，這部紀錄片所呈現的鏡頭都是經過驗證的事實和確鑿可信的證詞，並以冷靜的態度呈現，雖然偶有情緒化的時刻。例如在烏魯木齊教漢語的維吾爾人柯爾比努爾（Kelbinur）。忠誠順從的共產黨員，被指派在其中一個拘留中心上課，條件是對那裡發生的事情

保持絕對沉默。2017 年 3 月 1 日，一名警察來接她，將她帶到了城市上方的一座小山丘上。

「當我下車時，發現自己站在一座四層樓的老房子前面，」她說。大樓周圍有一堵牆，有鐵絲網和電圍欄。必須通過三個安全門才能進入。我們一走進去，我就嚇到了。院子裡站著全副武裝的士兵。我立刻感到一種壓迫感。一個警察把我帶到一個辦公室，解釋說這是員工辦公室。在場有 5 名年輕的維吾爾婦女。其中一位告訴我，她們已經通知學生前來，我可以跟著她們。他們用中文大喊：「上課了！」門被打開，學生們開始走進來。那一刻，恐懼襲上我的心頭。我開始顫抖，我很害怕。他們的手腳上都鎖著鐵鍊。他們就這樣走出來。看到這個景象，我驚呆了。我無法冷靜下來。我數了數，他們一共是 97 人。他們穿著橙色背心，上面寫著一個數字。禁止直呼他們的名字。他們一進來，我就自然而然地對他們說：「As Salam ale Qum」（祝你平安）。每個人都低著頭。有些人竊竊私語。7 個女人開始微微顫抖。在那裡的那些人沒有做錯任何事。他們唯一的罪行是身為維吾爾人⋯⋯」

另一個證詞來自維吾爾人姚敦（Tousouné Yaodun），當局指責她過於頻繁地前往哈薩克，並認為她對伊斯蘭教過度信仰。為此，她將在集中營接受了為期十一個月的「再教育」。當她抵達集中營，守衛就剃光了她的頭髮，強迫她穿

制服。從一開始，她就明白她來到了地獄。她說：警察把我帶到這裡來。還有另一個女孩一起。這些人當中，我記得有一個便衣男子。他穿黑色西裝、戴墨鏡和外科口罩。他雖然摘下眼鏡，但還是戴著口罩，我看不到他的臉。然後一個穿著制服的男人走了進來。他公然告訴我，「把衣服脫掉！」我很奇怪他為什麼這麼說。他是不是又要打我？我說：「為什麼？」然後我縮成一團。他突然撲到我身上，甩了我一巴掌，扯掉了我的衣服。我甚至連反抗的力氣都沒有……這時又來了一個守衛。兩人抓著我的時候，我昏倒了。我不知道他們對我做了什麼。

這部電影回顧了一些衛星圖像，可以逐漸看出這個監獄世界的範圍。2020 年時，清晰可見數百個營地。鄭國恩估計新疆可能有 1,300 到 1,400 個集中營。為什麼要進行如此猛烈的鎮壓？這部紀錄片提到了兩個原因：北京從 2018 年開始，針對「維吾爾恐怖主義」和「新絲綢之路」所制定的政策。而新疆是主要的過境點。上海復旦大學政治學家沈丁立在影片中解釋說：「如果習近平未能完成（在新疆）的第一階段，整個計畫將會失敗。這就是為什麼習近平會如此大費周章對新疆進行絕對控制。對習近平來說，事關重大的不僅僅是他的邊境地區政策，而是整個國家的經濟，乃至國家的生死存亡。」習近平推崇的「中國夢」就是以這個國家計畫來進行「復興」，而維吾爾人成為這個計畫的主要受害

者。幾十年來，飽受嚴重的社會和經濟不平等，維吾爾人大多成為「二等公民」，其權利少於漢族（超過90%的人口），維吾爾人一直在抵制——通常是被動地——這些占領他們領土的外來者。其中某些維吾爾族人，採取不顧一切的拼命戰略，決定走向極端的鬥爭路線，在其他省分攻擊漢人。2013年10月28日，一輛掛新疆車牌的汽車在北京市中心的天安門廣場蓄意駛入人群之中，造成兩人死亡、40人受傷，汽車隨後爆炸。2014年3月1日，在中國西南部雲南省的省會昆明，又發生一起自殺式襲擊。被中國官方媒體稱為「維吾爾恐怖分子」的60名男性和2名女性持刀殺害了31人。習近平隨後向他所說的「毒害中國的三大禍害：分裂主義、極端主義和恐怖主義」宣戰。此之後，再不容情。維吾爾人必須成為中共的忠實臣民，否則就必須消失。鎮壓將毫不手軟。習近平向地方當局下達指示，沒有任何模糊空間。他鼓勵他的部隊嚴厲打擊「政權的敵人」。我們必須承認這些示威活動相當有效，因為它們證明徹底消滅一個民族的舉動確實存在，而且是有系統、深思熟慮的政策。這部紀錄片還呈現了種種證據，證實這種文化滅絕與新疆的種族滅絕大致相同：強制絕育、輪姦、破壞文化遺產、將維吾爾墓地夷為平地改建為停車場或超市。更不用說習近平下令建立的歐威爾式監視系統了。1950年10月中國人民解放軍「和平」入侵西藏後，也用過同樣的手法，只是沒有這麼複雜完善。

雖然熟悉西藏事件的人從影片中沒有得到新的資訊，但這部紀錄片為一般人提供了新的視角，最大的優點則是重新激發了關於中國政權形象的辯論，而且是相當糟糕的形象。這個話題肯定引起爭議。根據紀錄片引用的多個可靠消息來源，超過 100 萬維吾爾人被關押在「再教育營」，而至少有 57 萬人被強迫勞動，尤其在新疆的棉田。當局強烈否認這一消息，稱這些營地為「職業培訓中心」。在西方也並不是每個人都同意種族滅絕的想法。科羅拉多大學的美國人類學家雷風（Darren Byler）說：「歸根結底，我們在此看到的是漢人移居維吾爾地區的殖民計畫，目的是為了搶占資源，然後開始消滅並取代維吾爾人的身分，以將他們同化到中國的政治矩陣中。在目前的情況下，這種殖民活動不像當時導致〔美洲印第安人〕種族滅絕的美國殖民主義那樣暴力。」到目前為止，我們還沒有看到維吾爾人的種族滅絕，但在我們眼前發生的行為非常類似。讓我們檢視一下種族滅絕的定義。根據最廣泛的學術定義，種族滅絕是指一種犯罪行為，包括有意而具體地完全或部分消滅一個社會階層、一個民族、種族或宗教團體。這意味著成員被殺害，身心受創，或被迫無法生育，最終難以或無法生存。種族滅絕可以通過多種方式進行，最普遍和最明顯的是大屠殺。種族滅絕（génocide）這個概念是法學家拉斐爾・萊姆金（Raphael Lemkin）在 1943 年提出的，當時的含義很混亂，指的是我

們現在所說的文化滅絕（ethnocide）。因為受害者群體可能會被迫進行文化轉型，而不是或不僅是被消滅。在萊姆金本人和其他人的推動下，這個詞在第二次世界大戰及其暴行之後具有物理和生物消滅的含義。它的含義隨後又往幾種不同的方向衍生。一些法學家、歷史學家和政治學家將定義縮限，認為種族滅絕是有計畫的、系統性的和激進的：例如亞美尼亞種族滅絕、納粹屠殺猶太人和盧安達圖西族的種族滅絕，是所有專家都承認的種族滅絕行動，確實是由一個國家有計畫的採取滅絕行動，不管受害者的年齡或性別。相反地，賦予種族滅絕更廣泛的含義，則能符合一些選擇性殺戮，例如「政治謀殺」、屠殺和壓迫人民，包括當他們捲入戰爭、流行病和饑荒，甚至是一系列或多或少相關的種族主義謀殺時，不受當局懲罰並助長了一個民族的消失。種族滅絕的標準到底是什麼？

聯合國大會於 1948 年 12 月通過《聯合國防止及懲治滅絕種族罪公約》將種族滅絕定義為「蓄意全部或局部消滅某一民族、人種、種族或宗教團體」，中國也是簽署國之一。鑑於這樣的認可，當滿足其中一項既定標準時，鎮壓行動就被視為具有種族滅絕的性質，因此一些議會決定通過不具約束力的決議，嚴正譴責新疆的種族滅絕行為。其中包括美國國會（與川普和拜登政府的聲明一致）、加拿大和英國議員，以及最近以壓倒性多數通過決議的法國國民議會。

中國領導階層另一個主要擔憂的問題是：嚴重的經濟衰退和人口下降。事實上，中國現在發現自己進退兩難。一方面，其經濟出現疲軟跡象。另一方面，中國人口結構正在崩潰。這兩個指標對於該國未來的發展以及其在世界上的影響力來說都不是好兆頭。中國人口最快將在 2022 年開始下降，並在可預見的未來以穩定的速度持續下降。這是《南華早報》援引著名人口問題專家、攜程集團（Trip.com Group）董事會執行主席梁建章的觀點。他引用中國官方統計數據，指出中國的出生人數已經下降了 20%，即 2021 年約為 1,000 萬人。同時預計今年死亡人數也將超過 1,000 萬。梁建章說，「這表示中國的人口將比預期更快地開始下降」，他主張結束一胎化政策。2020 年時中國女性生育 1,200 萬個孩子，相比 2019 年的 1,465 萬，一年內下降了 18%。出生率是每千人中 8.52 人，創近 60 年來的新低。出生率的下降，加上人口老化和勞動人口持續減少，對中國的未來構成了相當大的挑戰，雖然中國仍然是世界上人口最多的國家，擁有 14 億人口。這一重大挑戰有可能削弱中國政權在經濟發展和技術創新方面的雄心，在中國正面臨新冠肺炎確診人數急劇增加的情況下，也會減弱中國在世界舞台上的角色投射。這出生率的下降使得「現在的出生人數比起沒有節育措施的全盛時期，只剩下三分之一」，梁建章還說 1990 年代初期的中國婦女，每年產下超過兩 2,000 萬個孩子。

在中國一些地區，2021 年的出生率預估令人擔憂。根據許多人口統計學家的說法，情況是這樣的，印度將在 2027 年左右成為世界上人口最多的國家，而中國則退居其次。這個象徵意義很重要，因為中國將失去全球最大消費市場的地位，無法再吸引國際投資者。不過別忘了，儘管受到 2019 年底新冠疫情的嚴重影響，但中國是 2020 年世界上唯一一個經濟狂暴增長的主要經濟體。這一結果印證了某些分析人士的預測，即中國將不可避免地在 2028 年左右成為世界第一經濟強國，國民生產所得也會超過美國。然而，12 月 17 日星期五，中國統計局解釋說，中國當局已將 2020 年的國民生產所得成長率與上一年相比，修正為 2.2%，低於此前預期的 2.3%。事實擺在眼前：幾十年來，北京首次沒有公布 2021 年的增長預測。然而，中國 2019 年的國民生產所得增長也已從此前公布的 6.1% 下調至 6.0%。這些下調可能預示著 2021 年的成長會更加疲軟。2021 年第三季度中國國民生產所得增長降至 4.9%，遠低於專家預期，是多年來最差表現。這一數字為停滯性通貨膨脹（Stagflation）風險敲響了警鐘，很可能顛覆中國是全球經濟成長火車頭的設想。國家統計局的這些數據，必須與第二季度的 7.9% 成長率，甚至 2021 年 1 月至 3 月的 18.3% 成長率相比。這個紀錄讓中國在工業層面的良好條件下安然走出流行疫情，現在一些經濟學家預計 2021 年最後一個季度的成長率將低於 4%，而全

年平均將低於 5%。其他統計數據則讓專家擔心該國經濟體系的健康狀況。例如中國工業生產令市場大失所望，與 2020 年 9 月相比，9 月的成長率僅為 3.1%，而 8 月的成長率為 5.3%。與此同時，通貨膨脹正以驚人的速度上升。

另一方面，零售業的表現則優於預期：增長 4.4%，高於 8 月份（+2.5%），也高於彭博社的預期（+3.5%）。當然，經濟衰退是有原因的。理由之一是從秋季開始，嚴重的電力短缺已經影響到中國工廠和整個製造業。電力不足也迫使幾個省分實行電力配給制，導致許多家庭和工廠斷電。此外，恆大集團和中國其他幾家主要開發商瀕臨破產引發的房地產危機，加劇了人們對房地產泡沫破裂的擔憂，並有可能影響該國其他經濟部門。此外，由於陝西省發生空前洪災，煤炭產量急劇下降，而陝西省的燃料生產就占了全國的 30%。當局還決定減少大型發電廠的煤炭產量，以減少溫室氣體排放，從而履行中國對全球變暖的承諾。一些中國經濟學家，例如證券商東北證券的陳新峰認為，中國很可能在 2021 年的最後幾個月進入「近乎停滯性通貨膨脹」的狀態。

……換言之，中國將面臨生產成本上升和消費價格適度上漲，但增長將持續放緩。如果這種成長持續放緩，阻礙了全球經濟的火車頭——中國，將會發生什麼事？一些經濟學家認為，全球相互依存的關係會讓這種經濟放緩在全球引發一波恐慌。2020 年時，外國投資者持有中國股票和債券市

場近 3.5% 的份額。這個比例看似很小，卻高達數千億美元的規模。而反過來，中國則是美國國債最大買家之一。如果中國放慢購買這些債券的速度，美國就不得不提高利率來吸引其他客戶，因而影響整個美國經濟的利率。根據亞洲開發銀行的一項研究顯示，中國的負增長衝擊，對亞洲新興經濟體和其他金磚國家（巴西、俄羅斯、印度和南非）會造成全面衝擊，遠比西方經濟體要嚴重得多。12 月 13 日，中國央行宣布有意在 12 月 15 日把全國主要商業銀行的法定存款準備金率（RR）降低 0.5%，此舉讓市場感到驚訝，也將導致 1.2 萬億元人民幣（1,670 億歐元）的長期流動性注入銀行間系統，以支援該國的經濟。這是自這場經濟危機開始以來，中國當局的第一個救市措施，由此可見北京政府憂心忡忡。

從地緣政治層面上來看，中國在世界上的地位日趨衰退。也因此幾個國家繼續與北京保持距離，尤其是日本。日本與中國的關係，在日本前首相菅義偉時期已經很糟糕，而繼任者岸田文雄上任以來，關係迅速雪上加霜。日本這個群島國現在似乎將中國視為主要敵人。2021 年 11 月 27 日星期六，日本新任首相岸田文雄毫不掩飾自己的言辭。他說，「所有選項」都擺在檯面上，包括日本軍方取得攻擊敵方基地的能力。並承諾建立更強大的國防力量，以保護他的國家免受來自中國、朝鮮和俄羅斯日益增長的威脅。去年 11 月岸田文雄視察東京以北的朝霞駐屯地，這是他就任政府首長

以來的第一次，他趁機強調，日本周邊的安全局勢正在迅速變化，現實的局勢「比以往更糟」。這種情況是由朝鮮和中國挑起的，前者繼續發射威力更大的彈道飛彈，後者則不斷在該地區大規模重整軍備並進行越來越具侵略性的活動。岸田文雄在大約 800 名身著卡其色軍裝的日本「自衛隊」（1948年日本憲法禁止其參加外國戰區的軍事衝突，國家軍隊即被賦予此名稱）步兵面前信誓旦旦地宣稱，「從現在開始，考慮所有的選項，包括擁有所謂的對敵方基地的打擊能力，並加強必要的防衛能力」。首相繼續說道：「日本周邊的安全環境，正以前所未有的速度迅速變化。過去只發生在科幻小說中的情節，如今成了現實。」首相補充說，因此日本政府將「冷靜和務實地討論」應採取何種必要措施以保護人民的生命財產，同時也爭取民眾的支持。關於是否重新擁有對外國軍事目標的「打擊能力」，日本輿論的看法相當分歧。反對者認為此舉違反了 1945 年太陽帝國投降後，美國強制日本接受的和平憲法。岸田文雄在擔任首相之前的作風一直相當溫和，但上位之後採取激進立場。如此似乎讓包括前首相安倍晉三在內的自民黨（執政黨）領導人相當滿意。現在的岸田文雄主張加強國家軍事能力，甚至將日本國防預算翻倍。2021 年 11 月 26 日星期五，日本政府還批准了 2021 年的軍事追加預算，共 7,700 億日元（68 億美元）。這批預算主要是為了購買導彈、反潛火箭和其他軍備武器，因為東

京認為中國、俄羅斯和朝鮮的軍事活動不斷升級，必須加以因應。如果這個追加預算獲得日本議會的批准，那麼日本的軍事預算將達到 1945 年以來的最高紀錄，在 2021 年將超過 6.1 兆日元（532 億美元）。與 2020 年同期相比，增加了 15%。屆時，軍費預算將占日本國民生產所得的 1% 以上。防衛大臣岸信夫甚至表示，他贊成將本國的軍費開支增加一倍，以應對日益惡化的安全局勢。他的反對者說，在一個人口老化速度創下世界紀錄的國家，這筆錢應該用於醫療長照服務。

與美國一樣，日本和中國之間的緊張關係主要是因為台灣問題，北京認為台灣只是中國的一個省分，終將歸併於中國大陸，如果有必要，不排除使用武力。中國最近的一份報告顯示，日本與台灣關係日趨緊密，足以表明東京和華盛頓正準備攜手阻止北京對台灣使用武力。這份《亞太安全與海洋研究》雜誌在 11 月初發表的報告說：「日本不僅通過官方及個體層級對外釋放介入信號，還試圖在現有法制架構下，以主要依靠日美同盟或部分獨自行事的方式展開實際的應對行動。」該雜誌解釋說，儘管絕大多數日本人都贊成本國的和平憲法，並且對日本參與武裝衝突持敵對態度，但日本政府已經研究了三種「事態」，每一種都明確主張自衛隊在台灣發生戰爭時向美國提供後勤支持。這屬於「集體防禦協議」的一部分，其主要目標是保衛台灣島以及日本的美

國基地免受中國的攻擊。這份中國報告強調，日本政府隨後會將入侵台灣視為對國家安全與該地區穩定的直接和重大威脅。《南華早報》引述該文章作者，也就是社科院研究員吳懷中的話說：很難想像，中近期內日本會不計代價地主動尋求捲入一場不可控戰火和巨大災難之中。但很明顯，日本列島將為美國及其盟國提供後勤援助。問題不是「是否」，而是「何時」日本會做出這樣的決定。事實是，美日軍艦近年來參加了一系列聯合軍事演習，包括 10 月初在南海的演習。這在中國宣稱擁有主權的南海地區尚屬首次，該地區占地近 400 萬平方公里，與台灣、菲律賓、印度尼西亞、新加坡、馬來西亞和越南的海岸交界。其他中國學者提出警告，認為日本企圖參與聯合國維和行動以成為世界主要軍事大國之一。復旦大學軍事專家胡方新和張麗華在中國官方媒體上寫道，中國「必須提防他們試圖尋找機會繞過日本憲法」。中國社科院另一位中日專家張繼峰認為：「日本自衛隊在南海進行演習，顯然違反了日本憲法……日本與中國的關係陷入了非常微妙的經濟和安全關係中。」托馬斯‧格魯克斯曼（Thomas Glucksmann）在美國雜誌《外交家》（*The Diplomat*）的專欄中寫道：「事實上，中國是日本最大的貿易夥伴，2020 年對日本的出口額超過 1,410 億美元，而對美國的出口額為 1,180 億美元。但正如日本防衛省所指出的，中國也是（日本）最大的地緣政治威脅，該國新任首相岸田

文雄也有同樣的擔憂。」托馬斯‧格魯克斯曼補充說，「面對中國在軍事領域日益增長的網路威脅，日本防衛省建立了一個新的防衛司令部，旨在加強該國對抗這種威脅的能力，該司令部僅在 2021 年即斥資 57 億日元（3.41 億美元）為日本配備網路安全領域的新技術。然而，日本憲法第 9 條和第 21 條禁止日本自衛隊發動任何預防性戰爭，因此日本在採取戰略應對網路安全威脅以及在該領域的情報能力都受到限制。」除了這些新的緊張局勢之外，中國在日本民眾心目中的形象也每況愈下。根據 2014 年英國廣播公司 BBC 的一項民意調查，只有 3% 的日本人對中國持正面看法，其中 73% 持負面看法，是關於中國印象調查的全球最高比例。

　　隨後，這種反華情緒進一步擴大。2019 年，根據美國皮尤研究中心（Pew Research Center）進行的另一項調查，85% 的日本人對他們的中國鄰居持負面看法。而 7 月 13 日的時候，日本防衛省就發布了一份防衛白皮書，指出東京對前福爾摩沙地區日益緊張的局勢感到擔憂。報告當中強調：「我們需要以前所未有的危機感認清當前局勢。特別是技術領域的競爭將更加激烈。我們必須更積極抱持史無前例的緊張感密切關注。」鑒於日本在地理上接近中國和台灣，日本當局對中國在台灣周邊的軍事活動日益關注是可以理解的。特別是日本列島擁有許多美國軍事基地，包括東亞戰區最大的美國空軍基地——沖繩嘉手納空軍基地。如果在台灣發生

衝突，這些基地很可能成為中國導彈的目標。2021 年 7 月初，時任日本副首相兼財務大臣麻生太郎公開表示，日本應與美國聯手共同保衛台灣，抵禦任何中國侵略的企圖。不過，麻生太郎本人稍後還是緩和了他的言論，表示任何緊急情況都應該通過對話解決。2021 年 4 月，日本前首相菅義偉成為美國總統拜登 2021 年 1 月上台以來在白宮接見的首位外國官員。兩人在會後發表了聯合聲明，表達他們致力於維護台海穩定的立場。這是自東京於 1972 年承認中華人民共和國並與台北斷絕外交關係以來，日本首次提及這些名詞。2021 年 12 月 1 日星期三，前首相安倍晉三更進一步宣布，如果中國攻擊台灣，美國和日本不會袖手旁觀，北京必須明白這一點。這位日本前首相在台灣智庫「國策研究院」主辦的論壇上發表講話時補充說，「台灣有事」，等同於「日本有事」。他堅定地說：「台灣有事，等同於日本有事，也可以 是等同於日美同盟有事。這項認知，北京領導階層，尤其是習近平主席，絕對不能誤判。」並一再強調：「日本與台灣及所有信奉民主主義的人士，個人認為我們必須向習近平主席及中國共產黨的領導階層，反覆不斷的呼籲其不要誤入歧途。」前一個月，美國國務卿布林肯已經警告中國政府：「如果中國對台灣使用武力，美國及其盟友將做出決定。」這些言論少不了引起北京的憤怒。中國外交部發言人之一華春瑩於 2021 年 12 月 2 日星期四指出，週三晚上中

國政府召見了日本駐華大使，譴責「極其危險」的言論。她說，安倍晉三的言論「悍然為台獨勢力撐腰」，「中方對此堅決反對」。她補充說，日本在 1930 年代發動侵華戰爭，對中國人民犯下滔天罪行，沒有任何資格和權利就台灣問題說三道四。「中方強烈敦促日方深刻反省歷史，汲取歷史教訓，不得以任何形式損害中國主權，不得向台獨勢力發出任何錯誤信號」。稍早之前，另一位中國外交部發言人汪文斌已經譴責安倍晉三的言論，稱其為「胡言亂語」。「任何人膽敢重走軍國主義老路，挑戰中國人民的底線，必將碰得頭破血流」。自 1972 年以來，日本和中國的言論從未達到如此劍拔弩張的程度。

就全球局勢而言，俄羅斯軍隊於 2022 年 2 月 24 日入侵烏克蘭，導致全球地緣政治版圖重新洗牌。俄羅斯軍隊在烏克蘭的僵局、烏克蘭武裝部隊的猛烈抵抗、俄羅斯士兵所犯下的野蠻行徑使俄羅斯總統普丁名譽掃地，世界各地也掀起了自二戰結束以來的空前大團結。尤其中國與俄羅斯的關係更被放大檢視。很快地，俄羅斯軍隊的渙散讓人驚愕，北京也不例外。俄羅斯軍隊不僅完全沒有在幾天之內就成功入侵整個烏克蘭，反而遭到烏克蘭人的強烈抵抗，而聯合國 193 個成員國中的絕大多數，也在紐約大會上對普丁的冒進主義表達深切反對。俄羅斯的軍事入侵引發了一連串雪崩式的經濟、貿易和金融制裁，這很可能使俄羅斯經濟陷入嚴重

困境。面對毀滅一個國家的舉動，西方國家從未如此齊心團結。歐盟傳統上的決策成形都必須經過艱鉅而費力的過程，但這次竟然在一週內就成功地完成了它在十年內從未做到的事情。

俄羅斯入侵烏克蘭的事件在短短幾天內就引起國際社會的厭惡和反感，這些反應遠遠超出了歐盟和美國的範圍，也影響了亞太、非洲和中東的大部分地區。如果習近平膽敢趁機軍事入侵台灣，共產主義中國的主人難道不怕他的國家會成為國際舞台上的過街老鼠？事實證明入侵烏克蘭是一個戰術和戰略錯誤，相當出人意外也令人印象深刻的是俄軍糧食和燃料短缺、武裝車輛被遺棄、飛機損失和士兵死亡。這就是一些美國專家對俄羅斯軍隊的看法，他們在 3 月 3 日星期四表示對這次戰役的管理不善感到驚訝，入侵縱隊陷入困境，損失數百輛俄羅斯裝甲車，烏克蘭國防軍也成功妨礙了俄羅斯空軍的制空能力。智庫蘭德公司的高級國防分析師斯科特 - 波士頓（Scott Boston）說：「當你在兩三週之後才把事情搞砸，我還可以理解。但是當你剛進屋時就摔倒在門口的台階上，這時候我會覺得你應該有其他問題。」

五角大廈和私營機構專家都預測俄羅斯軍方將迅速打垮烏克蘭的報復能力，削弱烏克蘭 20 萬軍隊的指揮權，拆除導彈防禦系統並摧毀基輔空軍。但開戰了八天之後，這些竟然都沒有發生！另外，雖然沒有可靠的估計，但對於準備充

分的入侵者來說，俄羅斯士兵死亡、受傷或被俘的人數似乎比預期的要高得多。負責情報業務的前美國國防部副部長邁克爾・維克斯（Michael G. Vickers）在戰略與國際研究中心（Center for Strategic and International Studies）談話時指稱，「這是〔俄羅斯〕情報部門的重大失誤，過於低估烏克蘭的抵抗力，軍事行動的執行也非常糟糕。」這無疑就是為什麼自俄羅斯在烏克蘭領土上展開行動之後，中國政府的語氣發生了深刻變化。2022 年 2 月 4 日，普丁到北京出席冬奧開幕式時，習近平和他公開宣稱，中俄建立了前所未有的「高質量」關係，中俄合作「無上限」。然後中國政府一直小心翼翼地避免將俄羅斯軍隊進入烏克蘭的舉動稱為入侵，但也表示不樂見這種侵略行為。隨後在 2 月 26 日，中國在聯合國安理會表決時決定棄權，在一定程度上與俄羅斯的立場有所不同。該決議以「最強烈的措辭」譴責俄羅斯侵略烏克蘭，並呼籲莫斯科「立即」將軍隊撤出烏克蘭領土。俄羅斯是唯一投否決票的國家。而中國的棄權是立場轉變的第一個跡象。接下來，語氣又變了。3 月 1 日星期二，中國外交部長王毅與烏克蘭外長德米特羅・庫列巴（Dmytro Kouleba）通電話時表示，對 2 月 24 日以來俄羅斯與烏克蘭之間的衝突「感到痛惜」。據中國中央電視台 CCTV 報導，中國外交部長補充說，中國「對平民受到傷害極為關注」，並呼籲兩國「通過談判找到解決問題的辦法」。中國官方媒體，尤其

是在全國收視率極高的官方頻道報導這樣的言論，充分說明中共政權的尷尬，顯然也沒打算仿效俄羅斯去對付台灣。但王毅並沒有到此為止，宣稱中國準備在尋求莫斯科與基輔兩方停火上發揮作用。「烏方願同中方加強溝通，期待中方為實現停火開展斡旋」，中國官方在電話交談結束時發表聲明說，「中國尊重各國的主權和領土完整」。北京政府甚至沒有具體說明是否接受俄羅斯對克里米亞的領土主張，以及是否支持俄羅斯承認烏克蘭東部頓巴斯地區的分離主義分子。但這一說法與中國外交部發言人（譯註：華春盈）的言論形成了鮮明對比：2月24日，當被問及烏克蘭主權問題時，她回答說，目前的局勢是「各種因素共同作用的結果」，但沒有稱俄羅斯軍隊進入烏克蘭為入侵行為。當然，中國也不可能加入西方陣營共同制裁俄羅斯。這是中國銀行保險監督管理委員會主席郭樹清在3月2日的解釋，強調中國不贊成對俄羅斯實施金融制裁。「大家最近都關注到了俄烏之間發生的武裝衝突或者是戰爭」，他在新聞發布會上說，「中國政府的立場，外交部已經做了充分闡述，我們的國際政策是一貫的。就金融制裁來說，我們是不贊成的，特別是不贊成單邊發起的制裁。……我們不會參加這樣的制裁」。

事實上，中國的社交網路，只要有被認為是顛覆性的意見表達，就會受到極其嚴密的監控和審查，但是對這場戰爭的評論卻極為活躍。大多數網民當然贊同普丁的好戰行動，

並認為現在是中國對台灣採取同樣行動的時候了。但也有人嘲笑戰爭，甚至以惡毒的方式批評戰爭。有些評論認為戰爭是「荒謬的」。諸如「您想在家裡接待十八至二十四歲的烏克蘭美女嗎？」之類的貼文，激怒了很多網友。審查員刪除了數千則被認為「粗俗」的貼文。據日經亞洲評論 Nikkei Asia 報導，僅微博平台（相當於中國的推特）在 2 月 27 日就刪除了 4,000 則貼文。微博敦促其用戶在討論國際形勢時保持「客觀理性」並進行「合理」討論。2 月 26 日，中國版抖音 TikTok 也刪除了被認為對烏克蘭「不恰當」的帳號，同時刪除了約 6,400 個影片。該網站解釋說：一些用戶對這事件的處理不太恰當，甚至火上澆油。尤其是拿嚴肅話題開玩笑，上傳烏克蘭美女視頻，散布虛假信息，破壞平台氛圍。中國駐烏克蘭大使館在致中國人的公開信中呼籲保持冷靜。「目前，烏克蘭人民很困難，也很難受。我們要理解他們的這種心情，不能刺激他們。」中國大使范先榮在 2 月 26 日透過微信帳號這麼說。2 月 24 日，白宮敦促中國譴責普丁。據《紐約時報》援引美國情報人士的話說，幾名中國高級官員在 2 月初曾明確要求俄羅斯官員不要入侵烏克蘭。

另一個北京權力殿堂中局勢緊張的跡象，是中共中央委員會的官方報紙《光明日報》在 3 月 1 日發表了一篇題為〈中美關係合作共贏的大勢不可逆轉〉的文章。這篇社論發表於《上海公報》50 週年後的第二天，細細回顧了兩國關係緩和

以及隨後關係正常化的歷史。這份公報是美國總統尼克森訪華期間於 1972 年 2 月 28 日簽署的外交文件。這次歷史性的訪問之後，中美之間迎來了半個世紀的和平。儘管出現了強烈的緊張局勢，但仍促成了兩國之間充滿活力的經濟和商業合作。社論說：「中美關係已經成為世界上相互交融最深、合作領域最廣、共同利益最大的雙邊關係之一」，「引領世界經濟發展，離不開中美引擎」。這篇文章讓很多中國觀察家大吃一驚，比如著名的法語律師陶景洲：在中美關係幾近凍結、口號層出不窮、歌頌中俄關係好到「無上限」之際，〔中共機關報〕說中美關係合作共贏的大勢不可逆轉，〔實是令人驚訝的逆轉〕。一位中國博主在微信上調侃道：「這是風向驟然改變。互聯網用戶跟不上變化的步伐。他也對官方新華社發表的一篇文章感到驚訝，該文章列舉了中美合作的成功之處，例如太平洋兩岸城市和省分結為姐妹市。「現在是怎麼了？」一位驚訝的網民寫下評論。此外，中國外交部發言人之一汪文斌在 2 月 28 日也發表了模棱兩可的聲明：「中方也一貫認為，一國安全不能建立在損害別國安全的基礎之上，更不能出於尋求自身絕對軍事優勢和絕對安全而肆意損害別國主權和安全，各國的合理安全關切都應該得到尊重。」根據網路媒體澎湃新聞報導，這番話被一些觀察人士解讀為批評俄羅斯的侵略行動，而另一些人則認為其實是針對美國和北約。

3 月 2 日，聯合國大會通過了一項決議，「要求俄羅斯立即停止對烏克蘭使用武力」，該決議獲得成員國壓倒性支持，193 個成員國當中有 141 個國家贊成，只有五個國家不出所料地投了反對票：俄羅斯以及白俄羅斯、朝鮮、厄利垂亞和敘利亞。而棄權的有 35 個國家，包括中國在內。在這次投票前夕，中國駐聯合國大使張軍已經表示：「烏克蘭應當成為東西方溝通的橋梁，而不應成為大國對抗的前沿。中方呼籲為當事方直接談判創造有利氛圍和條件，因為這是解決問題的根本出路。」他以中國高層外交官極為罕見的坦率態度補充說，烏克蘭的局勢是中國「不希望看到的，也不符合任何有關各方的利益」。這個訊息的矛頭暗暗針對克里姆林宮的主人。中國很快就感受到了這場戰爭的經濟後果。其中之一是烏俄衝突對「新絲綢之路」的影響，也就是對該計畫的某些成員國（如波蘭或哈薩克）在外交和金融上的影響。2 月 6 日，習近平盛大歡迎波蘭總統安傑伊・杜達（Andrzej Duda），並與他詳細討論了雙邊合作，在北京看來，應該使這個中歐國家成為「通往歐洲的門戶」。杜達是二月時唯一前往北京參加冬奧開幕式的歐盟領導人。「新絲綢之路」這個偉大計畫將會用到橫越波蘭的鐵路，讓波蘭成為「一帶一路」的關鍵環節，因為可以沿著哈薩克、俄羅斯和白俄羅斯，穿越整個歐亞大陸的走廊，將中國與歐洲連接起來。但是幾乎有一半的火車經過俄羅斯，而歐洲正在制裁

莫斯科，所以烏克蘭戰爭很可能使這條交通要道長期癱瘓。

　　由中國與俄羅斯在內的國家共同於 2016 年成立的亞洲基礎設施投資銀行（AIIB），在 3 月 3 日的一份新聞稿中宣布，「在烏克蘭發生衝突之後，所有與俄羅斯和白俄羅斯有關的項目都將暫停和重審。隨著烏克蘭戰爭的繼續，亞洲基礎設施投資銀行對所有受波及的人表示同情。我們的心與所有受苦的人同在」。該銀行經常被視為世界銀行的競爭對手，世界銀行總部設在華盛頓並受到美國影響。但最讓中國權力階層擔憂的無疑仍是普丁手中揮舞的核威脅，習近平認為此舉極不負責任。現在，烏克蘭戰爭在未來幾天或幾週內將如何演變，以及對中國和東亞的影響將如何，還有待觀察。但中國當局已經格外戒慎，而且顯然越來越傾向與普丁拉開距離。但烏克蘭不是台灣。如果普丁對烏克蘭的戰爭激起台灣被中國入侵的深層恐懼，那麼台灣政府已經吸取了教訓，會加快準備。這樣一來，若是解放軍發動進攻，才能在美國出手相救之前抵抗足夠長的時間。

　　為了阻止中國發動攻擊，台灣必須證明它可以利用解放軍的弱點，挫敗其數量和能力優勢。在穿越台灣海峽時，入侵艦隊最容易暴露行蹤。因此，台灣武裝部隊必須充分利用台灣海峽構成的天然屏障以及敵軍跨越海峽所需的時間。台灣海峽將中國大陸與台灣海岸分隔開來，最窄的地方是 65 海浬，相當於 120 公里。海峽很淺，不利於水下航行，但很

適合水雷戰。中國認為這是其領海的一部分，與國際海洋法的規定不同。為了維護航行自由，美國及其盟國的軍艦經常穿越台灣海峽，讓中華人民共和國的極為不滿。雖然民用航運交通密集通過海峽，妨礙布署大量防禦性水雷。然而，據說台灣將擁有 1,000 枚魚叉反艦導彈，其射程可以覆蓋整個海峽。發射點附近的砲台都會被掩藏。這兩種武器的組合，理論上應該會讓水面部隊甚至是大型部隊穿越台灣海峽時危險重重。更不用說天氣條件的影響了，如果發生巨浪（俗稱瘋狗浪），可能會無法在沒有任何布署的海岸登陸。台灣還開發了能射擊中國軍港和空軍基地的遠程導彈，藉此迫使敵軍將整軍備戰或後勤補給的地點盡量往後退。在新加坡《海峽時報》2017 年的一篇文章中，台灣國防部長透露，台灣的武裝部隊有能力用射程超過 1,500 公里（810MN）的導彈來攻擊中國大陸。2021 年 3 月 25 日，香港《南華早報》報導稱，台灣已開始大規模生產遠程導彈，該導彈能夠在發生衝突時射擊中國大陸中心的目標。由於台灣的武器技術性很高，這個消息顯然是可靠的。北京在南海的南沙群島海域中新建造了七個有爭議性的人工島，2016 年海牙常設仲裁法院針對這些人工島所做出的裁決對中國很不利，而這七個人工島都在台灣導彈的射程範圍之內。

此外，台北注意到雙方的戰力差距越來越大，因此根據「防衛固守，重層嚇阻」的軍事戰略修改了國防作戰理念。

台灣政府使用「非對稱作戰手段」來應付屆時敵軍可能越過海峽的狀況。這種作戰方式有利於眾多高山地形的台灣，尤其最高峰海拔高達 3,952 公尺。台灣島上只有面對海峽的台灣西海岸的地勢較平坦，容易從海上攻入。自毛澤東 1949 年控制中國大陸以來，當時以蔣介石為首的國民黨於台灣避難，中國曾經對台灣及其周邊不太重要的小島發動三次大型軍事攻擊，即 1954 至 55 年、1958 年和 1995 至 96 年的台海危機，但都是以失敗告終，因為有美國航母戰鬥群的介入，戰力比中國軍隊更強大。北京從這些失敗當中痛定思痛，不會在沒有天時地利和擁有絕對戰力優勢的情況下發動戰爭。由於沒有進行過真正的大規模作戰演習，中國海軍兵將的作戰能力至今仍是未知數，無法評估。中國正不慌不忙地推行海軍發展計畫，該計畫由鄧小平於 1978 年開展，旨在讓中國走向世界海上貿易。他隨後主張：「韜光養晦，等待時機」，以免引起海上強權的反對，避免適得其反。今天，中國海軍在台灣周邊海域和東海或南海布署了約 450 艘處於戰鬥狀態的戰艦。遠遠超過美國海軍戰艦數量。但是，中國海軍技術水準過低，仍然無法與美國一爭高下。

無論如何，反正台灣不會是下一個烏克蘭。這有幾個原因，首先是烏克蘭與俄羅斯接壤，而台灣是座孤島。而且，中國軍隊沒有越海登陸的戰爭經驗。再者，雖然北約、美國和歐盟在 2 月 24 日明確宣布不會出兵協助烏克蘭，但

台灣的情況大不相同。1979年，當美國承認中華人民共和國並終止與台灣的外交關係時，華盛頓承諾向台北提供武器，以使其在受到侵略時有能力自衛，但不能超出此範圍。近年來，情勢發生深刻變化。在沒有公開說過的情況下，美國政府現在似乎決定直接干預台灣與中國大陸之間的衝突，雖然仍不確定將以什麼形式干預。此外，如果企圖入侵台灣，中國軍隊將面臨軍事反彈，其範圍將擴大到日本、韓國、澳大利亞、越南，甚至可能包括馬來西亞、印度尼西亞和菲律賓。況且，台灣軍隊幾十年來一直在準備應對中國的侵略。自2月24日起，台灣的準備工作明顯加快，台軍密切關注烏克蘭對俄軍的猛烈抵抗。台灣政府非但沒有驚慌失措，而是努力安撫民眾，認為中短期內不太可能與北京發生衝突。日經亞洲評論 Nikkei Asia 援引一名在3月25日參加反戰示威的學生蔣信偉的話說，「打從我們一出生，就非常擔心共產黨統治的中國會打過來。即使我們害怕中共可能犯台，但我們仍然會堅強反擊。但是，儘管我們很害怕，如果他們決定來，我們仍然決心抵抗，俄羅斯入侵烏克蘭改變世界局勢，但中國對我們的威脅一直存在。」三十多歲的台灣人力資源專家程先生認為中國不會入侵台灣。因為如果是這樣的話，北京將會付出高昂的代價。不過他對西方的支持也不抱任何幻想：「我認為美國和所有西方發達國家都不會派兵幫我們打擊共軍……我們只能靠自己了。」來自台北的營

銷專家蔡小姐表達了她的緊張情緒：「以前，我從不覺得戰爭離我們很近。但看到俄羅斯和烏克蘭發生的事情，非常出乎意料之外，突然之間開戰，這讓我覺得沒有什麼是不可能發生，戰爭離我們遙遠，但也可能很近。」根據台灣民意教育基金會在烏克蘭被入侵前夕發布的一項民意調查，只有26.6%的受訪者認為隨時可能與中國大陸爆發戰爭。中國的大外宣繼續恐嚇台灣人民，聲稱短期內將會與台灣開戰。但對台灣行政院發言人暨政務委員羅秉成而言，「這是企圖打擊台灣民眾的士氣」，是「愚蠢的舉措」。自2016年蔡英文總統上台以來，兩岸關係明顯煥然一新。2月4日，中國國家主席和俄羅斯總統普丁在冬奧開幕式前四個小時的會談之後，強調兩國反對任何形式的台獨。與此同時，中國當局仍然拒絕將烏克蘭戰爭稱為「入侵」行動，同時在聯合國譴責這場戰爭的表決中棄權。

　　哈佛大學費正清研究中心研究員南樂（Lev Nachman）說，與對烏克蘭的態度相反，「美國與台灣的政治關係完全不同，所以對台灣的戰略也完全不同，這一點中國很清楚。但〔台灣人〕的恐懼是合情合理的。烏克蘭和台灣遭受獨裁政權威脅，都同樣面臨生存危機。」要想打贏台灣戰爭，中國軍隊必須在幾天內發動閃電戰，以防止美國艦隊和空軍有時間介入。但俄羅斯軍隊在烏克蘭遇到的困難非同小可，聽起來像是對中國領導階層的進一步警告。中國不會不記得，

中國軍隊 1962 年在印度和 1979 年在越南發動的兩場戰爭，都一敗塗地。在台灣的戰爭失利將是對中國共產黨的強烈否定，並將加速它的垮台，以及習近平的失勢。

3 月 31 日，「美國在台協會」（AIT 事實上的美國駐台大使館）台北辦事處處長孫曉雅（Sandra Oudkirk）表示，中國日益咄咄逼人的姿態對台灣和全世界所有民主國家都構成威脅。在一次台灣總統也受邀出席的美國商會演講中，孫曉雅強調美國決心幫助台灣保衛自己，「中共日益咄咄逼人的行為在台灣問題上表現得最為明顯，中共繼續在台灣施加軍事、外交和經濟壓力」。孫曉雅補充，「中共在台灣附近的挑釁性軍事活動正在破壞穩定，有誤判的風險北京繼續扼殺台灣的國際空間、向其盟友施壓、干涉台灣的民主制度，是對所有民主國家都構成了威脅。……維護台海和平穩定符合美國利益，美國認為維護台海穩定是保障印太地區和平的關鍵。」

雖然中國在這個問題上保持非常謹慎的態度，但俄羅斯外長謝爾蓋・拉夫羅夫（Sergey Lavrov）在 3 月 30 日宣布自己支持「多極、公正和民主新秩序」的到來。俄羅斯外長在安徽屯溪與中國外長王毅會談時說，俄羅斯希望中國在「國際形勢發展的關鍵時刻」支持這一想法，當前的危機將導致國際關係發生劇變，最終「俄方願同中方一道，在國際和多邊舞台上，積極推進多極化進程，反對霸權主義和強

權政治」。王毅回答說，「雙方發展雙邊關係的意願更為堅定，推進各領域合作的信心更為牢固」。兩人都譴責「美國及其衛星國」自 2 月 24 日以來對莫斯科實施的「非法和適得其反」的制裁。王毅曾表示莫斯科和北京的友誼「堅如磐石」，三週後雙方藉此機會重申了他們「無上限」的友好關係。這一聲明與中國國家主席於 3 月 18 日對美國總統拜登的聲明形成強烈反差。習近平當時認為軍事衝突「不符合任何人的利益」，並表示，「烏克蘭危機不是我們希望看到的」。根據對話者的說法，北京這些忽冷忽熱的言論似乎證實了中國政權在面對這場殘酷血腥的戰爭時，陷入尷尬的困境。舉例來說：中國國務院總理李克強於 4 月 1 日在與歐盟執委會主席烏蘇拉・馮德萊恩（Ursula von der Leyen）和歐洲理事會主席夏爾・米歇爾（Charles Michel）舉行的中歐峰會視訊會議上，拒絕承諾中國不會支持俄羅斯。中國總理補充說，中方一直以自己的方式勸和促談，「中國將繼續為烏克蘭和平而努力」。夏爾・米歇爾在 2020 年 12 月 3 日以來的首次中歐峰會上解釋說：「我們要求中國幫助結束戰爭，中國不能對俄羅斯違反國際法的行為視而不見。任何想幫俄羅斯規避制裁或提供援助的企圖只會讓戰事持續。」看來雞同鴨講永遠不是個好兆頭。

第 1 章

新中國人——
維吾爾人和藏人的悲劇

中國 14 億人在當局密切和持續的監視下，一種墨守成規、服從紀律和順從政權的社會模式逐漸攻城掠地，僅存的自由正一點一滴銷聲匿跡。受到這種集體禁錮，明日中國的社會令人思之不寒而慄。這是否也預示著人類社會的未來？維吾爾人和藏人的悲劇正在向我們求援。

「有時候我對人性失去信心。」

——巴丹德（Robert Badinter）——

「世界不會被那些作惡多端的人摧毀，
而是被那些冷眼旁觀的群眾。」

——愛因斯坦（Albert Einstein）——

中國人，當今最被嚴密監視的地球人

中國人是世界上最被嚴密監視的地球人。一支配備精密人臉辨識軟體的監視攝影機大軍駐守在全國各大城市的公共場所，不斷監視著他們的一舉一動。這方面的證據相當確鑿：全球監控最嚴密的 20 個城市中有 18 個在中國，另外兩個是倫敦和海德拉巴（印度），但這兩個城市老老實實地排在 20 的最後兩名。到了 2021 年，全球大大小小的城市共安裝了超過 10 億台這樣的攝影機，中國就占了其中的 54%。[5] 這意味著在中國，老大哥無所不在地注視著你。你被監視錄影機或居民委員監測到不良行為？那你就不能成為黨員或居委，也不再屬於好人之列。隨地丟廢紙，過馬路不走斑馬線，沒老實報水錶，亂伐樹木，搭火車逃票：在中國，這些不文明行為可要付出昂貴的代價。自 2019 年以來，40 多個中國城市一直在進行所謂的「社會信用」計畫實驗，包括對公民進行記錄和評分。每個公民最後都會獲得平均分數和總分數，被視為第二張身分證。「這個體系的目標是為了要重建道德」，社會信用體系之父林鈞躍說，這個計畫將使我們達到「與發達國家同等的文明程度」，並提防那些不遵守良好行為規則的人。「社會信用」計畫從 2020 年起在全國推廣。目前已經有一張全國性的「黑名單」，可以在網上查詢，包括姓名、地址、甚至人臉都無所遁形。這份名單還列

出因金錢和債務被判刑的公民。[A] 這些數百萬計無處不在的監控攝影機已成為社會控制系統的核心，是中國共產黨的寶貴工具。正如海斯堡先生（François Heisbourg）所指出，這個系統就像喬治・歐威爾（George Orwell）在他極具先見之明的著作《1984》中所想像的那樣，成為主宰人民就業、住房、學習、社會福利、行動自由、支付方式和通訊等等的工具。雖然要完全實施可能並不容易，但「仍然可能摧毀無數人的生活，有利於鞏固中共的權力」。[B]

事實是現在中國大規模出口監控設備，當然包括攝影機，主要出口到一些發展中國家和新興國家，尤其當這些國家是專制政權時，會對這些獨創的控制系統工具很感興趣。因此，問題在於我們是否該放任中國毫無忌憚的輸出歐威爾式的老大哥監控社會模式，讓這些國家去複製一個又一個監控社會，而不採取任何保障措施？老大哥會將他的魔掌

A. 自 2019 年 2 月以來，針對持有 Android 版智慧型手機（占中國 80% 智慧型手機市場）者推出「免費」的「習近平思想」應用程式：「學習強國」，讓中國人民被監控的情況達到了顛峰，該軟體可以透過後門監視使用者手機的所有活動（電子郵件、照片、消息、聯繫人、瀏覽歷史記錄）。所有 9,000 萬中共黨員和政府官員幾乎都被強制下載並每天使用。數月來已成為中國下載次數最多應用程式，能讓用戶接受測驗，以掌控用戶對國家和領導人習近平的瞭解程度。

B. *Le temps des prédateurs*, *ibid*, p. 82。容我榮幸地在此強調，我的書名靈感確實來自弗朗索瓦・海斯堡（François Heisbourg）的書。

伸到全世界嗎？美國負責西半球事務的助理國務卿布雷爾
（Kimberly Breier）在 2019 年 4 月 26 日向美洲委員會發表
談話時表示，中國正在向獨裁政權出口監控技術。透過數
位監控系統監視、獎勵和懲罰人民。中國特別在西藏和新
疆引進這些技術以監視藏族、維吾爾族、哈薩克族和其他
少數民族。根據美國安全中心（Center for a New American
Security）最新一份主題為「中國一帶一路」[6]的報告，這些
高科技監視設備的出口協議通常被夾帶在新絲綢之路計畫項
目中。報告的作者舉例證明：辛巴威在與中國簽訂的貿易協
議中，「進口中國的人臉識別系統，如此可以降低威權統治
的成本」。[7]但是這個買賣也可以是從歐洲出口到中國。根
據國際特赦組織 2020 年 9 月 21 日發布的一份報告，幾家歐
洲公司已為中國配備了包括臉部識別在內的監控設備。國際
特赦組織還點名法國大公司 Idemia，這是生物識別領域的世
界領導者之一──擁有 1 萬 5 千名員工和高達 23 億歐元的
營業額。國際特赦組織質疑 Idemia 出售能辨識錄影帶中人
臉的系統給上海市公安局。遭非政府組織揭發的這筆交易是
由法國賽峰集團（Safran）的前子公司 Morpho 於 2015 年所
進行的，但後來該公司於 2017 年與另一家公司 Oberthur 合
併成立了 Idemia。[8]

在這種全面政治束縛的監控社會背景下，中國人唯一
能享有的自由就是消費。在這個消費領域中，閘門全面開

放。因此中國人陷入瘋狂的消費主義世界，為大型線上銷售集團（例如巨頭阿里巴巴）[C]帶來成功和財富。儘管越來越多的中國人正在尋求精神生活，但物質主義的巨大浪潮仍然席捲整個中國。[D]中國環境和消費者問題專家巴斯迪婭女士（Nathalie Bastianelli）指出：

中國消費紀錄一年一年創新高，黑色星期五本來是一個美國的銷售概念，代表一年中的打折促銷日，從 2009 年開始被阿里巴巴集團引入中國，今年 11 月 11 日我們稱之為「光棍節」的這一天，銷售額為 680 億歐元。但在 2013 年，銷售數字只有 60 億歐元。因此，在短短七年內的銷售成長令人瞠目結舌，年年打破記錄。為了讓大家有個比較清楚的概念，我這樣說吧：在 11 月 11 日那天的消費高峰期，每秒有 585,000 個訂單。我們可以看到中國數位消費的驚人速度。中國是僅次於韓國的全球第二大數位消費國。時尚行業則占全球二氧化碳排放量的 8% 至 10%，超過國際航班和海運的總和。而時尚工業的用水量排名全國第二，僅次於石油工業。[9]

C. 阿里巴巴前任老闆馬雲在中國非常受歡迎，是中國排名第一的首富。

D. 統計數據顯示，中國人對宗教的興趣越來越濃厚，包括基督教和佛教都在強力的復興中，並開始對中國共產黨造成威脅。近年來當局的反應是對宗教活動實施越來越嚴格的控制。

在追求精神生活同時，最近的一項研究表明，超過一半的中國人口體重超標。根據中國國家衛生健康委員會 2020 年 12 月 23 日發布的一項研究，超過 50% 的中國人體重過重，其中 16.4% 患有肥胖症，這是因為生活方式大幅改變的結果，體能活動減少，肉類消費增加，而水果和蔬菜的食用量急遽下降。根據這項研究，只有不到四分之一的中國人口每週至少運動一次。[10]

香港，藏人，任其宰割。
新疆將被趕盡殺絕？

共產政權統治下的中國，容不下多元化思想，沒有任何異議的空間。一有出頭鳥，必會被打壓。2020 年 12 月 28 日，曾在武漢報導過新冠肺炎疫情的「公民記者」張展被判處四年監禁。她唯一的罪行是：播放政府禁止宣傳的武漢疫情影片，並在中國第一個進行封城的武漢詳實記錄居民的生活。張展被判犯有「尋釁滋事」的罪名，這是中國譴責異議分子時最常用的罪名。僅管她在牢房裡絕食，仍被強行灌食。她的律師任全牛說，「判決宣布時，她看起來非常沮喪」，並說他「非常擔心」她的心理狀態。外國記者和外交官不得進入上海法院，三十七歲的前律師張展坐在輪椅上接

受法官審判，過程只有短短數小時。當審判開始時，她的一些支持者被公安強行推開。

然而，現在事實已經很清楚，武漢在 2019 年 12 月發現病毒時，中國當局對於病毒傳播的程度，向全世界撒了瞞天大謊。中國疾病預防控制中心於 2020 年 12 月下旬公布的一項研究結果顯示，武漢市 1 千 1 百萬人口中，有 4.4%，也就是約 50 萬人的血液中已出現新冠肺炎的抗體，比官方數字（50,008）[11] 多出十倍。官方公布的 4,634 人死亡人數顯然也非常可疑。

張展被判刑後的第二天，香港一名年輕的民運人士因「侮辱中國國旗」和「非法集會」被判處四個月監禁。他是已解散的香港獨派團體負責人鍾翰林，曾因在 2019 年 6 月在香港立法會外面抗議時，與執法人員發生衝突，將一面中國國旗扔到地上而被定罪。十九歲的鍾翰林在拘留所中等候下一次判決，他被指控「分裂國家」，在這個 1997 年回歸中國的前英國殖民地，北京於 6 月底強制實施了《國家安全法》，因此他很有可能被判處無期徒刑。可悲的是，這種情況其實在中華人民共和國是家常便飯。同一天，在與香港接壤的深圳也有一場閉門審判，十名年輕的香港逃犯於 8 月下旬試圖離開香港前往台灣尋求庇護時被捕。在十名被告中，八人被控非法越境，最高可判處一年監禁，兩人被控組織這次非法逃亡，可判處七年徒刑。他們都俯首認罪。其中有兩

名未成年人被分開受審。兩天後，被告被判處七個月至三年不等的監禁。自 2019 年的大規模抗議活動及 2020 年 6 月實施《國家安全法》以來，該項審判讓這座城市一下子陷入了沉悶的困境。法案規定，凡被判定犯有分裂國家、顛覆政權、恐怖主義或與外國人勾結者，可處以最高無期徒刑。至於七十三歲的新聞界大亨黎智英，是《蘋果日報》的老闆，也是香港寥寥可數敢為民主發聲的媒體人之一，經常猛烈批評中國共產黨政權。自 2020 年 12 月初以來他一直在監獄中受苦，等待「分裂國家」罪名的審判。最後在 2021 年 4 月 16 日，以參加非法集會的罪名被判刑十四個月監禁。至於同為二十四歲的黃之鋒和周庭，可以說是最著名的民主運動人士，他們被分別關押在兩所戒備森嚴的監獄中，單獨監禁，被列為最危險的 A 級囚犯。2019 年的大規模示威活動人數多達 200 萬人，幾乎超過四分之一的香港人（包括嬰兒和老人）共襄盛舉，數以千計的年輕人被捕，有的甚至極為年輕。

2021 年 1 月 6 日，上千個武警在清晨以《國家安全法》為由，對五十三名民運人士和反對黨民意代表的住宅進行搜查，並以涉嫌「陰謀推翻香港政府」為由將其一網打盡。這是現在的香港日常。香港市民直到 2020 年秋天都還享受著中國大陸無緣享有的公共自由，但是這座城市現在完全在北京的掌控之下。2021 年 2 月底，香港政府提出新的選舉法案，要求所有候選人和當選的民意代表都必須證明他們具

備愛國主義及熱愛祖國的情操。這是受到北京於 2 月 22 日的指使。23 日星期二，香港這個前英國殖民地的政制及內地事務局局長曾國衛作出了解釋：設立新選舉法的目的是為了在同年 9 月舉行的立法選舉中排除民主派的候選人；從今爾後，香港區議員必須宣誓效忠中華民族，任何「發假誓」的違規者都將被免職；還補充說「愛國是一種全心全意的愛」。這項法案似乎很明顯地針對在 2019 年 11 月香港區議會選舉中獲得約 90% 席次的民主派議員，希望能取消他們的議員資格，因為親北京陣營在這次大選中一敗塗地。一年後，北京已經實施《國家安全法》，這道新程式旨在讓各級政治系統都只能有「愛國」的候選人和當選者。香港現在完全在中國的掌控之中了。

2021 年 3 月 28 日，根據新實施的《國家安全法》，四十七名民主派人士被指控「顛覆國家政權」罪名，因為他們去年 7 月發起初選活動，準備推出 9 月香港立法局選舉的候選人。但香港當局以「新冠肺炎傳染病疫情」為由將選舉延後。第二天，數百名聲援被起訴人士的支持者身著黑衣（香港抗議活動的顏色），在九龍（前英國殖民地位於大陸的區域）的法院外排隊，準備進法院旁聽。來自英國、加拿大、德國、荷蘭和歐盟的領事館的外交官也悄悄列身其中。《南華早報》援引英國駐港領事韋俊輝（Jonathan Williams）的話指稱：「我們來此旁聽，因為我們對《國家安全法》的執

行深表關切。」而華盛頓的美國國務卿布林肯（Blinken）則要求立即釋放這四十七人。他在推特中說：「政治參與和言論自由不應構成犯罪。我們與香港人民站在一起」。英國外相藍韜文（Dominic Raab）表示，對這四十七人的指控「令人深感不安」，並強調該指控是「以最黑暗的方式」殺雞儆猴，宣告《國家安全法》旨在鎮壓香港的任何政治異議，而不是維護社會秩序。這無疑是自 1997 年香港回歸以來對民主派最嚴重的打擊，民主黨和公民黨的主要領導人都面臨起訴。被逮捕者包括二十五歲的香港人權和民主運動人士黃之鋒，他近幾年絲毫不懈怠地參與前殖民地的所有抗爭；以及著名政治人物和香港立法會民主派議員毛孟靜，她是前法新社特派員。雖然北京曾允諾要讓香港維持五十年的高度自治，並允許香港保有自己制度、獨立的司法和本身的生活方式，但是現在香港與中國大陸其他城市之間幾乎沒有任何區別。

這些事件讓香港近年來吹起的民主風潮劃下句點。在這座人口總數 700 萬的城市，曾經有多達 200 萬的居民在 2019 年乘著這股民主之風上街頭，抗議中國對這個偉大港口城市的箝制。與此同時，「一國兩制」也正式被宣判死刑。鄧小平曾在 1984 年利用「一國兩制」從英國首相柴契爾夫人（Margaret Thatcher）手中取回香港。「鐵娘子」起初持懷疑態度，但北京威脅切斷香港的水電供應並採其他報復措

施，因此不得不妥協。十三年後，香港回歸終於成真，北京大張旗鼓地慶祝主權移交典禮。葡萄牙殖民地澳門則於1999年步上香港後塵。香港與澳門的情況，其實是特別向台灣人民發出極其強烈的政治訊號。北京向台灣人提出過相同的概念，企圖說服這個叛亂島嶼與中國大陸統一。台灣2,300萬居民對這一提議本來就充滿敵意，如今在香港這場悲劇中更看清了北京笑裡藏刀的真面目：中國共產黨領導下的中國是一體的、不可分割的，在此前提之下，沒有多元或任何異議的可能性。在美國傳統基金會 E 發布的「城市經濟自由度」年度名單中，香港原本連續二十五年蟬聯第一，由於香港當局此次鎮壓人民，使基金會相信北京現在已經「完全控制」[12]了香港，因此在2021年3月4日發布的名單中將香港刪除。2021年3月11日，中國全國人民代表大會年度會議結束時，宣布將實施徹底改變香港選舉法的計畫，確保現在只有「愛國者」才能統治香港特別行政區。從今以後，候選人必須由北京指定的委員會審查是否符合條件。人大代表們以2,895票贊成、1票棄權和0票反對通過了該項決議。「計票後，響起了三十秒的掌聲。」因此，由北京所一手主導，有計畫

E.　傳統基金會是位於華盛頓的美國遊說團體和智囊團。其使命為「根據自由企業、有限政府、個人自由、美國傳統價值觀和強大國防的原則制定和促進保守的公共政策」。

地破壞香港自由的任務已經大功告成。七大工業國組織的各國部長對此表示：

> 我們，德國、加拿大、美國、法國、義大利、日本和英國的外交部長，以及歐盟高層代表，對中國決定從根本上破壞香港選舉制度的民主特色表示深切關注。這一決定是一個強烈信號，表明中華人民共和國當局決心壓制香港的不同聲音和意見。[13]

從所有這些事件，特別是 2019 年的大規模示威遊行，我們得出了一個很重要的啟示：中國人民在有自由的情況下，勇於起身對抗北京的中央政權，而這顯然是該政權完全無法忍受的。

殖民化和反殖民戰爭是人人都知道的歷史。強勢文化總是以文明使者為名，企圖取代弱勢文化。中國顯然遠遠不是這方面的先驅。而且還差得遠！歐洲人在美洲的殖民運動和十六世紀末殘害美洲原住民的歷史在在提醒我們這一點。1968 年 3 月 16 日發生的美萊村（Mỹ Lai）大屠殺是美國在越南戰爭期間犯下的戰爭罪行，造成 347 至 504 名平民死亡。那天，美國士兵強姦並殺害了數百名越南平民，並縱火焚燒了他們的家園。只有一個人抗命。休斯・湯普森（Hugh Thompson）準尉選擇將武器對準他的同胞，因而挽救了許多

生命。他後來為這次美軍謀殺作證，並被同袍譴責為叛徒。隨後，他的餘生經常被噩夢糾纏，患有嚴重的抑鬱症和創傷後壓力症候群，於 2006 年去世。所有這些都是我們必須牢牢記住不可或忘的事實。只是新疆和西藏的悲劇卻仍然發生在二十一世紀。我們不能對此無動於衷。更何況，過去的罪行並不能為今天犯下同樣罪行的人開脫責任。

聯合國大會於 1948 年 12 月通過的《聯合國滅絕種族罪公約》，將滅絕種族罪定義為「意圖部分或整體毀滅一個民族、人種、種族或宗教團體」，而中國也簽署了這項公約。新疆是否正在進行種族滅絕？歷史和恐怖事件在中國不斷重演。1989 年 6 月 4 日北京天安門廣場大屠殺已經三十多年了，當時中國軍隊向民運人士開火，造成數百甚至數千人死亡。我們永遠不會知道這場浩劫的真正損失，中共政權的宣傳機器已經將其從集體記憶中抹煞。[F] 而現在，在中國最西部的新疆自 2015 年以來發生了更慘絕人寰的悲劇，中國當

F. 在這場大屠殺之後，我們幾個朋友成立了一個名為「團結－中國」（Solidarité-Chine）的協會，為在法國避難的中國政治難民提供援助。我在此特別向伊莉莎白·巴丹德（Élisabeth Badinter）致敬，她是自動前來幫助我們的人之一。她為我們協會奉獻了她的名聲、精力、時間和善意，而且從來沒有缺席我們的任何會議。丹妮爾·密特朗（Danielle Mitterrand）也同樣慷慨大方，她的「法國自由基金會」（France-Libertés）為我們敞開大門。「團結－中國」協會今天仍然健在，由著名的漢學家侯芷明（Marie Holzman）女士擔任主席。

局在當地拘禁了超過 100 萬名信仰穆斯林的維吾爾人，這些人正遭受不人道的虐待。我們怎麼能在本書中忽略不提？新疆是中國對人民進行電子監控的第一個實驗場。如今，越來越多的證詞已不容置疑。根據多個可靠消息來源，超過 100 萬維吾爾人，也可能多達 300 萬，被關押在「再教育營」，而另外 50 萬人被強迫勞改。中國當局強烈否認這些資訊，並將這些營地命名為「職業培訓中心」，鑑於所收集的資訊都指向同一事實，幾乎沒有任何誤導的空間。尤其是新疆問題專家鄭國恩（又名阿德里安・曾茲 Adrian Zenz）所揭露的資訊更為可信。根據美國智庫「全球政策中心」（Center for Global Policy）於 2020 年 12 月 15 日發表，並由德國人類學家鄭國恩簽署的一項研究顯示，在新疆的土耳其與穆斯林族裔中至少有 57 萬人被迫到新疆棉田勞動，該區棉花產量約占全世界的 20%。這些數字極為駭人，因為鄭國恩 G 出示的中國官方文件估計，僅新疆自治區的三個地區（阿克蘇、和田、喀什）就有至少 50 萬名維吾爾人被強行徵召去以手工採收棉花。根據這項研究，在新疆範圍內進行的評估「可能會更高」。2020 年 12 月 15 日在北京舉行的新聞記者會上，外交部發言人汪文斌被問及維吾爾人被強迫勞動的問題時，信誓旦旦地指稱這些工人可以「按照自己的意願」自由簽訂勞動合約。他還特別點名鄭國恩是「美國情報機構操縱設立的反華研究機構骨幹」，專門「炮製反華謠言、誹謗中國為

生」。2020 年九月，人類學家鄭國恩進一步發表關於西藏多年來被強迫勞改的研究報告，同時得到英國路透社證實。

鄭國恩曾接受法國獨立傳媒《另媒體》（*Mediapart*）的訪問，解釋在新疆發生的可怕必然趨勢：

維吾爾人在文化和精神上更接近伊斯坦堡，而不是北京。數十年的鎮壓和文化大革命的暴行導致中國種族的融合千瘡百孔。而維吾爾人最近已經能夠利用網路和智慧型手機收聽土耳其音樂或伊斯蘭布道來追溯他們的文化根源。北京一直在強調他們是對抗維吾爾人的暴力，但其實最大的問題可能來自維吾爾人對同化和融合的消極以及非暴力抵抗。北京無法完全控制維吾爾人的社會，因此覺得事態日益嚴重。2013 年，新疆被宣布爲「一帶一路」核心地區。該地區自

G. 鄭國恩的工作，尤其是對中國官方文件的研究，是無可挑剔的。藏學家卡提亞・畢菲特里耶（Katia Buffetrille） 認為「他辛勤孜矻的研究成果顯著」。法國國際關係研究所（IFRI）漢學研究員朱利安（Marc Julienne）認為鄭國恩發布的關於新疆拘留營的資訊，儘管只是推測，仍然具有可信度。從 2020 年開始，鄭國恩根據衛星圖像、證詞、數據和官方檔，指出 2018 年被拘禁的人數為 120 萬人，次年為 180 萬人。然而，人身攻擊出現了。中國當局為了抹黑鄭國恩，將他描述為「極端右翼基本教義派天主教徒」，認為他「受到上帝的指引」。他本人也在最近華爾街日報的一篇文章中證實這一點，該文章將描述為「重生」的基督徒。但畢竟每個人都有自己駕駛人生方舟的方式。

然資源豐富，具有重要的地緣政治意義。總而言之，北京覺得必須採取「最終極的手段」才能解決如此棘手的問題。目前在新疆學習的經驗可以應用於其他地區和其他宗教團體。現在香港正在成為另一個新疆。鎮壓已成為北京的主要治理工具。[14]

　　這位德國研究人員於 2021 年 3 月 2 日發表最新報告，史無前例地揭發了有關維吾爾族農村青年被強迫勞改的事情。 2020 年 12 月，研究人員發表了第一篇關於強迫維吾爾族工人遷移的文章，鄭國恩在文章中明確指出新疆存在著兩種類型的強迫勞改：

　　第一種涉及「再教育營」的囚犯。一旦「畢業」，即被視為已經「去激進化」，就能夠回歸「正常」生活，但這些囚犯並不會被釋放，他們不能回到家人身邊，而是被迫移往附近或毗鄰營地的工廠去繼續工作。或者是成千上萬的被派往國營農場去採摘棉花。這種強迫摘棉花的勞改行為也引發全世界同聲譴責。

　　第二種類性則鮮為人知，而且可能涉及更大範圍的維吾爾族人口。這就是中國研究人員所說的「南疆富餘勞動力」。《新觀察家》記者郭玉（Ursula Gauthier）解釋，在這個維吾爾人占 90% 以上人口的貧困地區，居住著眾多沒

有固定工作的農村青年，他們靠打零工和耕種家傳土地為生。他們是中國政府「招募」來參加「培訓」的，之後會轉介他們到中國企業「就業」，再安排他們「轉移」到工廠。

　　鄭國恩在研究這些資料時發現，雖然這些人並非被拘留，但「招聘」、「培訓」、「安置」、「轉介」既非自由，也非自願。而是構成另一種形式的強迫勞改，意在網羅所有南疆青年。鄭國恩於 2021 年 3 月 2 日發表在美國智庫詹姆士城基金會（Jamestown Foundation）的最新一篇文章，主題正是針對南疆這一特定族群。鄭國恩授予法國《新觀察家》、英國英國廣播電台BBC、《南德意志報》和加拿大《環球郵報》獨家報導權。這位德國研究人員依據的是中國官方機構的公開檔，包括 2018 年由名聲顯赫的天津大學學者掛名所撰寫的「南開報告」。

　　鄭國恩在題為「新疆跨區域勞動力轉移計畫下的強迫勞動和被迫流離失所的問題」的研究中，明確指稱維吾爾農村工人的遷移規模日益擴大，其主要目標並非改善經濟。雖然經常被說成是為了漸少「極端貧困」的措施，但實際上是為了降低維吾爾族人口在其代代相傳的土地上的密度，並企圖打破作為吾爾族凝聚力基礎的家庭和村莊結構。

　　據他說，中國研究人員出版的刊物揭示了一項長期計畫，旨在將這些農村青年「無產階級化」，並透過自願或強

迫的方式將他們送到工業區工作，以便從根本上改變維吾爾族群的社會結構。

另一個目的是要讓這些農村青年「轉換思維心態」，使他們擺脫「落後」、「狹隘思想」、對宗教的崇敬。讓他們更「現代」、更「機動」、更「有生產力」、更受金錢和「物質價值」的吸引。[15]

對於那些仍然懷疑這些證詞的人，我們還有另一個令人震驚的真實例子，就是海蒂瓦吉（Gulbahar Haitiwaji）女士，一位被中國安全機構不擇手段設計誘騙的受害者。這位住在法國的維吾爾人於 2017 年被迫返回她的家鄉新疆，隨後被關押在有如煉獄的集中營中。獲釋一年半後，她與法國記者摩嘉（Rozenn Morgat）合著《中國古拉格倖存者》（*Survivor of the Chinese Gulag*）一書，詳述她的切身經歷。[16] 在入口網站「亞洲分析家」（Asia Asialyst）播出的專訪中，她述說她被當局命令返回新疆處理退休金相關事宜後，接下來所遭受的折磨。

「當時我是毫無戒心的。我甚至從未聽說過新疆的拘留營。之前回鄉的時候，我曾注意到安檢站和身分檢查都加強了不少，但沒有任何異常。所以當我的前雇主打電話給我，讓我快點回去的時候，我只問她是否可以委託代理人去處理。但她拒絕了。十天後，我回到新疆，原本只打算待兩週。沒想到這一待竟然持續了兩年零九個月。」她說，「他

們不斷審問我和我家人在法國生活的一切相關事情。然後他們拿出一張我女兒在巴黎的維吾爾抗議活動被拍攝的照片。照片中，她揮舞著東突厥斯坦（在新疆現有領土上宣布成立的共和國）的旗幟。那個時候，我對女兒有點生氣，因為我不是喜歡搞活動的人。員警後來釋放了我，但沒收了我的護照。1月中旬，我被告知要去拿回護照。三名國家安全部官員在那裡等我。然後我就被帶到克拉瑪依拘留中心。」[17]她說。

為何這政權如此嚴苛？

「你知道，當時我丈夫是法國維吾爾族協會的副主席。我們上次回到新疆是在 2012 年和 2014 年，他曾被國家安全局傳喚，要求他監視在法國的維吾爾族群。他拒絕了，因此我認為當局決定進行報復。由於我是家裡唯一沒有法國國籍的人，所以對我下手比較容易……一開始我的牢房裡大約有十來人，後來大約有三十多人。維吾爾族女囚一整天都鎖著腳鐐。我們穿的黃色獄服還有黑色拖鞋都太單薄了，其實經不起嚴冬和零下三十度的氣溫。我們睡在長凳上，蓋著一條臭哄哄的被子，不分白天和黑夜都開著日光燈。在地面上畫有兩個紅色的方塊。每小時必須有兩名女囚站在方塊裡一動也不動地「站崗」。放封的機會少之又少，頂多可以到牢房隔壁圍著鐵絲網的露台上走走。那裡冷得讓人受不了，等我們回到牢房時，他們又會故意將空調調到最低溫。真的非常

可怕。」

2017 年四月，海蒂瓦吉在牢房的遭遇更是雪上加霜。

她在她的書中寫道：「是的，我被綁在床欄上二十天了。另外三名囚犯遭受同樣的命運。在獄友的幫助下，我們只能在一個小桶中解手。我們從來不知道為什麼我們在那段時間必須遭受這一切。」[18]

「他們想讓我們消失，這是一種文化滅絕，一種完全的同化，但人們會產生抵抗，我們不能如此摧毀整個文化。」海蒂瓦吉女士認為她能獲釋，主要歸功於法國政府跟中國談判的結果。還有另一個證詞來自齊亞烏墩女士（Tursunay Ziawudun），她在新疆西苑區（維吾爾語為庫內斯 Kunes）勞改營度過了九個月。她告訴 BBC，有些晚上的午夜過後，蒙面男子會打開她的牢房選擇一名女性，並將她帶到一個沒有監視攝影機的「暗室」，然後讓幾個男人進行輪姦。齊亞烏墩有好幾個晚上被刑求，然後再遭受「暗室」內的摧殘。「這是我最可怕的傷痛，我永遠都不會忘記」，她也承認「我甚至無法從自己口中說出來」，她獲釋後在哈薩克找到了一個暫時庇護地，然後搬到美國，並一直居住到現在。英國廣播電台採訪了另一名曾被拘留的哈薩克族婦女奧依爾汗（Gulzira Auelkhan），她在中國新疆監獄中被關押長達十八個月，她告訴英國廣播電台，她負責脫掉維吾爾族婦女的衣服，並將她們戴上手銬，然後把她們交給漢族的男人施暴。[H]

「我的工作是將她們的衣服褪至腰部，給她們戴上手銬，讓她們無法動彈……然後我把這些女人留在房間裡，會有一個男人進來，通常是來自外面的中國人或者公安。我靜靜地坐在門旁，等男人離開房間後，我就帶那個女人去洗澡。」她補充說，這些男人「會花錢挑選最漂亮的年輕囚犯」。[19]

如果還需要其他見證，我們當然不乏案例。例如哈薩克公民古力巴哈（Gulbahar Jalilova）女士於 2017 年 5 月至 2018 年 9 月被關押在烏魯木齊的一個拘留營，後因聯合國介入而獲釋，並白 2021 年 1 月開始在法國生活。她與其他四十名年齡介於十四歲和八十歲之間的囚犯一起被關在一個二十五平方公尺的房間裡。她說她遭受刑求、強姦和強制墮胎。她公開作證，新疆的婦女是這種無情鎮壓的首批受害者之一。

我們在這個房間保持站姿，腳上鎖著重達五公斤的鐵鍊。我們可以躺下，就躺在地上，但不能超過兩個小時，這樣其他囚犯才能輪流躺一下。房間四周安裝了攝影機。房間外的員警用擴音器向我們傳達命令。我們要唱歌讚美習近平。我們每星期有好幾次要被下藥，最後導致我再也沒有月

H.　漢族是中國的主要民族，占中華人民共和國人口的 97%。

經。我親眼目睹了其他囚犯遭受的酷刑。有一天，一個審訊我的二十三歲年輕人拉下他的褲頭，把他的陰莖塞進我的嘴裡。我對他說：「你怎麼可以這麼做，你都可以作我的兒子了。」我在這個地獄裡堅持活下去，因為我們囚犯之間互相鼓勵。當我最終獲釋時，他們警告我：「中國是世界上最強大的國家。我們非常神通廣大。如果你亂說話，我們會找到你並殺了你。」但我的獄友懇求我把他們的心聲帶給全世界。[20]

歐洲維吾爾研究所所長瑞函（Dilnur Reyhan）女士，是十六年前來到法國的維吾爾難民，現為國立東方語言與文明研究所（INALCO）的教師，也是維吾爾族群在法國的吹哨者和主要發言人，她認為「殖民才是問題的本質」，主要是因為新疆地底蘊藏豐富的自然資源及重要的地緣戰略地位。在中國發生很多起襲擊，有時甚至傷及人命，這些都被歸咎於維吾爾人；但瑞函強調，沒有任何證據顯示肇事者是維吾爾少數民族。[I] 她補充說：「在殖民情況下，殖民者和被殖民者之間存在緊張關係是正常的。」[J]

「電子監控無處不在。中國還派遣中國官員，通常是男性，與集中營囚犯的家人住在一起，以近距離私下監督他們的家庭：看他們是否繼續按照維吾爾族的傳統生活，繼續說維吾爾語，或繼續在家中實踐教規。」「中國的所做所為完全符合聯合國所定義的種族滅絕行為。如果世界允許北京舉辦 2022 年冬奧會，就會讓人想起 1936 年的柏林奧運會，世

界將重蹈覆轍，北京將能夠繼續消滅維吾爾人。」[21]

這些敢於直言不諱的維吾爾族婦女，即使在遠離新疆數千公里的地方，也不能倖免於中國員警的魔掌。塞迪克（Qelbinur Sedik）正在荷蘭的新住處準備早餐時，她的智慧型手機上忽然顯示她住在新疆的姊姊打來的視訊電話，讓她倏然緊張了起來。兩姐妹已經幾個月沒有說話了，因為事實上她和另外三名維吾爾族婦女已經在 BBC 的節目作證，該節目主要介紹新疆拘留營中強姦和刑求情況，而塞迪克曾在新疆拘留營擔任教師。當她接聽電話時，螢幕上出現的不是姊姊，而是一個公安的臉。「你準備做什麼啊，凱爾比努爾？」員警笑著說。這個員警其實已經不是第一次這麼叫她了。塞迪克於是截取了螢幕截圖，公安聽到響動，猛地脫掉自己身上印有識別號碼的夾克。當塞迪克將這段經歷告訴

I.　從 1987 年到 1990 年，新疆經歷了兩百多起爆炸事件，其中一些造成死亡，但主要是針對官方建築和計畫生育辦公室。1993 年僅喀什市就發生了十七起爆炸，1994 年阿克蘇發生了三起大爆炸。1996 年，中國政府發起了一場大規模的打擊犯罪行動，掀起一場大搜查和大逮捕行動。2015 年 9 月 18 日，一群維吾爾人手持利器和刀具武器，殺害了在阿克蘇地區煤礦工作的數十多名漢族礦工。警方發起的搜捕行動導致二十八名襲擊者死亡。這些襲擊在過去和現在都是中國政府在這個所謂的「自治」地區實施鎮壓政策的主要理由。

J.　對於那些希望更瞭解這場悲劇的人，最佳推薦是記者拉瑟兒（Sylvie Lasserre）所著的《維吾爾地區之旅》（*Voyage au pays des Ouïghours*）一書，該書於 2020 年由 Hesse 出版社出版。

BBC 時，忍不住哭了出來。公安繼續說：「你必須記住，你所有的家人和親人都在我們這裡。你必須慎重考慮到這一點。」結束電話之前，他又說：「你已經在國外生活了一段時間了。你一定有些朋友。你能告訴我們他們的名字嗎？」公安接著讓塞迪克的姊姊跟她說話，姊姊大喊：「閉嘴。你從此以後給我閉嘴！」接下來是一連串的辱罵。BBC 將這名公安的照片上傳在網路上。[22]

　　這又再次說明北京政權想要根除維吾爾人的文化認同。我忍不住想在這裡近乎全文轉貼法新社 2019 年 10 月的一篇報導，這是我在北京的法新社前同事盡其所能地從新疆報導的內容，儘管他們一直受到監視，仍設法在當地收集了第一手資料。報告中描述中國拆除者竟然徹底摧毀了維吾爾族墓地，並在上面建造停車場。

　　車輛履帶在地上留下橫七豎八的痕跡，之間散落著出土的人骨。在這個位於中國西北部的穆斯林墓地，推土機工人粗枝大葉地深掘淺挖，隨便兩三下就抹去了維吾爾人與九泉之下親人的連結。在沙雅縣山腳下，墳墓成了殘磚碎瓦，點綴在四周景色之中。上個月法新社前往新疆的十幾處墓地採訪，個個都是這樣蒼涼的景象。新疆是一個穆斯林人占多數的地區，已經千真萬確地被北京接管。

記者在報導中使用照片佐證，並「注意到在三個古老的墓地中，遺骨露天散置」。

　　根據法新社與位於華盛頓的非營利「地球升起聯盟組織」（Earthrise Alliance）分析的衛星圖像，從去年（2018）開始，在這個面積是法國三倍大的地區，至少有四十座維吾爾族墓地被夷為平地。在該地區西部的阿克蘇，一座大型墓地被改造成「幸福公園」，其中包括人工湖、兒童遊樂設施和混凝紙漿做的貓熊。原先的墓地相當受到維吾爾人尊崇，因為二十世紀的維吾爾詩人穆塔里甫（Lutpulla Mutellip）就安葬於此。目前流亡至美國的伊利夏提·柯克博爾（Ilshat Kokbore）向法新社解釋說，這個地方有如「維吾爾民族主義的聖殿」，他曾於 1990 年代去過。穆塔里甫的遺骨現在下落不明。其他遺骸被遷往位於沙漠中部工業區的新墓園，當地一名官員承認他們對詩人遺骨的下落一無所知。因為法新社一直連絡不上阿克蘇行政當局，所以也無從得知其回覆。流亡英國的維吾爾活動人士伊薩·埃爾昆（Aziz Isa Elkun）指責道：「中國政府正試圖摧毀維吾爾人對這片土地的所有歸屬感。」他父親的墳墓是沙雅縣眾多被摧毀的墳墓之一。墓地是「新一代與老一代之間的牽繫。這就是他們想要破壞的東西」，他譴責道。在 9 月的報導中，三名法新社記者訪問了四個城市中十幾個被毀的墓地，及三個重新埋

葬出土遺骨的新墓地。這支隊伍幾乎一直受到當局的跟蹤。在沙雅縣的一個老墓地，記者被一個十一人小組監視，其中一些人解釋說，墳墓的廢墟實際上是老房子、麵包烤爐，甚至是簡單的沙堆。即使發現地上的人骨，官員們也拒絕面對事實。[23]

今天，這樣的報導已經不可能存在了，因為新疆對外國新聞活動的監視和控制已經嚴格許多。法國《世界報》（*Le Monde*）駐北京記者勒梅特說（Frédéric Lemaître）：「前往新疆或西藏極其困難，由於受到當局的騷擾，幾乎是不可能在那裡採訪。」[24] 另外值得一提的是，共產黨政權在新疆的最高官員是漢人（漢族）陳全國，六十四歲，中共中央政治局委員，退伍軍人，他在西藏從 2011 年 8 月開始實施的監管方式聲名鵲起。在新疆，陳全國也如法炮製他在「世界屋脊」上的管理政策，城市裡員警哨站星羅棋布，每五百公尺就有一個。

2021 年 1 月 19 日，美國國務卿蓬佩奧（Mike Pompeo）指責中國對維吾爾人進行「種族滅絕」。蓬佩奧在一份公告中補充說：「我認為這場種族滅絕仍在繼續，我們正在目睹中國黨國有系統地企圖消滅維吾爾人。」他還提到了中國當局「至少自 2017 年 3 月以來」對維吾爾人和「新疆其他少數民族和宗教群體成員」所犯下的「危害人類罪」。他的繼

任者布林肯在同一天也聲援這項指控。那麼，我們是否正在目睹一場在新疆發生的大規模掠奪行為？華盛頓大學的美國人類學家拜勒（Darren Byler）說：「歸根結底，我們看到安排漢族到維吾爾自治區安居落戶的殖民計畫，目的是奪取資源，接著摧毀並汰換維吾爾族的身分認同，以便將他們同化到中國的政治意識基礎中。在這種情況下，這個殖民主義的舉動，其暴力程度亞於之前的美國殖民主義，我們都看到後者造成印地安種族滅絕。到目前為止，我們還沒有看到（新疆的）維吾爾種族滅絕，但我們眼前正在發生的事情非常類似。」[25]

　　法國於 2 月 24 日透過外交部長勒德里昂（Jean-Yves Le Drian）發表的國際聲明，正式加入譴責的國際行列。在聯合國人權理事會上，勒德里昂指責中國對維吾爾族實施「系統化的鎮壓制度」。他在一次視訊會議上宣布：「我們從中國新疆地區收到了確鑿的證詞和文件，一致證實維吾爾人正遭受不合理的對待，並被大規模監視以及有系統地鎮壓。」2021 年 3 月 10 日，在參議院接受議員質詢時，勒德里昂重申他在聯合國所講過的話，譴責中國對維吾爾族進行「系統化的鎮壓制度」。在歐洲議會被歐洲生態－綠黨參議員班巴薩（Esther Benbassa）問及中國政權對維吾爾穆斯林的虐待行為時，法國外交部長仍然重申了他在聯合國人權理事會所發表的論述：「強制絕育、拘留營性侵害、失蹤、大規模拘

留、強迫勞動、從宗教場所開始進行破壞文化遺產，對人口進行監視……所有這些都已證據確鑿。這就是為什麼我代表法國……指陳事實，一個大規模監視和鎮壓系統的事實……我在這裡向參議院當面重複這一點。」[26]

外交部長並再次呼籲：「由人權事務高級專員芭敘蕾（Bachelet）女士負責，盡快派出公正、獨立、透明的國際專家代表團前往新疆訪問。」

他補充說，歐盟成員國從這次訪問所得出的結論，才能決定採取何種共同立場。

勒德里昂還警告法國公司「對有關於價值鏈的風險以及防止嚴重侵犯維吾爾人基本權利的必要性，保持最高警惕」。最後，關於歐盟與中國於 2020 年 12 月 30 日簽署的《全面投資條約》（*traité global d'investissements*）原則性協議，勒德里昂部長表示，法國已努力確保能在「談判桌上」簽署《強制勞動國際公約》的義務。「我們打算確保公約受到尊重。」[27] 在此要特別注意的是，法國外交部長明確談到「證據確鑿」，對於法國國家高級官員來說，實屬勇氣可嘉。中國駐法國大使館的反應是稱其為「不當言辭」。2021年 3 月 26 日，勒德里昂更進一步在法國新聞廣播電台 France Info 上說：「『種族滅絕』這個詞值得一提，我們已經準備好反省此事。」他補充道：「我希望中國能清楚澄清事實。」

2021 年 2 月 22 日，加拿大議會一致表決通過一項不具

約束力的議案，稱中國在新疆的鎮壓是「種族滅絕」。荷蘭議會在 2 月 26 日也有志一同，成為歐盟第一個採取行動的國家。荷蘭的提案強調「針對維吾爾少數民族的種族滅絕正在中國進行」，但並未點名中國政府須對此負責。[28] 在英國，幾名大屠殺倖存者於 2021 年 2 月公開宣稱中國在新疆的政策相當於「種族滅絕」。但是在中國外交部長王毅看來，對新疆和西藏少數民族的政策是「一個巨大的成功」，說明中國在保障人權方面取得進步。[29] 由於中國在法國大學體系的滲透極為成功，因此法國學術界也有中國政府的支持者，否認任何新疆鎮壓行動的看法。也因此，2019 年 9 月，斯特拉斯堡法學院名譽院長梅斯特（Christian Mestre）前往新疆「自治區」首府烏魯木齊，參加由中華人民共和國舉辦的「反恐、去極端化與人權保障」國際研討會。國家媒體、官方新華社和民族主義色彩的《環球時報》都報導了他的聲明。對於北京來說，這些聲明價值連城。

　　根據中國記者的報導，梅斯特懇求：「我希望法國和其他歐洲國家能夠採納新疆的經驗。」他親自參觀了喀什市的其中一所「職業教育中心」。他保證中國當局說的是實話：沒有，他們真的沒有強行關押數十萬維吾爾人。梅斯特教授證實「這些人不是在監獄裡，而是被送去接受義務培訓」。斯特拉斯堡大學的漢學家們在今天被問到這件事的時候，都驚呆了。中國研究系主任布托內（Thomas Boutonnet）回應

道，「這當然不是斯特拉斯堡大學中文系的立場。」「這樣的政治言論不是學者的職責，因為這樣說已經不是天真幼稚而已，這已經是否定主義了。」講師畢茉莉（Marie Bizais-Lillig）說她「非常震驚」。「這簡直就是當年阿拉貢前往蘇聯朝拜或是與德國納粹勾結的再現。」[30]

2 月 26 日，歐洲城市群副主席並同時是斯特拉斯堡第一副市長的亞佳巴貝（Syamak Agha Babaei）要求梅斯特出面解釋。

「因為這是針對中國政府如何對待一個政治及宗教少數群體問題的政治立場表述。我的小組會請他解釋。如果這些關於他的報導屬實，那就有問題了。我不認為我們可以說維吾爾人的遭遇有待商榷。如果他的言論屬實，這與梅斯特所擔任的歐洲城市群倫理道德官的職務相違背。」[31]

面對集體的強烈抗議，這位學者最後在同一天辭職。

2 月 25 日，法國總統馬克宏與中國主席通話，但據愛麗榭宮初步報導，兩人沒有討論維吾爾人的情況。

法國的吹哨者之一、歐洲議會議員格魯克斯曼（Raphaël Glucksmann）對新疆悲劇做出了反應：[32]「所以，集中營和維吾爾人對我們的總統來說一點都不重要，至少他清楚表明了他的態度。歷史會審判他，但我們將比歷史更早對他進行審判。今天早上我很生氣。我再也受不了我們那些領導人的懦弱和軟弱了。他們把厚顏無恥和懦弱無能變成了宗教信

仰。他們正在踐踏我們的原則和我們的戰略利益。他們鄙視我們過去的歷史和我們現在的動員行動。法國配得上更好的領導人。」

而美國總統拜登在就職後敷衍了三個多星期，才終於在2月10日打電話給中國主席。根據白宮的說法，拜登向習近平表達：「對強制性和不公平的經濟做法、對香港的鎮壓、新疆的侵犯人權行為以及該地區越來越專制獨裁的措施，包含對台灣的關切。」[33] 拜登後來更清楚地說，在那次電話交談中，他告訴中國國家主席，「只要您和您的國家繼續以如此明目張膽的方式侵犯人權，我們也會堅持不懈地讓世界知道，讓世人清楚看到正在發生的事情。這一點他明白了。[34]馬克宏與習近平會晤後在法國政界掀起的諸多批評，也讓愛麗榭宮最後改變說法，重申法國總統確實有提起維吾爾人的問題。但是關於哪些方面？我們就無從得知了。

2021年初，格魯克斯曼又談到法國向中國電信巨頭華為提供80萬歐元的公共資助，因為華為選擇阿爾薩斯作為其在歐洲的第一個工業基地。[K]

K. 華為選擇了位於法國大東部地區（Grand-Est）斯特拉斯堡以北17公里的布魯馬斯商業園，設立第一家歐洲製造工廠。投資金額2億歐元，初期將創造300個就業機會，而長期將提供500個工作。目標是每年為華為的歐洲客戶生產10億歐元的行動網路技術設備。別忘了，華為創始人任正非是中國人民解放軍的前幹部，現在仍然是中共黨員。

「在歐洲站穩腳跟以打入歐洲市場，完全符合華為的利益。華為是一家不斷擴張的巨型企業，為中國共產黨的利益服務。從斯特拉斯堡這個歐洲的中心地帶建立一個立足點，向歐洲市場四面伸展，這是一個與中共的擴張主義非常一致的理想戰略。然後這個歐洲立足點也能以更直接的方式進軍非洲市場。自 2008 年西藏和平示威遭到鎮壓以來，中國一直在歐洲奉行滲透戰略，讓歐洲政府持續依賴中國，也因此讓歐洲各國政府無法與中國建立權力平衡。今天，我們看到希臘和葡萄牙不得不向中國出售港口或能源公司等基礎設施。」格魯克斯曼說，「今天，這些國家都無法再反對中國政府了。」「歐洲的安全部門對中國的間諜活動保持警惕。但是在阿爾薩斯安置一個華為的公司，顯然是太天真了！尤其在布魯馬斯（阿爾薩斯北部，斯特拉斯堡郊區）附近有幾個軍事區被列為國防機密，華為的工廠就會造成國家安全問題，在這個層面上確實存在風險。因此這次動員行動不僅是原則問題，也是尊重人權的問題，更是國防問題。」[35]

　　隨後有一些高知名度人士的私人抗議舉措，例如法國足球隊前鋒格里茲曼（Antoine Griezmann），他於 2020 年 12 月 10 日宣布終止與華為的廣告契約，因為他懷疑這家中國巨頭公司參與監視維吾爾人，並宣布：「我強烈懷疑華為協助開發使用面部識別軟體的『維吾爾族警報』，因此我宣布立即終止與這家公司的合作關係。」[36] 還有著名的法瑞名

模納比拉（Nabilla），她在 2020 年 3 月 8 日國際婦女權利日之際，呼籲世界高聲抨擊維吾爾婦女面臨的困境。「在 3 月 8 日這天，我們一同聲援在中國遭受強姦與酷刑的維吾爾婦女。」她說，並分享了一名維吾爾婦女的照片。她寫道：「這個女人的名字是熱依拉・達吾提（Rahile Dawut）。她五十八歲，是一位著名的維吾爾族歌手。自 2018 年 10 月以來，她一直被關在中國監獄中遭受酷刑。」她補充道：「在集中營中，這些被鎖鏈束縛的女性一直遭受著慘絕人寰的性折磨：輪姦、電擊棒強捅肛門、電擊陰道、結紮絕育和強制墮胎。」[37] 2021 年 3 月 12 口，法國 - 摩洛哥血統的演員、導演兼編劇，洛契迪・森姆（Roschdy Zem），擔任第四十六屆法國凱薩獎典禮主席，他在開幕致辭中提醒大家，傳染病大流行所帶來的封城禁閉，「首先必須讓我們意識到還有更為悲慘的……中國維吾爾社區的集中營。」2021 年 3 月 9 日，巴黎市議會宣布已經向歐洲維吾爾研究中心提供辦公場所，並發布公告說明：「作為人權之都和庇護之城，巴黎市議會通過決議向維吾爾研究中心提供相關場所，以促進科學研究、保護維吾爾文化和捍衛婦女權利。」法國的幾個城市，包括克萊蒙費朗、馬賽、漢斯和阿爾福維爾，也簽署了聲援維吾爾人憲章。

2018 年 10 月 10 日，由二十五名法國研究人員及著名中國專家組成的團隊在《世界報》上聯名刊登了一篇論壇文

章，呼籲中國關閉在新疆的拘留營。他們強調：據信有數十萬，甚至多達 100 萬的維吾爾人被關押在那裡，還有數量不詳的哈薩克人。這些拘禁並非根據法院的判決。這些拘留營中的人可能被關押數週、數月或無限期。甚至已經有些人死在那裡。他們究竟犯的是什麼罪行？有的人是曾在國外逗留或聯繫過海外親屬，特別是那些穆斯林國家或維吾爾族群相當活躍的國家；或是有明顯的宗教活動；對中共的管理表示懷疑；或者只是被國家認為「可疑」……所謂的「再教育」其實包括消除任何民族主義和宗教感情，並確保他們對共產黨和中國的忠誠。

聯名學者還包括白夏教授（Jean-Philippe Béja），他是法國國家科學研究中心（CNRS）學術研究主任，漢學家、政治學家和中國研究專家；還有侯芷明（Marie Holzman）女士，她是漢學家、當代中國和中國異議研究專家、大學中文教師、作家、記者和法語翻譯。[38]

論壇文章發表之後，就此問題增加了很多可信的證據。2021 年 2 月 26 日，聯合國人權事務高級專員芭敘蕾女士打破沉默，告訴日內瓦人權理事會（中國是該理事會的正式成員）：「積極活動人士、律師和人權捍衛者以及一些外國公民，正在中國面臨任意刑事指控、拘留或不公平審判。」[39]她說，應獨立評估新疆地區任意拘留、虐待、性暴力和強迫勞動等違法行為的報告。她的發言相當謹慎，但如果我們考

慮到中國是聯合國安理會五個常任理事國之一，所施加的壓力非同小可，芭敘蕾女士的言論仍然勇氣可嘉。^L2020 年 10 月 3 日，大巴黎北區（包括塞夫朗、特朗布萊和維勒潘特選區）的議員歐妲女士（Clémentine Autain），也是「一起！」（Ensemble!）的黨員（該組織成立於 2013 年，屬於左翼陣線的一支），參與成立了一個支持維吾爾人民的議會團體。該團體的議員在他們的論壇上說：「在全球漠不關心的情況下，我們來自多個黨團的議員團結一致，支持那些遭受屠殺和恐怖對待的維吾爾人民，從而敲響警鐘。我們共同申明，我們必須使法律戰勝暴力，使自由戰勝暴政，使人的理性戰勝野蠻。」⁴⁰

　　3 月 22 日星期一，歐盟、英國、加拿大和美國同時對新疆的中國官員實施制裁，譴責北京對維吾爾人的政策，這是白拜登 1 月 20 日就職以來首次採取協調行動，此舉讓北京政權比以往任何時候都更加孤立。歐盟率先採取行動，自天安門廣場大屠殺以來首次對中國官員實施制裁，針對四名中國官員和一個被指控積極參與鎮壓維吾爾人的中國實體。

L.　中國當局邀請芭敘蕾前往新疆，但她感覺有詐，遂要求時間考慮。因為中國政權無疑會精心安排這趟旅程，她不會有機會去看到她想要看的東西。另一方面，中國也一定會熱切地展示社會主義中國在新疆的所有偉大成就，或是各民族之間相親相愛的生動見證。

這四名官員是新疆政法委前書記朱海侖，新疆生產建設兵團前黨委書記兼維吾爾自治區黨委副書記王君正，新疆黨委常委王明山和新疆公安廳廳長陳明國。被點名的中國實體是新疆生產建設兵團公安局。歐盟已認定，這些個人和實體「應對中國嚴重侵犯人權行為負責，尤其是對該地區維吾爾人和其他穆斯林少數民族的大規模任意拘留和有辱人格的犯罪行為」。這些制裁包括資產凍結和歐盟領土上的旅行禁令，歐盟二十七個成員國的外交部長在布魯塞爾的外交事務委員會上通過制裁決議，並立即將其載入歐洲法律。中國政府立即作出反擊，外交部宣布對十位歐洲主要人物實施制裁，其中包含五位歐洲議員，而格魯克斯曼也名列其中。同樣受到中國制裁的還有德國人類學家鄭國恩。這些人及其家人從此被禁止進入中國領土，包括香港和澳門。四個歐洲實體也成為目標，包括丹麥民主聯盟基金會（Alliance of Democracies Foundation），這是一個由前北約秘書長拉斯穆森（Anders Fogh Rasmussen）主持的論壇。北京譴責「嚴重損害中國主權和利益的行為以及謊言和虛假資訊」。共產主義政權的傳聲筒《環球時報》在一篇辛辣尖苛的社論中，宣稱中國將以牙還牙，同時痛斥歐洲自以為是教訓他人和「自視為人權導師那種居高臨下的態度」。另外《環球時報》英文版也特別強調：「種族滅絕這個標籤永遠不能貼在中國身上。德國對中國發起制裁，但他們才真的犯下了許多構成種族滅絕的罪

行！」因此，歐盟追隨美國的腳步，美國已於 2020 年 7 月 9 日對幾位中國管理階層人士實施制裁，這些領導人被指控「涉及嚴重侵犯人權」，尤其是針對維吾爾少數民族。我們在此重申，美國前國務卿蓬佩奧過去將新疆局勢比作大屠殺，並談到我們的「世紀任務」。週一，美國繼續擴大制裁，譴責兩名已被將歐盟列入制裁名單的官員。

這些共同的舉措是美國與其盟友經過外交溝通討論的結果。路透社援引美國政府高級官員的話稱，他們每天都與歐洲各國政府就與中國有關的問題進行交流。美國國務卿布林肯在當週將與歐盟和北約官員在布魯塞爾舉行會談，他於會談前夕表示「儘管國際譴責越來越多，中國繼續我行我素地在新疆犯下種族滅絕和危害人類罪行」。英國和加拿大外長與布林肯發表聯合聲明，三人呼籲北京停止在新疆的「鎮壓行為」。另外，澳大利亞和紐西蘭外長「對有關新疆維吾爾族和其他少數民族遭到嚴重侵犯人權的可信報導表示嚴重關切」，並對歐盟、加拿大、英國和美國宣布的措施表示讚賞。當一名荷蘭議員受到北京的制裁時，海牙召見中國駐荷蘭大使進行抗議。

其中一名受北京制裁的比利時議員賽繆爾・科格拉蒂（Samuel Cogolati）告訴法新社：「真可怕！看到獨裁政權膽敢以這種方式去攻擊民選的議員及其家人，實在令人不寒而慄。」「但是恰恰相反，這些恐嚇、這些威脅不會阻止我

們！反而更堅定了我們幫助香港、西藏或新疆爭取民主的決心，我們也看到他們正在設置更多用來關押維吾爾人的集中營。」他說，「該是歐洲打破沉默的時候了，我們已經沉默太久，這種沉默隨著時間的流逝讓我們成為共犯。」[41]

格魯克斯曼則表示他對中國當局的決定感到受寵若驚。他在推特上說[42]：「我得知我是中國制裁的目標，被禁止進入中國領土（我所有的家人也不行），並且被禁止與官方機構和中國公司進行任何接觸，因為我捍衛維吾爾人民——而這是我的榮譽勳章。」2021 年 3 月 26 日，中國政府擴大制裁範圍，涉及九名英國人物和四個企業實體，其中包括前保守黨領袖伊恩·史密斯（Sir George Iain Duncan Smith）。他說：「譴責中國政府在香港的暴行以及對維吾爾人進行種族滅絕行為是我們的責任。」他還補充說，「如果這樣會激怒中國，我將樂意佩戴這枚榮譽勳章。」[43] 不過這種對峙的升級可能帶來嚴重的後果，對北京來說也是一記沉重打擊，北京與布魯塞爾經過七年艱難談判後於 12 月 30 日締結的《投資條約》可能會宣告夭折，而中國政府原本想利用此條約來牽制歐盟和美國之間的聯繫。該條約必須經由歐洲議會進行表決後才能生效，並隨後得到二十七個歐盟成員國的批准，現在煙硝味甚重的情況下，能順利通過的可能性極為不樂觀。2021 年 3 月 29 日，來自世界各地的四百多名研究人員和學者發表了一篇聲明，他們在文中聲援紐卡索大學的芬

利教授（Joanne Smith Finley），因為她勇於譴責中共政權侵犯人權的罪行，也因此成為中國共產黨制裁的目標，現在被禁止進入中國領土。[44]

我以為我已經看透了中國大外宣的招數，事實上還差得遠呢！因為接下來的技倆更令人瞠目結舌，其骯髒、卑鄙和下流，已經罄竹難書。首先是利用反猶太主義。2021 年 3 月 24 日，上海《文匯報》[M] 前駐巴黎記者鄭若麟公開指責格魯克斯曼及其父親煽動穆斯林世界對中國的仇恨，間接策畫暗殺法國高中教師薩繆爾·帕蒂（Samule Paty）！。[N] 這位中國評論員繼續編造他的謊言，聲稱格魯克斯曼「為了反對普丁的政策，將溫和的車臣人帶到法國」，故意「在法國播撒恐怖主義的種子」。還說兒子拉斐爾克紹箕裘，繼承父親的作法，以保護可憐的維吾爾人為藉口，爭取穆斯林恐怖分了的支持。

「無數個證據證明我們的動員讓中國害怕：中國的宣傳

M. 鄭若麟是記者、作家和翻譯家，也是香港出版的《文匯報》特派員，並在他的祖國是位人氣部落客。

N. 歷史和地理老師薩繆爾·帕蒂於 2020 年 10 月 16 日從位於巴黎郊區伊芙琳省孔夫朗-聖奧諾里納的學校離開後，沒多久就被車臣裔俄羅斯公民安佐洛夫（Abdoullakh Anzorov）刺殺並斬首。凶手年僅十八歲，他因父母的關係在未成年時即在法國取得難民身分。襲擊後幾分鐘後，他在靠近謀殺現場的瓦茲河谷省艾拉尼鎮被員警擊斃。

機器從昨天開始就全速啟動了。其目的為何？施展可怕的手段詆毀公開支持維吾爾民族的人（研究人員、政治家、知識分子、維吾爾活動家等），故意製造懷疑並試圖抹黑我們為維吾爾人所做的一切努力。這是專制和法西斯政權的經典手法。最近幾天，數以萬計的消息在中國網路上掀起了軒然大波，而且很快就會來到這裡。我現在和將來都會被說成是全球猶太人反中國陰謀的策畫者，伊斯蘭恐怖分子的朋友，美國中央情報局（CIA）和以色列情報特務局摩薩德（Mossad）的特工，伊拉克戰爭及敘利亞革命的籌畫者，甚至是以法國本土民粹「取代理論」（Grand Remplacement）的代言人等……那些效忠於暴君的白癡們將會把這些捏造的頭銜冠在我們的頭上。我不會浪費時間去一一否認或反駁。但我可以肯定，我們的動員讓他們坐立難安，即使我們不可能不戰而勝，也難免會受到攻擊。我對政治的認知，就是知道如何為自己覺得對的事情承擔風險。而我們現在的領導人似乎都早就已經忘了這一點。沒關係！我們會順便一起提醒他們。」格魯克斯曼回答道。[45]

2021 年 3 月 26 日，法國外交部長勒德里昂接見格魯克斯曼，對他遭受反猶侮辱表達聲援之意。

這位歐洲議員隨後發布推特說：「我適才與外交部長勒德里昂會面。我向他建議禁止奴隸勞工生產的產品進入我們市場，並提出了具體措施，我們將責成我們的品牌尊重人

權，並保護他們免受中國政權的攻擊。策略已定，歐洲議會已經表決，剩下的就是實施的問題。」[46]

　　中國的宣傳手段不只有一招半式。2020 年 12 月法國絲路出版社（Éditions de la Route de la Soie）出版了一本《維吾爾族假新聞的終結》（*Ouïghours, pour en finir avec les fake news*）的書，作者是馬克西姆・維瓦斯（Maxime Vivas）。O 這家出版社由謹慎持重的布雷斯勒女士（Sonia Bressler）於 2017 年創立，自詡為獨立出版社，但其部分出版書單致力於讚揚法中合作，並與中國共產黨的出版社共同出版《中法對話》（*Chine-France Dialogue*）月刊。其中 2021 年 1 月號

O.　這個否認主義者，我不認識也不想認識，除非有一天在法庭上與之周旋。我的中國朋友給這種人起的綽號是「法國貓熊」，他們自己甘願做北京政權的奴才。他們一句中文都不會說，對中華文化一無所知，並且對中國官方的宣傳、謊言和不實之詞照單全收，他們已經成為中國在他們國家的最佳宣傳機器。七十八歲的馬克西姆・維瓦斯（Maxime Vivas）是一名職業人體工學專家，著有大約二十本書。但在過去十年左右的時間裡，他最為人所知的是他成為中國政策的熱心捍衛者。自從 2009 年全家去中國旅行之後，他一直在他 2002 年創建的網站 https://www.legrandsoir.info/ 專欄中抨擊「先入為主的觀念」，該網站被稱為「好戰的替代資訊網站」，集結了極右和極左作者的文章。2010 年應中國之邀探訪西藏，於 2011 年和 2015 年出版兩本書，譴責西方媒體的報導，歌頌中國在西藏的政策。2016 年和 2018 年，維瓦斯此次應邀訪問新疆。他的著作《維吾爾族假新聞的終結》大量複製了中國關於新疆的大外宣，甚至指稱針對中國的國際陰謀罪魁禍首就是：美國中央情報局。不意外吧！

的封面標題名為「中國五年計畫」（un plan chinois sur cinq ans），以中國駐法國大使盧沙野和其他幾位中國官員為主角進行了詳細訪談。

這本書的編輯在封底警告說：「你喜歡關於德雷福斯上尉被背叛的假新聞、羅馬尼亞蒂米甚瓦拉的萬人坑、科林鮑威爾在聯合國拿出的小瓶粉末、科威特被拔掉電源的嬰兒保溫箱、烏特侯的戀童癖性侵害疑雲、從車諾比吹到我們邊界的核輻射雲。弒親犯李戈涅斯在蘇格蘭逮捕，法國黃色背心入侵巴黎硝石庫慈善醫院？那你會討厭這本書。」

維瓦斯在官方人士的護送陪同下兩次訪問新疆，中國當局精心準備並規畫他的旅程，他譴責任何有關該地區進行「種族滅絕」的想法。

「事實上，這個自治區的面積相當於法國的三倍大，在中國的全面協助下擺脫落後和貧困：經濟援助、對少數民族考生的加分待遇、職業培訓、在職業和教育培訓中心學習國家語言（普通話），新疆五十六個民族中沒有任何一個民族被迫放棄他們的語言、文化、信仰或無信仰。與此同時，北京正毫不留情地打擊伊斯蘭狂熱分子挑起的『三災』（基本教義派、分裂主義、恐怖主義），其中數千伊斯蘭狂熱分子在敘利亞接受過蓋達組織的培訓，主要目標是在中國六分之一領土上建立一個獨立的哈里發國，以伊斯蘭教法取代共和國的法律。」作者這樣寫道。

我讓讀者自行判斷這些說法。如果說他的書在法國沒有什麼迴響，甚至讓人忘了它的存在，但是在中國卻被新華社和人民日報等官方媒體廣泛引用，而且被當成無可辯駁的證據，以資證明新疆沒有種族滅絕這回事。中國外交部長王毅也是如此，他在 2021 年 3 月 7 日全國人民代表大會期間舉行的新聞記者會上也引用這本書的內容。

　　維瓦斯倒可能有個有力的支持者。3 月 28 日，在中國中央電視台 CGTN 法語頻道網站上有一篇署名「駐法國的獨立記者」波孟（Laurène Beaumond）所寫的文章，她以讀者身分向北京官方媒體投書，寫下活生生的個人證詞，駁斥新疆維吾爾族穆斯林少數民族遭受種族滅絕和迫害的指控。事實上，這位記者表示：「我是法國人，我在中國生活了將近七年。」而更妙的還在後面：「機緣使然，我剛好有家人住在新疆的首府烏魯木齊。2014 年到 2019 年之間，我有機會多次前往該地區，但我認識的新疆跟別人向我描述的新疆不一樣。」不過波孟這個人可能根本不存在。無人認識，也沒有任何官方紀錄。《世界報》證實，她的名字並不在「法國職業記者身分證委員會」（CCIJP）的檔案中。中國中央電視台 CGTN 拍胸補保證，這位女士應該「擁有巴黎第四大學藝術史和考古學雙學位，以及新聞學碩士學位，曾在巴黎多個報社工作，然後在北京落腳」。不出所料，這篇文章中關於維吾爾人的觀點完全呼應北京政權所有的官方說法，並

質疑維吾爾事件的「新激進女權分子（原文用 pasionaria 這個字），這個民族的命運迄今為止沒人關心」。她還注意到「各大外國品牌宣布停止使用在新疆採摘的棉花來製作衣服，是最後一根稻草」。3 月 31 日，中國官方媒體旗下的中國國際廣播電台刊登了波孟第二篇專欄文章，主題是關於法國議員預定訪問台灣，也是巴黎和北京之間的另一個緊張話題。這次波孟「記者」以「熱愛亞洲文學和流行文化的中國專家」身分，猛烈抨擊「針對中國的荒唐批評」，並鼓勵法台交流團的參議員放棄參訪計畫。[47] 在《世界報》發表文章後的翌日，法國《費加洛報》發表了一項調查，證實波孟不僅存在並且還健在的事實。但是，作為中國中央電視台在巴黎的雇員，她同意匿名「作證」，這是一個非常方便的身分，因此可以無話不說，但也讓她的言論的可信度大打折扣。

除了土耳其悄悄要求中國對新疆局勢作出解釋外，迄今為止，還沒有任何穆斯林國家出面譴責中國對維吾爾人的做法。這是為什麼？專門研究阿拉伯世界的法國 - 阿爾及利亞作家、研究員和記者澤海杜爾（Slimane Zeghidour），提供了一些解釋。

「首先必須瞭解的是，在穆斯林國家，人民的意見受到現有政權的限制。沒有像西方那樣的言論自由和示威權利。不管是為維吾爾人，或為任何其他人。這些國家沒有這

種示威、抗議和公眾團結互助的習慣或文化。這並不意味著人們內心深處沒有任何感覺。但是有一個只存在於伊斯蘭主義者和仇視伊斯蘭者之間的神話，他們以為有一個穆斯林世界，會用同樣構造的肺呼吸，對世界會有同樣的看法，並且同樣齊聲感動。其實從先知的時代到今天，這樣的一個伊斯蘭世界從未存在過！」他說。「這跟仇視伊斯蘭或伊斯蘭神話所想的真的是相反的，任何伊斯蘭國家的政府從不以伊斯蘭教的名義行動。比如與中國關係很好的沙烏地阿拉伯，或者伊朗，就小心翼翼地不讓北京難堪。這些國家的公眾輿論必然對維吾爾人在中國的遭遇感到甚為憤慨，但他們的政府卻在玩弄政治。除了土耳其總理艾爾多安（Recep Tayyip Erdoğan），所謂伊斯蘭團結運動（la solidarité islamique）從未動員任何政府替維吾爾族說話。那是因為維吾爾人在土耳其有大量僑民，因此土耳其的維吾爾遊說團體促使埃爾多安向中國表達不滿，並要求中國做出解釋。」他繼續說道。「穆斯林有一天會清醒嗎？不，我不這麼認為。但我們必須牢牢記住，伊斯蘭教在中國的存在可以追溯到十五世紀前的先知時期。這是中國文化融合裡非常古老的一個層面。穆斯林人物在中華帝國的歷史上扮演了非常重要的角色。中國穆斯林對這個國家歷史影響甚鉅。例如，中國海軍史上最偉大的海軍將領鄭和，是一位生活在十六世紀的穆斯林。人們必須理解穆斯林目前在中國的處境比以往任何一個封建帝國時

期都還要糟糕。今天肯定有中國人願意支持維吾爾人，但中國政府的政策和對付西藏人一樣。中國政權以其極端的民族主義，將基督教和伊斯蘭教視為外來的文化汙染。維吾爾人原本在新疆占多數，但是中國的殖民政策讓非維吾爾人的中國人大量湧入新疆，將維吾爾人變成了少數民族。這是一種扼殺文化的政策。但中國以外的穆斯林不會覺醒，不會支持維吾爾人，也不會支持任何人或譴責任何事情：別忘了這些穆斯林國家大部分是獨裁國家。話雖如此，沙烏地阿拉伯等國家也有可能悄悄要求中國就此問題作出解釋。但不會是公開的。」[48]

　　新疆局勢是否構成種族滅絕？它確實符合很多種族滅絕的特點。對於侯芷明女士這樣的中國專家來說，新疆維吾爾人的處境意味著什麼？我向她請教之後，她是這樣回答的：「我對這些人的痛苦感同身受，他們正在經歷難以想像的可怕時刻。我們很難想像他們正在忍受的苦難。這是一回事。而另一回事更令人驚愕：我們都有熱愛生活、富有幽默感的中國朋友，他們對社會和人際關係擁有高度智慧。但在這些朋友眼裡，來自同一個國家的中國人犯下了危害人類罪，好像是一個完全可以接受的事情。你能接受嗎？這已超出了我的想像和理解，也超越了憤怒。甚至連憤慨都不足以表達。因為這已超出了人性連想都不敢想的範圍。」

中國勢力在新疆追求的
最終目標是什麼？

「我馬上就想到一個對照，即使不完全合適。就是發生在滿族身上的事。眾所周知，他們入侵中國，並統治了整個清朝時期（1644 至 1911），最後在文化和語言上與漢人完全同化。於是，滿族文化就消失了。我不知道今天還有誰會說滿語和閱讀滿語。據說還剩下兩、三個會說滿語的人，但顯然不是瀕臨滅絕的物種，而是已經消失的物種。我不是說維吾爾人會像滿族一樣，走向被漢族徹底漢化的模式，我想說的是，在中國人的潛意識中，自認有一種能力：中國人能海納百川，可以吞下和消化異族文化並將其轉化為完美的中國人形象。因此我認為在中國人的潛意識中，有這樣一種想法，即維吾爾人會發現中國文化比維吾爾文化優越，融入中國文化有百利而無一害。我認為這是統治者的意識和大多數中國公民的潛意識。另一方面，那些意識到這些維吾爾人不同於漢族文化的人，在我看來，是中國的極少數。」

這場悲劇對熱愛中國的你們來說，是良知問題嗎？

你可以把「熱愛中國」這幾個字去掉。我會說我喜歡我敬重的中國人，當然有很多這樣的人。但要我說熱愛中國，辦不到。我不喜歡中國，不喜歡今天的中國，尤其不喜歡習近平的中國。這是我回覆的第一部分。我不喜歡做這種比

較，我不會經常比較納粹政權和中國政府。但另一方面，我可以想像一個有意識、有道德、有責任感的德國人和一個真正有血有肉的人在納粹政權時期的心態會是什麼樣子。我可以想像，作為一個德國國民，這對他來說是一種痛苦，我認為今天有很多清醒的中國人，清楚意識到正在發生的事情，對現在情況也心知肚明，我可以想像他們此刻發現自己處於內心的、人性的、道德的痛苦之中。[49]

　　像這樣令人心碎和傷痛不已的案例最近又新增一樁，這是一份由五十多位國際刑法專家、國際刑事法院前成員、聯合國大使、法學家、自由研究人員以及人權和戰爭罪專家簽署的文件。由美國智庫「創新戰略與政策研究所」（the Newlines Institute for Strategy and Policy）於 2021 年 3 月 9 日發布的一份報告中認為：中國政府要對「持續對維吾爾人進行的種族滅絕」負責，這違反了（聯合國）種族滅絕公約。[50] 這是非政府組織首次對新疆種族滅絕的指控進行獨立分析。聯合國《種族滅絕公約》將種族滅絕定義為「全部或部分摧毀一個民族、族裔、種族或宗教群體」的意願。《種族滅絕公約》還進一步指出哪些是種族滅絕具體行為：殺害該團體之分子；致使該團體之分子在身體上或精神上遭受嚴重傷害；故意使該團體處於某種生活狀況下，以毀滅其全部或局部之生命；強制施行辦法意圖防止該團體內之生育；強迫轉移該團體之兒童至另一團體。犯有這些行為中的任何一

項都足以被譴責且被視為違反《滅絕種族罪公約》。然而，中國在新疆所實施的政策正是以上種種罪行，因此完全違反了公約。報告總結說：「必須從整體上看待中國針對該地區維吾爾人的政策和做法，這相當於打算全部或部分摧毀維吾爾群體。」

2021 年 3 月 7 日，中國外交部長兼國務委員王毅在全國人民代表大會期間利用他的傳統新聞記者會譴責對於新疆種族滅絕指控。

他強調：「所謂新疆地區存在種族滅絕的說法荒謬絕倫，完全是別有用心的造謠，徹頭徹尾的謊言。」「說到種族滅絕，大多數人想到的是十六世紀的北美印第安人，十九世紀的非洲黑奴，二十世紀的猶太人，以及至今仍在堅持抗爭的澳洲原住民。」[51]

這些話留待歷史去審判。但事實是無法掩蓋的，中國政權誤判形勢，以為世人不至於知道他們在新疆進行的種種行為，也無從得知這場災難的整體規模。這對中國形象和信譽的影響非常深遠也具毀滅性。而罪魁禍首是習近平，2014 年維吾爾武裝分子襲擊火車站造成三十一人死亡後，他指示新疆當局對維吾爾人「絕對不留情面」。《紐約時報》在 2019 年 11 月 16 日發表的一篇報導中，根據洩露給西方國家的四百多頁中國官方和機密文件，證實在新疆的鎮壓運動和建立數百個拘留營的始作俑者是中國獨裁者習近平，而不是國家

機器中的其他人。[52] 總有一天，我們將從這場災難中吸取教訓。但在此之前，最可悲的是，中國政權所犯下的惡果卻要由那些無權做決定的中國人去承受，而且在未來很長一段時間都必須承擔這些汙名。

2021 年 3 月 14 四日，歐洲議會議員、前歐洲事務部長娜塔莉・盧瓦索（Nathalie Loiseau），一位與馬克宏總統關係密切的人物，以書面回覆我的問題時，是這麼寫的：

長期以來，我們國家及大部分的自由世界國家，發展中國家，對於中國的現實情況、政治制度和國際野心的看法都太天真了。蘇聯解體後，我們以為中國的共產主義也會步其後塵。但我們大錯特錯：1989 年既是柏林圍牆倒塌年，也是天安門鎮壓年。我們並沒有充分關注習近平的上台及其效應：香港的自由被摧毀、對台灣的挑釁、中國南海的帝國霸權。我們今天才普遍覺醒，但也驚愕不已。在新疆對維吾爾人的迫害就是一個例子。中國再也不能隱藏下去了：證詞、衛星圖像、官方檔的洩露，一切都歷歷指證再教育營、絕育、強迫勞動……因此，與中國的對話仍然是必要的，但這對話的背景不能再被忽視。我們需要讓中國參與氣候、健康等重大的全球挑戰。但我們知道，這個合作夥伴並不尋求接近我們的價值觀。因此，我們必須確保加強我們的手段來捍衛這些價值觀和我們的利益。我們並非無能為力，而且我們

永遠不要忘記，中國的力量建立在經濟增長上，而其增長依賴於兩大支柱：出口和創新。因此，我們必須加強我們的工業主權，並更小心地保護我們的科技。在這方面，應該由公共政策來管理，但不僅僅是他們，還有公司企業、消費者、研究人員、學者都須時刻警惕，我們必須清楚知道中國已經覺醒。讓世界進入新的冷戰並非我們的目的，而是要防止世界向專制統治傾斜。

　　在這個主題的尾聲，我想起了當時讓我印象深刻的一個插曲。1989 年 5 月，維吾爾族的吾爾開希是「北京之春」學生領袖中最出色的演說家之一，他質問後來在大屠殺中下令攻擊學生而被稱為「六四屠夫」的李鵬總理。在國家電視台的鏡頭前，他這樣打斷李鵬的話：「時間很緊，我們在這坐得舒服，但外邊的同學在挨餓，所以我很抱歉打斷你的話。我想，還是儘快進入實質性的談話。」待李鵬再次開口責備他無禮後，吾爾開希又打斷他：「先生，您說（因為堵車）來晚了。我們從 4 月 22 日起就要求與您會面。你不只是遲到，你還來得太晚了。但這很好。反正你能來這裡就很好了。」這是屠殺前幾天的短暫民主時刻。而漢語聽說讀寫都精通的吾爾開希，現在人在台灣，而不是在美國找到避難所，精彩地證明華人世界和維吾爾世界之間能相處融洽。

　　這部維吾爾悲劇不免讓我想起同樣駭人聽聞的西藏悲

歌，今天已經鮮少有人提起。我曾有機會將西藏寫入 1990
年出版的拙著《西藏生與死——雪域的民族主義》裡，並
於 2019 年改版重新發行。[53] 也很榮幸邀請到巴丹德女士
（Élisabeth Badinter）為這本書作序。我在此重新轉錄她寫
的序文。時光荏苒已過三十載，從那時起，西藏的一切，除
了更糟，幾乎沒有任何改變。

　　我和許許多多的法國人一樣，對西藏幾乎是一無所知。
即使國際特赦組織的年報一再指出在西藏頻頻發生駭人聽聞
的事情，我承認我是在看了這本書之後，才對那些數字有實
質意義的瞭解。它們直接觸及我心深處，而不再只是一些抽
象的符號而已。由於董尼德大量採用敵對雙方——西藏和中
國——的資料並且加以深入研究，我們得以身歷其境地瞭解
只剩下幾百萬居民而已的千年古老民族，是如何逐漸地走向
末日。歷史性的悲慘事件肇端於西元 1950 年中國以強大的
武力侵略西藏。從那個時候開始，全世界少見的幾個瑰麗的
國家之一，一個充滿著和平與宗教傳統的國家頑強地抗拒著
毀滅的危機。西藏的滅亡不僅僅是幾樁謀殺，比丘與比丘尼
被酷刑拷打，上千人被送進改造營，這也是中國政府要把這
個國家、這個文明從歷史上除名而進行的真正的文化、語言
和宗教的大屠殺。中國在西藏所進行系統化的漢化措施，足
以保證西藏會在中期內滅亡。這些是在普遍性的冷漠中進行

的，更可怕的是在某些人害怕喪失擁有 10 億消費者的未來市場和在某些人畏懼觸怒強鄰的情形下進行的。受到嚴重的內傷，西藏的心還在微弱地跳動著，然而太微弱了以至於我們幾乎聽不到。有些過於急躁的人甚至已經準備好要開死亡證明書了。不過他們錯了。從西藏人的活佛身上依舊煥發出搖曳不定的毫光。崇尚和平，寬容而且勇敢的達賴喇嘛很能夠代表他那處在緩刑期間的人民。跑遍全球宣揚和平，他證明他的國家還活著而且我們可以協助拯救她。人家會說這是不切實際的，是烏托邦。不是的。有些時候國際輿論可以創造奇蹟而使強壯巨大的哥利亞在柔弱的大衛之前跪倒地上。要想達到這個目的，第一個步驟是先要結束因為不瞭解而產生的冷漠態度。因此，掀開西藏痛苦實情的布幔是刻不容緩的。這樣，即使我們沒有辦法讓在鬼門關前面徘徊的西藏起死回生，至少我們拒絕去做凶手的共犯。

這種相似性非常驚人。一切都一模一樣：勞改營、酷刑、強姦、強制絕育、人口遷移。無論是在文化、語言、建築還是經濟領域，西藏的漢化直到今天都在強行推進。2020年年初採取了更過分的進一步措施，實施了一項新的強迫勞動計畫，中國政權特別打算以自願或以武力迫使遊牧的藏族人定居下來，嚴重侵害西藏高原數百年來的傳統。位於華盛頓特區的詹姆士城基金會直指這是一種以軍事模式為主的

中央集權政策，旨在改革「落後的思維方式」，強制推行一種基於「紀律」、法律和中文使用的工作模式。在「西藏自治區」的昌都地區，情況尤其如此。該政策由中國人民解放軍官員和幹部負責監督。中國官方媒體發布的照片中可以清楚看到身穿軍裝的藏人被強迫勞動。參與該計畫的解放軍將領必須遵守招聘名額，如果名額未招滿，則會受到懲罰。詹姆士城基金會表示，該計畫旨在徹底消除農村地區的極端貧困，但也用來強制改變遊牧民族的生活方式。遊牧是西藏的古老傳統，中國這一新政策威脅到成千上萬的遊牧民族。基金會這項研究的作者鄭國恩說，「這是自 1970 年代文化大革命以來，針對西藏生活方式的最猛烈的攻擊」，該研究報告由詹姆士城基金會於 9 月底發表，並被《十字架報》（*La Croix*）引用。[P]鄭國恩援引中國政府官方網站的說法，「2020 年的 1 月到 7 月，有近 100 萬人接受了培訓。近 5 萬人被派往西藏的工廠，三千多人被轉移到其他省分的工業區。」[54]

中國中央政府對中國所有的邊境省進行絕對控制，自從 1950 年 10 月人民解放軍入侵西藏以來，這個雪山王國也不例外。1959 年 3 月，拉薩藏人反抗中國入侵而遭到血腥鎮壓，而同時達賴喇嘛流亡印度，中國對西藏的控制更變本加厲。西藏除了在文革期間發生駭人聽聞的暴行和大規模破壞之外，還被過度地漢化。當世界意識到新疆正在發生悲劇的同時，西藏的情況也好不到哪裡去。這種漢化政策導致藏語

逐漸消失，宗教自由受到多重阻礙，對藏族寺院活動的嚴密監控以及強加給藏人的重商主義生活方式與傳統生活有著天壤之別。今天的現實情況是，西藏正在慢慢消亡，成為中國主流文化無情碾壓的受害者。無論是在文化、語言、建築還是經濟領域，該地區的漢化都在強行推進。另外還有一項束縛加身：自 2019 年底以來，宗教信仰自由受到限制，中國政府禁止西藏當地政府的前僱員進行任何形式的傳統藏族崇拜儀式，而未滿十八歲者和中國共產黨員不得在節日時進入寺院。我還可以為前景黯淡的西藏補充一點：「西藏自治區」於 2021 年初發布新規定，鼓勵藏人以中國國家安全的名義相互監視，也監視外國人。《西藏自治區反間諜安全條例》自 2021 年 1 月 1 日起施行，是根據《中華人民共和國國家反間諜法》（2014 年）制定的區域性法規，屬於《中華人民共和國反間諜法》的一部分，與習近平總書記的國家安全觀一致。

在西藏漢化政策繼續進行的同時，法國的西藏族群於 2020 年 12 月 10 日為了慶祝其精神領袖達賴喇嘛獲得諾貝爾

P. 一些研究人員，包括常駐墨爾本的西藏問題專家加布里埃爾·拉菲特（Gabriel Lafitte），對這一分析提出異議，認為儘管西藏也有暴行，但西藏不是新疆。「西藏不是新疆。在新疆，中國已經能夠動員數百萬以新疆為家的兩代漢族定居者。但是扎根於西藏的非藏族人卻很少」，他在自己的網站 rukor.org 上這樣說。

和平獎 31 週年，特別與法國拉喀（Lhakar，藏文意思是白色星期三）協會舉行視訊會議，邀請印度北部達蘭薩拉「西藏流亡政府」（藏人稱為噶廈 Kashag，西藏的行政中心）的主席洛桑森格（Lobsang Sangay），以及佛教僧人馬修・李卡德（Matthieu Ricard），達波仁波切（Dagpo Rimpoché）和法國拉喀協會會長席琳・孟姬（Céline Menguy）共同參與。洛桑森格回憶說，1959 年 3 月 10 日，中國軍隊在拉薩血腥鎮壓一場西藏抗爭，殺害了 8 萬 7 千名藏人。他說，達賴喇嘛在同一天流亡印度，是西藏人民對中國占領西藏「深痛絕望」的結果。他強調，「西藏被漢化了，藏人身分認同有消失的危險。」「慈悲的力量是巨大的，達賴喇嘛所傳達的訊息如此強大」，馬修・李卡德說，「利他主義不是奢侈品，而是二十一世紀的必需品。」這位法國僧侶補充道，「西藏這個國家承受了諸多苦難。達賴喇嘛這位偉大的道德家永遠在所有藏人的心中。」別忘了，達賴喇嘛的照片在西藏是嚴格禁止的。這位西藏精神領袖已成為北京的眼中釘，北京視他為「危險的分離主義分子」。達賴喇嘛官方翻譯馬修・李卡德回憶 2016 年 9 月時，這位西藏領導人與後來當選為法國國家元首的馬克宏會面。在這次會晤結束後，這位未來的法國總統感嘆：「我看到了仁慈的面目。」

然而，儘管雪山之國無法可逃地緩慢死去，達賴喇嘛仍然頑強地反對與侵略者暴力相向。^Q 這位西藏人的精神領袖

和諾貝爾和平獎得主這麼說：

　　我知道一些藏人有暴力的想法。但我告訴他們，他們
錯了。暴力是不道德的。對我們藏人來說，暴力等於一種自
殺。如果藏人走上暴力之路，中國人會採取更迅速的反擊。
基本上，我認為暴力是一種不人道的行為。對人類來說是不
值得的。相反，人類必須培養內在的慈悲心。人們怎麼會被
血所吸引？我一直認為暴力是不自然的。此外，我相信使用
暴力有時確實可以達成某些目的。但可以肯定的是，這種成
就無法持續。很多時候，暴力非但不能使問題消失，反而讓
問題更嚴重。至於我們，你想想：我們是 600 萬人對抗超過
千百萬的人！考慮使用暴力是愚蠢的。有時候我向年輕的藏
人解釋這一點時，他們開始哭泣。他們無法控制自己的情緒
反應。但他們還是不得不接受。因為，無論他們喜歡與否，
這就是現實。

　　我相信中國有朝一日會成為一個開放的社會，一個尊
重言論自由和宗教自由的真正民主國家。這樣的社會會到來

Q. 值得一提的是，今天習近平視達賴喇嘛為眼中釘，但是習近平的父親習
仲勳就不是這樣了。習仲勳與毛澤東是長征的夥伴，他在 1950 年代相
當喜愛這位當時還很年輕的西藏僧人。達賴喇嘛曾送習仲勳一隻歐米茄
手錶，習仲勳也戴了很久。從習仲勳身上，我們看到一個對少數民族，
特別是藏族人，非常友好的印象。

的。真相終將水落石出，不僅能爲外界所知，在中國和西藏也不例外。然後，共產主義會失敗，獨裁制度會失敗。自然而然地，人們會聽到人權的聲音，自由的聲音。我們是人。我們只是要求更多的自由，更多的民主。[55]

多年來，他一直提議與中國進行談判，以就西藏廣泛自治的原則達成協議，但始終未果。1988 年之後，他已放棄了任何讓西藏正式獨立的想法。

卡提亞・畢菲特里耶（Katia Buffetrille）[R] 可能是西藏知識最淵博的法國西藏學家，每年會在西藏待六個月。她和同事馬修・卡柏斯坦（Matthew Kapstein）一起分享對於「世界屋脊」局勢的看法。

所有的一切都是爲了快速推動漢化進程，並涉及西藏生活的所有領域：宗教、語言、生活方式甚至環境。這個過程從很久以前就開始了，但在習近平的領導下，出現了多年未見的規模。我們只能說藏人堅韌精神可嘉，能在殖民占領下生活七十年。——也許應該說是因爲——佛教信仰是西藏精神的基礎之一，雖然這種信仰被不斷而持續的打擊。

習近平曾明確表明要「將宗教教義與中華文化融爲一體」，「引導宗教去適應社會主義的社會」。隨後，他命令全面漢化經書，在所有宗教建築上掛上中國國旗。強烈建議

重要的神職人員成爲中國共產黨的宣傳員。去印度接受過培訓的僧侶不再有教書的權利。自 2011 年以來，負責在寺院中執行官方指令的「民主管理委員會」由黨員組成。來自西藏自治區的年輕人現在不得參加宗教節慶，而且這些節日也越來越受到管制，有時甚至以新冠肺炎這樣的藉口被禁止，就像 2021 年春節慶祝活動的狀況。這種漢化的另一個現像是：藏語教學不斷減少。例如我們知道從 2020 年開始，西藏自治區禁止使用藏語，即使在幼兒園也不行。越來越多的年輕人在只允許使用普通話的寄宿學校學習。肯亞作家恩古吉·瓦·提昂戈（Ngugi Wa Thiong'o）[S] 完美地描述了殖民者語言取代被殖民者語言的後果：「每種語言都是一種文化，也是一個民族在歷史上的集體記憶。沒有語言，文化就無法出現、成長、沉澱、詮釋、代代相傳。」而且，藏人被

R. 卡提亞·畢菲特里耶是一位人類學家和西藏文化專家。她擁有民族學博士學位，高等研究應用學院（École Pratique des Hautes Études - Université PSL）的研究人員，以及《蒙古和西伯利亞、中亞和西藏研究》（*Études mongoles et sibériennes, centrasiatiques et tibétaines*）雜誌的主編。除了其他出版物之外，也著有《西藏屬於中國嗎？》（*Le Tibet est-il chinois ?* 與安妮 - 瑪麗·布隆多 Anne-Marie Blondeau 合著，Albin Michel, 2002）、《西藏的黃金時代》（*L'âge d'or du Tibet - XIIe-XVIIIe siècles*, Belles Lettres, 2019）。

S. Ngũgĩ wa Thiong'o，1938 年 1 月 5 日出生於卡米里圖（Kamiriithu），肯亞基庫尤語和英語作家。他目前是加州大學歐文分校國際寫作與翻譯中心的教授兼系主任。

迫居住在城市也是一種破壞傳統生活方式的現象。這片自然聖靈所居的神聖雪域被褻瀆了，然後被中國政府強行干涉而逐漸摧毀殆盡。

今天有很多關於維吾爾族悲劇的討論。那藏族呢？

迄今為止的資訊表明，藏人尚未經歷維吾爾人的慘痛悲劇。然而鄭國恩最近指出，西藏自治區似乎正在發生類似的強迫勞動過程。當然，我們必須小心求證，尤其記者和學者被禁止在西藏自治區工作，所以很難控制資訊的真實性。然而，自 2020 年以來，約有 50 萬西藏農民和遊牧民族，約占總人口的 15%，以消除貧困為由被送往軍事營地接受培訓，目的是讓他們在工廠找到一份「真正的工作」，並教導他們紀律、學習普通話、促進人口遷移，從而使他們與傳統環境隔絕。而且我們必須知道，對於大多數漢族人來說，維吾爾族和藏族等所謂的「少數民族」被視為落後、懶惰和忘恩負義的族群，因此需要對他們進行改革。只有一種文化和文明的模式能提供並強制他們接受，那就是漢族文化，因為根據漢人，這是唯一也是最有效的文化模式。

儘管如此，西藏的文化認同還有希望存在嗎？

卡提亞・畢菲特里耶解釋：這是一個非常困難的問題。只能驚嘆和欽佩西藏人的堅韌不拔。這個國家從 1950 年代開始被入侵，西藏人經歷了中國所有的災難性運動，無論是

大躍進、文化大革命等等。直到今天，他們仍在為西藏人的生存而奮鬥。發生了各種反抗現象，最令人髮指的是自焚事件。始於 2009 年，尤其是 2011 年之後，接著逐漸平息（最後一次自焚發生在 2019 年 11 月），這不是因為情況有所改善，而是因為對所有自焚者的親屬採取連坐法的原因，他們會被關入監獄。應該指出的是，自焚的確切人數仍然不詳。2021 年 1 月我們得知一名藏人於 2015 年在西藏自治區那曲鎮自焚，所以更新了原本的 156 人數。因為有日益專精的人工智慧監視技術，鬥爭變得更不平等，控制也越來越嚴格。微信在印度被禁之後，在中國的藏人與流亡藏人之間的聯繫變得比以前更加困難。

西藏文化認同的生存威脅是非常大的。這就是為什麼我們有責任讓世界意識到西藏文明的重要性和偉大，如果西藏文明消失，對世界來說將是一個巨大的損失。[56]

我能想起前司法部長羅伯特・巴丹德曾於 2015 年 3 月 14 日在巴黎香榭麗舍大道，為 1959 年 3 月 10 日拉薩起義反抗中國占領的勇者舉行紀念儀式，並發表了一篇精彩演說：

因為達賴喇嘛在他生命的黎明時刻，就親眼目睹他的國家西藏，被外國勢力入侵和踐踏，他甚至超越了我們珍視的藏族命運，變成普世和平的使者。和平，正是人們得到幸福的首要條件。對於達賴喇嘛來說，人性體現在堅持尊重全人

類的尊嚴和權利。對於丹增嘉措來說，人權是全人類的政治憲章。是世界各地所有人的權利，這些寶貴而脆弱的權利，正如歷史提醒我們的那樣，在人的普世價值裡是被視為是普遍和不可分割的。如果人權只屬於富裕和發達的社會，而數十億人生活在痛苦、疾病和無知中，那麼人權到底是什麼？達賴喇嘛相信法律的力量，因為我們知道西藏人的動機是正義的，最終會戰勝壓迫者。以下是他為西藏人民所要求的（他甚至沒有要求獨立，有時我覺得很可惜），他只要求西藏：

維護其文化特性，這一點對於文明的協調至為重要；並尊重包括西藏人在內的所有人的基本權利。

停止壓迫政權和文化種族滅絕。

建立西藏自治制度，建設西藏法治。

這完全不牴觸中華人民共和國的領土完整或國際主權！

因此，我的朋友們，我們將繼續以法律的手段和正義的精神力量共同支持西藏人民的正義動機，不使用暴力或挑釁，而是以決心與毅力。

除上述演說內容外，我還要補充美國眾議院議長裴洛西（Nancy Pelosi）於 2021 年 3 月 10 日，在拉薩西藏人民反抗中國占領者起義 62 週年紀念日之際，所發表的談話：「六

十二年前，勇敢的藏人站出來反抗中國的入侵，以捍衛他們的生活方式和文化。今天，我們繼續與西藏人民站在一起，向那些為權利和自由獻出生命的人們致敬。西藏的男人與女人只想在沒有暴力和恐嚇的情況下，信奉他們的信仰，說他們的語言，讚美他們的文化。然而，幾十年來，北京一直在發動一場又一場摧毀西藏文化和歷史的運動，因此我們呼籲世界各地愛好和平的人民群起行動，關注西藏問題。」[57]

文化殖民和強制同化像壓路機般的在中國其他地方大行其道。北京政權打算在中國的另一個地區繼續推行強制漢化政策：內蒙古。2020 年 9 月，數以千計的蒙古學童、中學生和大學生為了守護他們的語言走上街頭。騷亂的核心地點位於內蒙古東部的通遼市，當地人口當中有 45% 的蒙古族，而整個內蒙古自治區的蒙古族人口占總人口的 16%，僅次於多數族群漢人。所謂的「雙語」政策只是個幌子，新的教育指導方針規定，除了語言和文學課以外，必須以普通話取代蒙古語來講授其他科目。並且要早點實施，從稚齡入學就要開始。由於有關該主題的官方資訊和檔案在夏季就已洩露，8 月 20 日，教師們被召集參加閉門研討會，討論關於「中央政府頒布的」改革。他們不得不簽署一份文件，保證他們不會說出真相或反對。但很快地，在中國蒙文社交平台 Bainu（蒙文：你好嗎？）上爆發了抵制課程的呼聲，Bainu 因而被政府封鎖，而家長則拒絕送孩子上學。抗議活動隨後蔓延

到整個地區。「內蒙古各地至少有數萬人在抗議，」一位因害怕報復而要求匿名的興安地區居民指稱。[58]

法國國家科學研究中心（CNRS）蒙古歷史專家艾文（Marie-Dominique Even）強調說：「這個地區是漢人在滿清時期殖民的最古老地區之一。這有點不合常理，當地人的蒙古語不太好，他們使用的語言借用了很多普通話名詞。但他們人數比其他的民族要多得多，並且大部人都很配合行政管理。這是他們的強項。他們似乎對所剩無幾的東西更加敏感，因為他們已經失去了大部分的生活方式和身分認同。」[59]

在過去十年中，內蒙古實行的「雙語」政策，已經在西藏和新疆地區廣泛實施。儘管當地人不斷請願和示威以進行抵抗，但普通話已經取代了當地中小學的藏語和維吾爾語。2021 年 3 月上旬，習近平主席指示內蒙古地方當局在學校普遍使用漢語，以緩解民族緊張局勢。新華社援引他的話說，「必須深入貫徹」鞏固民族團結，並在學校的口語與書面教學上使用普通話。內蒙古的所有青年都必須對中國共產黨的政治及其革命傳統具備整體的理解。習近平還說：「文化認同是最深層的認同形式。這是文化團結和諧的根源和精神。」[60]

第 2 章

環境議題——
中國正在撼動全球

　　中國是地球上迄今為止最大的汙染國，他已承諾在 2060 年之前實現碳中和的遠景。鑑於中國將成為世界領先的經濟強國，超高速經濟增長會對環境造成極端影響，因此履行這一承諾至關重要。今天中國選擇的工業和生態發展方向對全世界的命運具有舉足輕重的影響。

　　「掠奪者與受害者完全相反，他們永遠不會死，因為掠奪者之間是可以互相取代的。一個怪獸取代另一個怪獸，生生不息」。

　　　　——安德列雅・H・姬普（Andrea H. Japp）——

法國科學家和作家，本名為黎歐內樂・努宮柏束（Lionelle Nugon-Baudon），著有《女性的理智》（*La Raison des femmes*）。

2060 年實現碳中和，
癡人說夢還是實事求是？

　　2020 年 9 月 22 日，中國國家主席習近平在紐約聯合國大會上大聲宣布，中國已經設定實現碳中和的計畫，而且會在「2060 年之前」完成目標。同年 12 月 12 日，他又在氣候雄心峰會上再次強調中國將「致力為《巴黎協定》的目標做出更多貢獻」，在 2030 年之前減少溫室氣體排放量，中國單位國內生產總值二氧化碳排放將比 2005 年下降 65% 以上。他接著補充說，森林蓄積量將比 2005 年增加 60 億立方公尺，並將非化石能源（太陽能、風能）在能源結構上所占的比例提高到 25%，在未來十年內將達到 12 億千瓦以上電力。這些震驚輿論的消息發布後，中國官媒新華社緊接著在同一天發表評論，認為中國這項新承諾反映了「一個有擔當的大國的雄心和決心」，而中國外交部發言人華春瑩則聲稱，中國「將信守承諾」，「為應對氣候變化做出更大貢獻」。這是一個占全球溫室氣體排放量 30% 的國家，還是迄今為止地球上最大的汙染者，其至高無上的領導人譁眾取寵的甜言蜜語，我們應該認真看待嗎？中國意識到需要進一步在該領域履行大國責任，於 2015 年 12 月 12 日簽署了《巴黎協定》。[A] 從那一天開始，中國當局也做出了真正的努力，我們將在下文詳述，但其具體內容遠遠不足以兌現他

們的承諾，尤其是在燃煤發電廠方面更是恰恰相反。中國政府實際上在 2020 年上半年批准建設的燃煤發電廠比 2018 年和 2019 年期間的總和還多。[B] 這些新燃煤發電廠的產能接近 250 吉瓦（Gigawatts），超過印度和美國燃煤電廠產能的總和。

單單中國的煤炭消費量就占世界消費量的 50.6%，是美國消費量的 4 倍，日本的 18 倍，德國的 24 倍，法國的 128 倍。[61] 中國目前有大約 1400 座燃煤發電廠（美國有 647 座），每年排放 3.75 億噸煤灰，相當於每 2.5 分鐘排放一個奧運游泳池大小的量！目前有 30 個國家加入聯盟，承諾從 2020 年開始停止建設燃煤發電廠。而中國沒有加入。除了中國（和印度）以外，世界各地建設燃煤發電廠的數量都在下降，因此到 2030 年的時候，中國的產能將迅速突飛猛進。負責監管能源部門的國家電力監管委員會（Conseil de l'électricité chinois，譯註：現應為國家能源局），計畫在未來十年內將發電廠的產能提高 30%，並提議在 2030 年時提高到 1,300

A. 該協議的宗旨是在二十一世紀末之前將全球暖化限制在 + 2°C。已有 195 個國家簽署。美國在前總統川普的領導下於 2017 年 6 月 1 日宣布退出，但於 2021 年 1 月 20 日喬拜登就職後立即重新加入。

B. 《南華早報》於 2020 年 12 月 13 日援引總部位於舊金山的非政府組織「全球能源監測」（Global Energy Monitor）和獨立智庫「能源與清潔空氣研究中心」（CREA）的調查。

吉瓦。「全球能源監測」（Global Energy Monitor，總部設在舊金山的非政府組織）的研究員克莉斯汀·舒利亞（Christine Shearer）指出：「大約比目前的產能多 290 吉瓦，而光是這些多出來的產能就超過美國的總產能。」[62] 光是中國就擁有近 1,000 吉瓦的發電量，占全世界燃煤發電廠將近一半的產能，其次是美國（259 吉瓦）和印度（221 吉瓦）。根據國際能源署和美國能源資訊署的預測，中國的經濟在 2030 年以後仍將嚴重依賴煤炭，到 2040 年時，其能源結構中近 50% 的能源以煤炭為主。另一方面，甚至更嚴重的是，世界上許多國家的燃煤發電站仍舊由中國企業投資建設。2018 年時，北京投資 360 億美元幫發展中國家自建燃煤發電廠。

1980 年代初期以來，由於土壤水土流失和荒漠化明顯加速，來自中國西北部的沙塵暴造成嚴重的空氣汙染，主要發生在春季。除了對中國大陸都會區造成影響，周邊國家也蒙受其害，包括兩個韓國、日本、台灣甚至北美。在中國迅速增長的臭氧對流層竟能飄到美國西海岸上空，20% 的加州臭氧水準很可能拜來自「亞洲」的臭氧所賜。[63] 根據國際能源署的預測，[64] 到 2030 年的時候，全球溫室氣體（GES）增加的數量當中有將近四分之三很可能來自中國。除了這種空氣汙染之外，還有嚴重的缺水問題。亦即在中國的 660 個主要城市中，有 440 個城市嚴重缺水；而 50% 的中國城市飲水品質不符合世界衛生組織（WHO）規定的人類飲水標準。

習近平在聯合國大會發表講話的同一天，聯合國秘書長安東尼歐・古特瑞斯（António Guterres）呼籲世界各國宣告進入「氣候緊急狀態」，同時強調，如果不扭轉當前趨勢，全球將面臨「災難性的氣溫上升」。2020 年的高溫在法國創下最高紀錄，正是全球變暖的真憑實據。對中國來說，想實現雄心勃勃的目標需要付出的努力更是非同小可，專家們一致認為難以實現。波士頓顧問公司（Boston Consulting Group）[C] 在一項以「中國氣候計畫」（Climate Plan for China）為名的調查中，估計未來 30 年的運營成本將超過 100 兆人民幣（15 兆美元），並認為中國應該「立即採取行動」才能在 2050 年之前減少 75% 至 85% 的二氧化碳排放量，[65] 相當於該時期預估的國內生產總值的 2% 左右。該顧問公司的總經理湯瑪斯・帕爾姆（Thomas Palme）說：「我們不能浪費時間，中國的排放量將在 2030 年達到巔峰。我們不能浪費這十年。我們必須現在就開始應對。」應立即採取的行動之一是徹底停止建造新的燃煤發電站。但這幾乎是一個不可能實現的目標，因為在 2019 年的時候，煤炭約占中國天然能源消費的 58%，其次為天然氣、核能和再生能源。其中核能只占 4.9%，中國計畫以每年建設 6 至 8 座核子反應

C. 國際戰略諮詢公司，1963 年創建於波士頓。

爐的速度，在 2035 年能把核能占比提高到 10%，也就是在十五年之內建設將近一百座核子反應爐！為實現這個遠大的目標，中國必須在 2021 年至 2025 年期間，提高太陽能和風力發電等再生能源的比例，每年增加約 100 吉瓦產能。理論上，這是為了實現 2060 年碳中和目標所需付出的代價。只是中國要擺脫煤炭，還有很長的路要走。2019 年的時候，中國已是世界第一煤炭生產國（占世界產量的 46.6%），雖然本身產量可以滿足國內 97.7% 的需求，但中國也是世界第一的煤炭消費國（占世界總量的 51.7%），所以順理成章成為第一名的煤炭進口國（占世界進口量的 22.1%）。這無疑是一場瘋狂的賭注，而中國將很難堅持到底。因為其優先政策仍是要發展經濟，而且不惜一切代價。儘管中國的戰略確實轉向發展永續性的經濟，也不再固執地強調經濟增長。事實上，現在中國的首要任務是社會穩定，也因此保護環境更形重要。

然而，與發達國家相比，中國的人均能源消費量仍然較低。2020 年為 2,236 公斤石油當量，而日本是 3,470 公斤，印度是 636 公斤，不過自二十一世紀初期呈現爆炸性成長，在四十三年內增長了 381%！當然，中國政府在對抗全球變暖方面也做出了一些值得肯定的努力。例如中國已成為世界上最大的太陽能電池板和鋰離子電池製造商。全世界有一半以上的電動汽車和幾乎所有的電動巴士都由中國生產。[66] 現

在中國大多數主要城市裡的計程車、公共汽車和小型摩托車都使用電力驅動，因此可以減少排放有毒物質。但可惜的是這些城市仍面臨來自汽車交通和周遭工業區所造成嚴重的空氣汙染。另一方面也有個壞處，就是這些電動交通工具所使用的能源幾乎完全來自燃煤發電廠！此外，一個標準的電動汽車電池平均含有 16 公斤鎳，生產這種稀有金屬的過程會產生堆積如山的廢棄物；還含有 15 公斤的鋰，其開採過程會造成土壤汙染；另外還有 10 公斤的鈷，在非洲通常利用童工來開採，每天僅支付兩美元。[67] 但拜登總統的氣候計畫也指出，在川普任職總統的第一年，美國在可再生能源上每花一美元，中國就花了三美元。在乾淨能源方面，中國是投資最多的國家，遙遙領先他國。2014 年時，單是中國在乾淨能源（太陽能、風能、生物質能和水力）方面的投資總額就占全球總投資的 29%，金額接近 900 億美元。[68] 另一方面，自 2015 年 1 月 1 日起，保護環境和全球抗暖的努力已載入中國法律，並確認協調經濟活動和環境保護的必要原則。該法律允許當局關閉嚴重違反汙染標準的企業，以前的制度只是祭出罰單，而一般公司企業都寧願支付罰鍰也要繼續汙染。新法律則保護舉報人，有權舉報不遵守環境法規者並訴諸法律的人，其名單已經擴大，包含汙染受害者和非政府組織。專門研究環境問題的漢學家余曦[69]（Jean-François Huchet）強調：「在這方面，中國擁有龐大的法律和監管制

度，理論上應該可以保護國家免於環境破壞」，但是，他也補充說：「正如在中國的許多領域（人權、經濟和社會權利）一樣，法律與實際應用之間存在相當大的落差。」[70] 事實上，地方當局的目標往往仍然是不惜一切代價保護就業、發展工業和增長經濟。關閉工廠的情況仍屬鳳毛麟角。

2019 年中國和亞洲在全球二氧化碳排放量中的占比是多少？中國的排放量是美國的兩倍多，幾乎是歐盟的三倍。在全球範圍內，亞洲現在占全球排放量約 50% 以上。中國在 2019 年的表現不佳，二氧化碳排放量增長了 3.4%，這個差距甚至比同年法國所有的排放量都要大。儘管受到疫情大流行的衝擊，中國在 2020 年的排放量仍然持續增加，因為其排放量下降幅度遠低於全球平均水準。根據全球即時碳數據（Carbon Monitor）顯示，中國排放量只下降 1.4%，而全球則下降了 6.3%。這一差異反映了中國經濟活動不受疫情的影響。預計 2021 年經濟的強勁反彈也將同時引起二氧化碳排放量反彈，到 2021 年底，中國可能占全球排放量的三分之一。然而，中國對可再生能源這領域可是卯足了勁。可再生能源（太陽能、風能、水能）的發電產能在 2014 年至 2019 年就翻了兩翻，2019 年的產能達到 820 吉瓦。然而，可再生能源在中國整體天然能源需求中的占比仍略顯低，2019 年時僅有 13%。中國預計在 2030 年將這一比例提高到 25%，這個目標顯然比提高能源效率或保護森林更為積極。

目前再生能源在總體能源需求中以每年 0.6% 的速度增長，這個比例必須翻倍，才能在 2030 年達到 25% 的目標。[71]

慘不忍睹的空汙狀況

中國主要城市現在都面臨著嚴峻的空氣汙染。北京的天空萬分灰濛，幾乎看不到太陽，生活在這個中國首都的居民幾乎長期處於霧霾當中。在北京的空氣中呼吸，就好像一直住在美國機場的吸菸區一樣，[72] 或者等同每天抽 23 支菸。[73] 美國耶魯大學環境法律與政策中心（Center for Environnemental Law and Policy）以 20 項標準來驗證評判各國的汙染程度及其演變趨勢，中國在 174 個國家中排名第 118 位。[74]

根據衛星圖像顯示，由於 2020 年春季封城，原本覆蓋在北京上空的厚重汙染層幾乎完全消失。但是隨著中國首都地區的經濟活動和汽車交通逐漸恢復，這片濃厚的烏雲又回來了，而且比以前更厚更密。每年因這種空氣汙染而過早死亡的人數高達 160 萬人，[75] 估計每年損失的成本約占國內生產總值的 5.8%。早在 2001 年，世界銀行的一份報告就指出，世界上汙染最嚴重的 20 個城市當中，有 16 個城市在中國。[76] 這種汙染是肺癌快速發展的直接原因：根據一些研究

指出，整個中國的肺癌病例在 30 年內增加了 465%，而北京在 10 年內增加了 60%。[77] 目前中國溫室氣體排放總量為 9.7 千兆噸，占世界總量的 28%（美國為 5.9 千兆噸，印度為 2 千兆噸），而這些溫室氣體排放並非至中國邊界就戛然而止。另外，空氣汙染也會帶來酸雨，不只影響中國本身，也存在於周邊國家的大氣之中。中國有將近 40% 的領土受到酸雨影響，特別是在東南部。酸雨造成的經濟影響非常嚴重。植物是頭號受害者，首當其衝的是森林，還有耕地。[78]

　　溫室氣體並不是中國唯一排放的汙染物。多年來，中國一直是世界上最大的塑膠生產國。根據生態環境部的數據，中國每年把超過 2 億立方公尺的垃圾直接傾倒入海洋，其中絕大多數是塑膠。[79] 中國每年產生 10 億噸廢料，是世界首屈一指的廢料生產國。為了因應這個問題，中國政府於 2020 年 1 月 20 日宣布，將於 2020 年底之前在主要城市禁止使用一次性塑膠袋，並於 2022 年在全國禁止。另一方面，中國當局還開設了塑膠廢料處理廠。

　　根據綠色和平組織於 2020 年 12 月 17 日發布的一項研究，2020 年在中國成立了 36 家意欲建造塑膠廢料處理設施的公司，每年可處理 440 萬噸此類廢料，處理能力在一年內增為七倍。但是光是電子商務所產生的生物可分解塑膠就極為可觀，預估在 2025 年時，每年將產生 500 萬噸，[80] 目前要解決這個問題，還差得遠了！雖然中國把生產普通塑膠

改成生產生物可分解塑膠，但仍無法彌補不足之處。「從一種塑膠轉向另一種塑膠，並無法解決我們面臨的塑膠汙染危機」，綠色和平東亞分部（Greenpeace East Asia）研究員賈中楠博士說。

未知的明天？

讓我們來聽聽東亞問題專家暨巴黎政治學院講師泰斯塔德（Hubert Testard）怎麼說。（以下節錄自 2021 年 1 月 27 日法國國立東方語言文化學院 INALCO 及「亞洲分析家」Asialyst 視訊研討會內容。）

「可以用雲霄飛車的比喻來解釋這種情況。我們一開始非常努力地攀登，到達頂峰之後，就開始下坡。而習近平想在 2060 年將碳排放量降為零。問題是我們目前還在繼續攀升的階段。1990 年的時候，中國的碳排放量大約占全世界的 10% 多一點，在亞洲的話則大約是 40%。到了 2019 年，10% 上升到略高於 30%，而在亞洲則從 40% 上升到 60%。基本上，中國的碳排放量呈現爆炸式增長。對於所有溫室氣體排放來說，都是大同小異。2020 年的排放量有所減少，但幅度不大。而 2021 年時，將會有非常強勁的經濟增長，因此這些排放量將再次躍升。到 2021 年的年底，中國可能

會達到全球排放量的 33%。中國憑一己之力就讓全球碳排放量的大規模增長。」

這位專家說：「中國光是 2019 年增長的排放量就超過了法國一年的總和。中國雖然承諾要扭轉這個局勢，但是談到中國的能源結構，煤炭仍占主導地位。也就是說，燃煤在能源結構的比例超過 70%，而今年略降至 60%，比例還是相當驚人，煤炭仍然占中國發電量的三分之二。現在又回到了 2013 年的情況水準，也就是回到中國煤炭需求的高峰期，因為中國又啟動一系列新的燃煤發電站。因此，中國完全沒有擺脫對煤炭的依賴，中國煤炭產量占世界產量的一半。」

「是否符合 2060 承諾的這一目標？目前還不是很明顯。看來比較像處於一種演變、承諾的過程中，但並非革命性的變化。因此，在我看來，若說確信中國會朝著這一目標邁進，還言之過早。對於再生能源，中國的確具有雄心壯志，但儘管付出種種努力，再生能源仍然只占中國能源需求的 13%。所以還是非常有限。要改變現狀，仍需大量投資再生能源。中國曾經在 2009 年承諾讓再生能源占天然能源需求中的 15%，然後在 2015 年則承諾為 20%，而最近改為 25%。雖然從 20% 提高到 25% 似乎並不多，但卻需要龐大的投資。」他說。[81]

漢學家余曦是法國國立東方語言文化學院（INALCO）的院長，也是《中國環境危機》（*La Crise environnement en*

Chine，2016 年由法國政治學院出版社出版。）一書的作者，在同一場視訊研討會中特別指出：「中國長期以來一直沒有環境政策，到 2013 年才出現。為什麼？因為煤炭過去是，現在也是其能源資源政策的核心。」

「從 1978 年到 2014 年，我們的能源結構大致相同，只是消費量確實出現了爆炸式增長，因為中國燃燒了將近 42 億噸的煤炭，超過世界其他地區的總合。中國擁有世界第三大煤炭儲量，即使以目前的消費速度，估計中國的煤炭資源仍能維持兩個世紀的消費使用。我們必須意識到中國人口的數字有多麼龐大。從 2006 年到 2009 年，中國每週大約建造 1.5 個具有 1,000 兆瓦產能的火力發電廠。之後建造速度稍稍放緩，然後從 2009 年到 2013 年之間每年蓋 3 個發電廠。從 2006 年開始，在中國每年成立的發電廠相當於一個法國電力工業園區。這是相當可觀的！直到 2013 與 2014 年間，主要因為空氣質量惡化，這個情況才真正得到改變。因此，正是這種無力感，讓中國開始正視從 2013 年之後影響主要城市的汙染問題。」

他說，「中國空氣汙染猶如末日景象，特別是在北方城市，尤其是北京。這產生了什麼效果呢？最卓越的成效當然是再生能源大幅增加。有一段時間，大約 2015 到 2016 年左右，我們認為煤炭消費量確實已經呈現平穩狀態，但是依照目前的消費趨勢，預估在 2030 年之前就會提早達到高峰。

我們甚至觀察到，為了滿足經濟增長而必須生產的額外電力，不再利用石化燃料，而是靠增加再生能源來實現目標。我們認為這是非常令人鼓舞的跡象。然後我們逐漸意識到，每一次的經濟復甦，實際上都是以基礎設施、房地產等傳統類型的建設為主，因此需要大量的鋼筋水泥，以及能源生產，特別是燃煤的電力。」

余曦繼續說道：一個「綠色中國」和一個「棕色中國」共同存在的現象還會持續許多年，有點類似一種精神分裂症！「棕色中國」會繼續汙染並造成災難性的公共衛生問題。中國在絕大多數領域仍將繼續出現非常明顯的惡化。然後，與此同時，我們有一個「綠色中國」正在向前發展，這也是出於必然的，因為「棕色中國」不能繼續主導中國的生產模式，中國在工業發展和生態足跡（empreinte environnementale）方面已經達到物理極限了。因此，「綠色中國」將會大力投資綠色產業，並試圖減少環境繼續惡化的影響。當然，在國際層面上會盡可能地強調「綠色中國」所做的努力。[82] 也許在 2030 年會達到一個高峰。但無論如何，談到 2060 年的碳中和，我認為對中國來說還天差地遠，比較像是想在國際上當個好學生的政治宣言！

森林砍伐與水土汙染

在中國，另一個嚴重的環境禍害是森林砍伐。全世界一半以上的森林（54%）只集中在五個國家：俄羅斯、巴西、加拿大、美國和中國。根據 2015 年的一項評估，我們的星球上大約有 3 兆 4 千億棵樹木，由於持續的砍伐森林，這一數字正在急劇減少。該研究的作者說，每年約有 153 億棵樹被砍伐，尤其在熱帶地區。[83] 雖然亞馬遜地區的森林砍伐是一場浩劫，但並非空前絕後，在過去的 40 年裡，中國一直在大規模砍伐森林，這是工業化和城市地區不斷增長的結果，也是非法採伐的下場，尤其是在西藏。[D] 儘管中共當局已經意識到荒漠化現象加速的嚴重性，近年來已試圖減緩這種現象，但森林砍伐仍在繼續蔓延擴大。根據非政府組織「全球森林觀察」（Global Forest Watch）的數據，2002 年至 2019 年間，中國共失去了 74,900 公頃的雨林，占全國森林總覆蓋面積的 0.77%。在同一時期，原始森林面積減少了4.3%。[84] 從 2001 年到 2019 年，中國失去了 992 萬公頃的

D. 根據西藏流亡中央政府於 2018 年 12 月發布的《生態白皮書》，由於中國當局在西藏大規模砍伐森林，西藏的森林面積從 1950 年中國軍隊入侵西藏時的 2,520 萬公頃急遽減少，到 1985 年時僅餘 1,357 萬公頃，而西藏歷來是亞洲原始森林的大寶庫。

植被，換句話說，自 2000 年之後植被覆蓋度減少了 6.1%，等於減少 3.18 億噸二氧化碳當量。從中國的地圖看來，沿海地區的森林不斷被迅速砍伐，因為這些地區的城市全速增長，經濟發展速度也最快。不過，客觀說來，中國近年來在植樹造方面的努力也不容小覷，為了對抗持續擴大的荒漠化，種植了數十億棵樹木。

另一方面，中國在許多發展中國家其實也扮演不折不扣的掠奪者狠角色，尤其在非洲和東南亞，為了滿足中國對於木材的需索無度，當地有數以百萬計的樹木被砍伐，還包括瀕絕的稀有樹種。在 1990 年代的寮國，森林占據了該國三分之二以上的面積。而今天，森林只剩下領土的 40% 而已。寮國在三十年當中損失的森林，相當於法國全部森林的四分之一，而且非法砍伐極為常見，其中 98% 被運往中國和越南。[85] 至於柬埔寨的情況更糟，事實上，2001 至 2014 年之間，全球森林砍伐率最高的國家（14.4%）就是柬埔寨。過度的森林砍伐，主要對中國有利，但是對環境和周邊少數民族都具有惡劣的影響。印尼也難逃這場禍患，當地的森林被無情砍伐，並以能生產棕櫚油的油棕種植取而代之。[E] 對於非洲猖獗的森林砍伐，中國也責無旁貸，並深受聯合國糧食及農業組織的譴責，該組織在 2020 年 5 月發表的一份報告中指出，2000 年至 2010 年之間非洲森林面積急速減少，每年減少的森林面積從 340 萬增到 390 萬公頃，讓非洲大陸在

森林砍伐方面很不幸地領先全球。[86]

　　中國的土壤和河川也難逃汙染的命運。例如著名的長江，發源自青藏高原，蜿蜒 6,300 公里後流入中國東部海域，是中國最長的河流，其長度位居世界第二，僅次於亞馬遜河和尼羅河，也是最受汙染威脅的河川之一。為了保護長江生物的多樣性，2020 年初頒布了為期十年的禁漁令。根據農業部 2020 年 12 月初公布的數據，禁漁令頒布不到一年，在「母親河」及其支流灌溉的 19 個中國省分和自治市，就有超過 23 萬名漁民被迫改行。但這並沒有解決工業汙染問題，長江提供了中國三分之一的水資源，也接收了超過 40% 的廢水排放。由於過度開發、布滿水壩並提供了全國五分之三的水電儲備，長江需要休養生息。據國家媒體報導，為了確保這條「藍色河流」（譯註：法語亦稱長江為 fleuve Bleu）的「永續發展」，將「嚴格限制」在長江流域開採河沙，並盡速遷移河邊的化工廠。[87] 長江水位漸漸下降。《南華早報》指出，經過科學測量發現，自 1980 年代以來，水位平均每五年下降 2 公分。水位下降可會對居住在長江流域的 4.6 億人口產生環境和經濟的巨大影響。中國教育部地理

E.　當然中國也能辯解說責任不在他，而是印度尼西亞、馬來西亞和新加坡等國的責任。

資訊實驗室的聶寧及其同事將這一現象歸咎於人類活動和長江上修建的眾多水壩，但不排除全球變暖的影響。長江沿岸有一千多個天然湖泊已經消失無蹤。[88]

而被認為是中華文化搖籃的黃河，是全球第六大河流，自 1972 年以來已經數次乾涸，而且時間越來越長，冬季乾涸期甚至長達兩、三個月。黃河在 1997 年持續枯竭了近 330 天。除了黃河，還有一些灌溉其他亞洲國家的河川流經中國，如湄公河（流經寮國、緬甸、泰國、柬埔寨、越南）或雅魯藏布江（流經印度、孟加拉），也受到全球暖化和荒漠化的嚴重威脅。[89] 值得注意的是，40 年來，中國有 13% 的湖泊已經從地圖上消失了。事實上，中國各地的水都受到嚴重汙染。2007 年經濟合作暨發展組織的一項研究發現，在中國將近一半的主要城市中，自來水的品質都不符合國家標準。[90] 就黃河而言，在入海口前 2,500 公里範圍內的水不適合人類日常使用。中國北方近 60% 的地下水被汙染的程度也不適合飲用。[91] 此外，把汙染物和其他工業廢物倒入河流之中所造成的後遺症將持續多年，有些損害幾乎是無法彌補的。[92]

另外令人擔憂的是：中國在其河流上修建的大壩對下游的鄰國造成了嚴重後果。發源於中國雲南省的紅河就是如此，河上的大壩建設對位於下游的越南造成環境和經濟生活的巨大影響。越南快訊（VnExpress）指稱：「紅河上的

中國大水壩讓越南河床沖積層不斷減少，導致洪水和乾旱頻仍。」紅河全長 1,149 公里，流經老街、安沛、富壽、永福和河內等城鎮，是越南北部 2,600 萬人口的家園。大量的河流沉積物被中國在上游建造的大壩擋住，無法再沿著白然路線進入越南。該媒體引述越南河流網路調度委員會（conseil d'administration du Réseau des Rivières du Vietnam）主席陶仲司（Dao Trong Tu）的發言說：「因此，紅河三角洲的農業活動受到嚴重影響」，缺乏沖積層將導致河床水位下降，河水無法排出，因此也無法灌溉流域中的田地。而且，中國當局在雨季的時候不得不洩洪以確保水庫的安全，讓下游的越南一再遭受洪患。陶仲司補充道：「此舉讓越南經常飽受水患之苦。」[93]

2020 年 12 月，中國宣布將在西藏雅魯藏布江上修建一座巨型水壩，這條世界上最高的河流下游被稱為布拉馬普特拉河（Brahmapoutre），灌溉著印度和孟加拉。該大壩將建設一個產能 60 吉瓦的水力發電站。在一次能源會議上，中國電力建設集團有限公司董事長嚴志勇盛讚該計畫為「歷史性機遇」。他認為這將幫助中國解決乾淨能源需求，並有助於提高供水安全。這些評論是由人民日報社主辦的刊物《中國能源報》報導的。在宣布水壩的建設工程後，環保組織和捍衛西藏權力的人對中國在該地區的水電工程野心表示擔憂，他們認為該項建設對下游的水資源將產生非同小可的影

響。反對這項計畫的協會也指稱，除了三峽大壩，還有長江及其支流上的許多水力發電站，都讓中國河流的負荷已經到了臨界點。面對種種擔憂，中國駐印度大使館表示：「中方對跨境河流開發利用一貫秉持負責任的態度，實行開發與保護並舉的政策。」駐印度大使館發言人嵇蓉參贊表示，任何專案都會經過科學規畫和論證，並充分考慮對下游地區的影響。他繼續補充：「目前雅魯藏布江下游開發尚處於前期規畫和論證階段，外界沒有必要過分解讀。」[94]2021 年 3 月 8 日，中共「西藏自治區」主席齊扎拉（Che Dalha）宣布，地方當局應「爭取在今年啟動（大壩）建設」。「這個建設計畫的環境影響評估必須盡快獲得批准」，他這麼說。[95] 不要忘了，中國已經在湄公河上建造了十一座巨型水壩，導致河流下游在流經緬甸、寮國、泰國、柬埔寨和越南時，水位發生重大變化。

2021 年 3 月，歐亞新聞網（Eurasianet）針對哈薩克斯坦東部的巴爾喀什湖敲響了警鐘，該湖與鹹海的命運同樣乖舛，可能會消失殆盡。該網站評論道，幾十年來，「中國土地過度開發和稻田的不斷擴張」，一直「對該湖造成嚴重威脅」，但「北京當局卻毫不在乎」。

形如新月的巴爾喀什湖綿延 600 多公里，是哈薩克斯坦（1,800 萬居民）的主要淡水來源之一，其獨一無二的特色全球馳名：西部的水是淡水，而東部的是鹹水。該湖的水

源有 80% 來自伊犁河（1,500 公里），而伊黎河起源於中國新疆省山區的冰川卻正在融化中。由多學科數位出版機構（Multidisciplinary Digital Publishing Institute，免費科學出版物網站，總部設在瑞士）出版的《水》（*water*）特刊，1 月發表了一項研究，牛津大學的研究人員分析了 738 種未來發展的情景，將水的資料與氣候變化的知識進行交叉比對。結論「始終如一」：「為了拯救湖泊，中國必須徹底減少用水量。」歐亞新聞網寫道，雖然哈薩克斯坦和中國這兩個鄰國都從巴爾喀什湖取水，但中國土地過度開發的程度「是哈薩克斯遠遠無法比擬的」。[96]

根據 2020 年《環境研究通訊》（*Environmental Research Communication*）雜誌發表的一項研究指稱，1995 年至 2015 年間，中國邊境的耕地面積增加了 30%。「如果兩國合作和協調用水問題」，「四十年之內」可以避免湖泊消失。但是中國「拒絕提供數據」，因為巴爾喀什湖的源頭位於維吾爾人居住的敏感地區：新疆。解決方案是優先種植耗水量比稻米或棉花還低的作物，而且「美國最近禁止從中國進口這些稻米或棉花」。而北京正在打的如意算盤恰恰相反：歐亞新聞網回顧說，這個湖曾經處於消失邊緣。1970 年代，蘇聯工程師建造了卡普恰蓋水庫，為哈薩克首都阿拉木圖提供用水。巴爾喀什湖的水位隨後持續下降了 17 年，直到 2005 年左右出現逆轉。不過，中國科學家並非完全沒有意識到巴爾

喀什湖的問題。2021 年 6 月,《化學圈》雜誌上刊登了一篇由中國科學院資助的文章,研究人員明確指出伊黎河兩岸的農藥問題。[97]

　　另一個悲慘的現實是土壤汙染:汙染源主要來自工業和農業活動,造成 19.4% 的耕地和 16.1% 的土壤受到汙染,還有 10% 的森林和 10.4% 的草原。這個現象若是持續下去,有可能汙染食物供應鏈,並會危害到公共健康與衛生。除此之外,還有密集型畜牧業以及作為燒柴和建築之用的森林砍伐,都加速土壤侵蝕,並促進荒漠化,特別是在中國西北部。中國有關部門的研究表明,儘管汙染現象在世紀之交開始逐步改善,但是在氣候和人為因素共同作用之下,例如農業過度開發、生態脆弱地區的畜牧業以及水源地周邊濫墾濫伐,近四分之一的中國領土已呈現荒漠化或貧瘠化。[98]近 170 萬平方公里(法國面積的三倍),也就是中國領土的 17%,現在被沙漠覆蓋。自 1980 年代初期以來暴漲的人口壓力、工業化、城市化以及森林砍伐都加速了這些現象。預計到 2030 年,城市化的程度將達到人口的 65%,近 10 億人居住在城市。然而,鑑於城市化是一個持久且不可逆轉的現象,預計將在幾十年內繼續對中國的環境產生莫大影響。[99]

　　隨著時間流逝,這種災難性的情況不免會在中國民眾心中激起一股越來越重要的集體良知,對中國當局來說,有可能形成一枚真正的政治定時炸彈。時常在中國的社群網絡上

組織活動的非政府組織 We Belong，[F]其主席白娜莉（Nathalie Bastianelli ）也是中國公民社會專家解釋，她解釋說：「在大城市，越來越多的活動和年輕人說他們非常關注這些議題。還有很多人關注大量的此類微信群。我可以給你舉個旅遊的例子。當航空公司開始就他們所採取的行動進行溝通時，中國人的反應是平時的四倍。說他們傾力支持這一切。研究表明，80% 的中國城市居民表示，他們願意為了保護野生生物而支付更多的旅費。再看看肉類消費調查，82% 的受訪者表示他們願意每週一天不吃肉，63% 的受訪者甚至表示願意每週兩天或更多天不吃肉。這會讓我們有些概念。當然還有健康方面的問題，以及氣候方面的影響。現在有很多的研究表明，人們對於這方面的意識越來越強。不過官方媒體當然盡量避而不談。年輕人倒是可以在社群網絡上獲得不少資訊，尤其是透過博客。有一個著名的博主李子柒，雖然據說她被政府操縱，但她的粉絲和 Lady Gaga 不相上下。因此非常驚人！李子柒展示自己如何製作化妝品，如何穿戴使用天然染料染色的衣物以減少對環境的影響。她是 2010 年出現的 YouTuber 網紅，其影響力非比尋常。就 YouTube 上的

F. We belong 基金會旨在促進採用永續和綠能創新，以負責的態度和永續經營的新消費模式來對抗二十一世紀的社會和環境挑戰。

瀏覽次數而言，我相信在2020年6月底的時候是1,000萬。」她還說：目前中國有幾位明星經常被政府邀請參加有關的宣傳活動。另外也可以思考一下素食和純素者呈現爆炸式快速成長。我們可以看到每個人都在關注這個話題。歐洲或美國出現的流行趨勢，一樣也會在中國發生。正如「無肉星期一」的活動，在中國出現的時間還比法國早三、四年。這些流行都正當其時而且極為奏效。例如我自己2016年在上海的時候（我是素食主義者），在一家可以點單外帶的餐廳買了一道素菜，就可以獲贈第二道菜，只因為我在週一買了素菜。所以會產生激勵作用，雖然屬於一種私人獎勵，但很明顯地，社會各地都在全面努力減少肉類消費。

　　白娜莉強調，在當前的政治氛圍裡，中國公民社會幾乎沒有機會組織動員也無法表達自己的看法，因為習近平主席對社會各方面都有巨大的政治控制力。然而，有時候，這個公民社會也有可能讓中國當局退縮。

　　「2013年1月出現重大汙染高峰的時候，人民紛紛上街頭遊行！街頭示威活動從未如此之多，人民也成功延後建造化工廠的計畫。在空汙中感到窒息的民眾再也無法忍受，即使示威沒有獲得許可，仍然與政治當局互相較勁。在中國的每個城市都是如此。那個時候，空氣汙濁到連一公尺之外的東西都看不到。在哈爾濱（中國東北部）闖紅燈的車沒有被

罰款，因為他們根本看不到交通號誌燈的顏色！」

2018 年，白娜莉組織了一場活動，匯集了幾位知名人士和十幾位博主，並將所有演講拍攝成影片，然後發布到社群網絡上。

她說：「像病毒擴散一樣立即爆紅。在沒有任何推廣的情況下，該活動影片的瀏覽次數超過 420 萬。這表明有一代年輕人，一個選擇完全開放的人群，他們想要參與很多事情。首先因為他們關心自己的健康，但相關的討論還不夠多。最立即可見的是空氣汙染，現在雖然可以測量並且多多少少得到控制，但是這種現象仍然非常令人焦慮。然後還有看不見的汙染，那就是水和土壤。中國人知道在日常生活中，不僅空氣重要，還有他們喝什麼和吃什麼也很重要。這會讓人超級焦慮。與健康、身體有關的一切都讓他們擔心。這就是為什麼當你給他們機會去瞭解和認識各項進步創新時，動員的效果可說是立竿見影。」[100]

北京亟欲呼風喚雨

2020 年 12 月，中國政府宣布啟動一項非同凡響的工程，目標是在其領土上大規模布署天氣控制計畫，以掌握並

應對全球暖化和荒漠化的變數。^G北京在一份聲明中表示，
預計在 2025 年之前布署一個龐大的「播雲」技術來人工造
雨，以極為精確的方式控制氣候。也就是說，要在 550 萬平
方公里的面積內操控降雨，幾乎是全國一半的面積（是印度
面積的 1.5 倍）。中國制定這項計畫的時候並不太關心對鄰
國可能造成的影響。事實上，使用人造雨會導致其他地方更
加乾旱。中國共產黨在 1960 年代進行第一次「改變天氣」
的實驗，原理是（使用飛機或高射砲）向濕度較高的雲中注
入少量碘化銀，從而導致水粒子凝結，形成水滴後降雨。
然而直到 2008 年，世界各國才發現中國在這方面的進步。
2008 年夏天，中國發射了數百發裝有碘化銀的砲彈，讓雨水
在奧運會開幕前先降下，以確保奧運會期間天氣晴朗乾燥。
從那時起，中國政府就不斷如法炮製，事先下令造雨，讓重
要的國家慶典都能在陽光普照下順利舉行。播雲的技術也經
常用於對抗乾旱或冰雹，首次上場是於 1958 年，在中國北
部的吉林省，適逢 60 年來最嚴重的乾旱時期。據官方新華
社報導，在 2012 年至 2017 年期間，中國在各種天氣改變計
畫中投資超過 13.4 億美元，新增降雨 2,335 億立方公尺，是
青海湖（中國最大的內陸鹹水湖）容量的三倍。2017 年的
時候，中國又投資 1.68 億美元資助一項新計畫，利用飛機、
火箭發射器和數位控制設備對中國 10% 的領土進行人為干
預天氣作業。[101] 我們在此補充一點，在歐洲，農民使用碘

化銀的歷史可以追溯到 1960 年代，因此問題在於其使用範圍，而不是使用的原則。

中國是世界最大原料進口國

中國是迄今為止世界上最大的原材料消費國和進口國，對能源需求若渴，同時也是最大的石油進口國，平均每年進口 4.23 億噸。在 2017 年的石油進口量已超過美國，成為世界第一。在缺乏當前中國石油庫存量官方數據的情況下，專家根據海關提供的石油進口數據、國內產量和煉油廠的加工處理數量計算出中國在 2020 年第一季度的儲存量已經增加了一倍，達到每天近 200 萬桶。除此之外，還要加上 2020 年 3 月從俄羅斯和中亞油管運輸進口的數量，每天超過 84 萬桶。2019 年中國的石油對外依存度達 72%，創下有史以來最高紀錄，這就不難理解北京為何有意在油價最低時大幅

G. 中國北部和西北部的戈壁沙漠就是這種情況，它每年都以數千平方公里的面積擴張。為了阻止沙地蔓延，北京當局還決定種植全球最大的人造林，又稱綠色長城。事實上，覆蓋中國 27% 領土的沙地正在迅速擴展。2006 年，以每年 26 萬公頃的速度（相當盧森堡的面積）占據可耕地的面積，已經不是 1950 年代的 15.5 萬公頃的速度。

增加儲備。[102] 由於經濟處於重大轉型期，中國仍然非常依賴煤炭，但石油在中國能源結構的分量也正在增長。即使中國終究越來越趨向使用再生能源和天然氣，但未來幾年的石油消費量仍將不容小覷。如果供不應求，中國的石油消費可能會造成油價和燃料價格上揚。事實上，中國經濟在原材料（鐵、銅、鋅、鋁、煤、稀土）消耗方面，對外依存度不斷增加。中國對於原料的追求仍然難以滿足其貪婪旺盛的胃口，因此他必須拉攏所有供應商。不管是美國的敵人（伊朗、俄羅斯、蘇丹）或是其最親密的盟友（沙烏地阿拉伯、阿拉伯聯合酋長國、澳大利亞、巴西），更不用說許多非洲國家，都願意滿足中國的龐大需求。中國因而得以在 2020 年進口 2,080 億美元的石油、592 億美元的鐵礦石、442 億美元的天然氣、369 億美元黃金、338 億美元的大豆、317 億美元的銅礦石。另外還有成品進口：1,330 億美元的積體電路，452 億美元的轎車及其他車種，317 億美元的汽車零件，285 億美元的飛機、直升機與其他飛行器。中國每年進口總額為 1 兆 6,100 億美元，是僅次於美國的世界第二大進口國。[103]

中國也是天然氣消費大國，主要從鄰國俄羅斯進口。2019 年 12 月 2 日，北京和莫斯科大張旗鼓地開通了「西伯利亞之力」天然氣管道，從東西伯利亞綿延至中國東北各省，最終長度約 3,000 公里。這條新管道到 2025 年達到滿負荷時，每年將向中國出口高達 380 億立方公尺的俄羅斯天然

氣。契約效期為 30 年，價值 4,000 億美元。這是俄羅斯天然氣工業股份公司（Gazprom）史上最大的一筆交易。該公司與克里姆林宮關係密切，獨家壟斷俄羅斯的管道天然氣出口業務。對中國來說，這是一個至為關鍵的基礎設施，可以滿足對天然氣日益增長的需求，也是北京為了取代汙染更嚴重的煤炭而推動的供暖和工業能源。在不到十年的時間，需求已經增加了三倍，但天然氣仍僅占中國能源消費的 8%，而全球平均為 23%，因此潛力無窮。中國自己也生產天然氣，但供不應求：進口量占需求的 40% 以上，這一比例還在不斷增加。[104] 中國的天然氣管道已經連接到土庫曼、哈薩克和緬甸。還從澳大利亞、印度尼西亞和卡達進口液化天然氣。在煤炭方面，為了提供 1,400 座現役火力發電廠的動力，中國在 2019 年自產 37 億噸煤炭，同時進口 3 億噸煤炭，主要來自澳大利亞，還有哥倫比亞、南非和印度尼西亞。[105]

中國極速增長的掠奪性經濟還有一個甚少被提及的領域，就是海沙和河沙的濫採。造成沙資源枯竭的主要原因是營造業。每年有 400 億噸沙子用於營造業，都是開採自海床、礦山、河流、溪流和湖泊等地。混凝土裡需要三分之二的沙子，只是很不幸地，我們的沙資源並非取之不盡。從海床大量開採沙子會造成多重後果，尤其會讓海灘消失：開採海沙時，海灘上的沙子會填滿開採後造成的空隙。如果不適度加以疏浚，海岸上的沙子就會一點一點地滑向海床，然後

消失在海中。在佛羅里達州，十分之九的海灘已經消失。沿海沙灘也是抵禦自然災害的天然屏障。最後，大規模採沙會讓許多水下物種的生存遭遇危險。簡言之，過度消耗沙子對環境也會造成災難性的後果。[106] 單是中國的沙子消費量就占世界的 57%。沙子是製造水泥的基本要素，為了滿足中國二十多年來非比尋常的建築狂熱，沙子被大量消耗，導致中國在兩年內（2016-2017）消耗的沙子與美國在一百年（1901-2000）裡消耗的一樣多！三十年來，全球對沙子的需求量增長了 360%，此態勢會繼續保持增長，主要是由於中國城市化仍在加速中，預計對環境產生的巨大影響將會持續數十年。到 2030 年，中國城市化的比率將達到 65%，城市人口將接近 10 億。建築業的大肆擴張也充分反映在建築的數量上，從 1980 年的 1.25 億平方公尺，到 1990 年的 2.3 億平方公尺，以及 2000 年的 7 億平方公尺，2012 年的建築面積更達到 18 億平方公尺的驚人高峰！上海、深圳、重慶等巨型城市加速膨脹，三峽大壩等大型工程，以及中國過去二十年建成的數十萬公里的公路和高速公路：都需要車載斗量的沙子才能組成水泥、混凝土、瀝青和玻璃等建材。大量建設需要數億噸混凝土和水泥，因此也需要數億噸的沙子。

根據美國地質調查局（United States Geological Survey）的數據，2017 年中國生產了 24 億噸水泥，遠遠超過世界其他地區加起來的產量。[107] 中國主要從東南亞進口河沙和溪

沙，這會對環境造成非常嚴重的後患。中國使用的沙子大部分都是在國內現場開採的。但一些亞洲國家（柬埔寨、緬甸、孟加拉國、斯里蘭卡、菲律賓）已將其作為出口產業。這樣愚蠢的選擇對於這些國家的居民生活環境以及生態系統都造成難以忽視的影響。據監測湄公河的研究人員稱，多年來一直在湄公河上醞釀的危機已經變成了迫在眉睫的威脅。這歸咎於與人類活動有關的兩種現象：在寮國和中國的上游開採沙石和建造新水壩，改變了河流的流量、沉積物含量甚至河水顏色。《金融時報》（*Financial times*）記者約翰‧瑞德[108]（John Reed）：說「採沙船在三角洲隨處可見。用於建造摩天大樓的混凝土非常需要沙子。」開採低成本的沙子掩飾了沙子價格越來越高的現實。沙子的交易利潤極為豐厚，但內幕暗藏玄機，監管又不力。

約翰‧瑞德還說，受到威脅的地方不是人煙罕至的世外桃源，而是該國經濟重鎮和人口稠密的地區，越南人稱之為「飯碗」的湄公河三角洲，其面積和人口與荷蘭相當，是胡志明市的後花園，也是越南最大的內陸漁場，是魚類、貝類和甲殼類的重要來源。

「在湄公河和許多其他河流沿岸的城鎮和村莊，受到開採沙石的威脅，整片河岸倒塌掉入水中，岸邊的田地、魚塭、商店和住家也跟著滅頂。近年來，數千公頃的稻田已經消失」，以調查此類問題為專長的美國獨立記者文斯‧貝瑟

（Vince Beiser）這麼說，[H]「根據政府消息來源，湄公河三角洲約有 50 萬居民因這種現象而流離失所。在河流中挖沙不僅僅是當地人的問題──也破壞了河床生態，殺死河裡的魚類、植物和其他生物。」[109]

另一個不容忽視的議題，是中國對穀物的巨大需求。中國在 2020 年開足馬力，大幅提高糧食進口量，相對提振世界農產品市場，推動價格上揚。據中國海關統計，2020 年 1 月至 8 月，中國小麥（499 萬噸）進口總量增長了 137%，玉米（559 萬噸）進口增長 50%，小麥、大豆（6,474 萬噸）進口增長 15%。預計中國將在 2021 年進口 1 億噸黃豆。法國農產品及海產品總局（FranceAgriMer）的穀物和糖業部門負責人茲里比（Marc Zribi）表示：「就玉米而言，價格處於 2014 年以來最高點，中國穀物的需求量過大，因而擾亂世界貿易的平衡。」一位要求匿名的中間商在接受法新社採訪時指出：「讓中國增加進口穀物，尤其是歐洲穀物的第一個因素，是川普的貿易政策，因為中國想要實現產地多樣化。」另一個因素，則是被非洲豬瘟摧毀的中國豬群重建「比預期要快得多」。推動中國進口穀物的另一個因素，是健康危機所帶來的不確定感。「對於中國政府來說，顯然有必要將糧食短缺的風險降到最低」，法國農業問題智庫德美特俱樂部（Club Demeter）的主席兼國際關係與戰略研究所（IRIS）研究員的塞巴斯蒂安・阿比斯（Sebastien Abis）強

調，鑑於當今中國掌權的這一代曾在 1959 至 1961 年毛澤東時代的「大饑荒」受到「創傷」，對於饑荒的擔憂也更形強烈。雖然今天中國所有農產品的產量幾乎都是世界第一，但中國也是這些農產品的主要進口國。阿比斯又說：「光中國所缺乏的百分之五到十的基本糧食需求，很快就會成為國際市場上的重要數量，足以撼動農業市場。」儘管很難預測中國的購買熱潮會持續到什麼時候，但阿比斯表示：北京肯定「不會在國家安全問題上讓步，為了補國內糧食生產的缺口，將不得不主動依賴全球的糧食市場。」[110]

余曦的說明可以為目前中國的環境狀況做個總結：

「中國正經歷全球經濟發展史上前所未有的環境危機，但是，儘管有很強的政治意願想要改善，中國要建立永續性的經濟增長制度還有一大段距離」。因此，「未來幾年之內，中國仍將處於矛盾分裂和不穩定的情況：它只將成為全球最大的綠色能源實驗室和投資者，同時仍然是煤炭消耗量超過其他國家總和的國家，而且也是生態系統正在嚴重退化

H. 法國《觀點》週刊第 2528 期（2021 年 1 月 28 日）進行了一項題為「中國發動海沙戰」的調查，其駐台灣特派記者佛洛赫斯（Jérémy André Florès）解釋說，在某些日子裡，會有一百多艘中國海沙船在台灣海峽作業，離台灣轄下的馬祖島不遠。事實上，2017 年，僅在馬祖海域觀測到兩次中國入侵挖沙，2018 年是 71 次，而 2019 年有 600 次。2020 年的記錄是 3,987 次。

的國家。」[111]

　　對於這位中國環境問題專家來說，習近平主席宣布中國將在 2060 年實現碳中和，其宣示效果大於一切。充其量是讓他的國家看起來像是願意履行國際責任的好學生。

　　「碳中和的目標真的是遙不可及，但是在今天，這種承諾卻很容易脫口而出。目前我們仍需與中國打交道，而這個國家的經濟仍然嚴重依賴煤炭。只是中國不同於印度，也做出了重大的努力。但是到 2040 年，中國每年仍要燃燒約 40 億噸煤碳，另一方面，中國還需要大量輸出燃煤發電廠技術來賺取外匯，才能補貼國內不斷快速建設的電廠。中國在燃煤發電廠方面的專業知識已經非常發達，從新絲綢之路計畫中也看得出來。不幸的是，世界上很多的燃煤發電站已經完工。因此儘管這個目標有可能實現，距離 2060 年的碳中和還是非常非常非常遙遠。瞭解現代技術的軌跡進程的話，30 年的時間並不算長。就中國 2000 年至 2030 年發展的軌跡來推估，可以看出顯著的變化，而這些變化只是一些轉折點，而不是突然中斷某種能源使用模式。如果說從現在到 2030 年北京想減少 65% 溫室氣體，我認為還是可行的，但是談到碳中和的目標，我懷疑中國有實現的能力。發表這種盛大宣言無濟於事。無論如何，五十年後我們都不在了，也無法驗證真偽。」余曦說：「事實上，這種宣言背後也許是別有用心的政治動機。」[112]

然而，在空氣汙染方面，情況則令人振奮，中國當局在這一領域已經取得了重大進展。

　　「我認為，中國面對越來越災難性的局勢，確實已經做出了努力。在這個問題上，社會所有部門，包括政治領域在內，都有更強烈的生態良知。我認為現在人們更關注這個議題，這表明中國對這些問題有了更多的認識，而且進展很快。因為在這方面，中國比起西方國家，其經歷的過程更緊湊、也在更短的時間內取得積極的成效，有點像日本在 1970 年代和 1980 年代所經歷的高度工業化時期一樣。我認為中國在這十年之中也經歷了一場精神思想上的革命。」[113]

中國漁業，井然有序的掠奪

　　中國在漁業領域也扮演掠奪者的角色。

　　根據英屬哥倫比亞大學著名生物學家丹尼爾‧保利（Daniel Pauly）主持的一項國際研究顯示：中國漁船對海洋的掠奪已經達到無法想像的規模。對於中國如何強加掠奪這些快速減少的漁業資源，該研究首次將其以數據呈現。這項研究首先發表在專業期刊《魚類和漁業》（*Fish and Fisheries*）上，然後於 2013 年 4 月 4 日在科學期刊《大自然》（*Nature*）上轉載，結論是 2000 年至 2011 年之間，每年中

國漁船遠離中國海岸，在遠洋海上抽取 340 萬至 610 萬噸魚獲。同時，北京向聯合國糧食及農業組織報告的漁獲量平均僅 368,000 噸。比漁業資源專家估計的實際情況少 12 倍。中國每年從海外上岸的魚類價值估計為 89 億歐元。[114]

沒有人知道中國漁船隊伍究竟有多少艘船。但可確定這支縱橫四海的漁船隊伍在規模和捕撈範圍上，都領先所有其他國家的漁船隊。事實上，根據估計，有 17,000 艘船隻具有在中國領海以外捕魚的能力。

這些來自中華人民共和國的漁船在遠離家鄉海岸的地方捕魚，遠至阿根廷、智利、秘魯的海岸，距離中國海岸 17,000 公里，與許多其他國家的漁船一樣，但其規模獨步全球。他們的船隊蹤跡也出現在太平洋中部波利尼西亞的帕比提附近。他們過多的漁船數量以及貪得無厭的濫捕已經造成大問題：非政府組織甚至不得不在當地建立一個以衛星圖像為主的監控程式來追蹤即時狀況。

這些主要是拖網漁船（採用最具破壞性的捕魚方法之一），主要在西北太平洋以及塞席爾群島附近的印度洋作業。最密集的活動是東南太平洋和西南大西洋的擬餌復鉤型（turlutte）魷魚釣。這種深海漁業最令人不安的地方是其利益與發展中國家人民的利益背道而馳。

中國的海洋產品消費量占全球魚獲量的三分之一。講求務實的中國漁民前往越來越遠的海洋尋找魚類和其他漁業資

源，也難免進入南海，北京聲稱擁有該海域 90% 的主權。這些中國漁船長期以來經常在此出入，例如西沙群島附近。問題來了：侵犯他國專屬經濟區（EEZ）的話，絕對會被鐵面無私地逮捕，卻有越來越多的中國漁船寧願冒險犯難也要在具有高度爭議的南沙群島捕魚。[115]

最令人不安的是這種深海漁業的龐大利益與發展中國家人民的利益互相衝突。2020 年 7 月，一支由 280 多艘漁船和工作船組成的中國漁船隊，被發現航行在厄瓜多爾加拉巴哥群島海洋保護區的邊界。該保護區因其獨特的生態系統而被聯合國教科文組織列為世界遺產，數十種瀕危物種在此受保護，包括好幾種鯊魚。環保人士擔心生態系統會受到嚴重破壞，當地漁民已經注意到他們的漁獲量減少。[116] 中國漁船隊在非洲海域也造成同樣駭人聽聞的影響：中國的遠洋漁業加工船正在消耗非洲水域的漁產。[117] 中國拖網漁船大量出現在迦納沿海，也出現在塞內加爾、安哥拉、索馬利亞、摩洛哥和其他非洲國家，有時根據與相關國家簽訂的雙邊協議，有時是非法侵入。1985 年的時候，沿著非洲海岸的船隻僅有十餘艘。而現在有數百艘中國大型拖網漁船在非洲西邊的海床中大肆搜捕漁獲。綠色和平解釋說：「大多數船隻進行海底拖網捕撈，這是一種極具破壞性的捕撈方式，會將海底的一切掃蕩殆盡，也是中國水域魚類資源消失的主要原因。」中國擁有 400 多艘漁船，年漁獲量達 4 億歐元，是當

今西非海域規模最大的深海捕撈船隊。

　　「中國發現西非沿海水域的魚類資源非常豐富，而且不太管制。也因此讓外國漁船紛紛前來捕魚，他們有些完全是非法作業。過度捕撈迅速就成為現實。」非政府組織 Bloom（致力於海洋保護）的科學部主管勒曼拿克先生（Frédéric Le Manach）如此解釋。[118]

　　但是，為了公平起見，我們也必須指出中國是水產養殖業最發達的國家，目前在其漁產消費量當中占有不小的比例。所以我們也可以在中國漁業的勢力範圍列表中加上加拉巴哥群島、茅利塔尼亞和南太平洋水域。

第 **3** 章

未來科技──
中國從世界工廠變科技實驗室

中國在短短幾十年之內就成為全球新科技的重心之一，與美國、歐洲和日韓等國一同為塑造本世紀人類的新生活方式而努力不懈。現在讓我們審視一下這個為了美好明天而努力的新科技實驗室，其創新行動的現況與前景。

「我們可以教電腦說：我愛你。

但是我們無法教它如何去愛。」

──亞伯特・賈誇（Albert Jacquard）──
遺傳學家

2025 中國製造：
中國高科技的雄「芯」壯志

　　創新科技在全球的運籌帷幄不容忽視。已投入鉅額資金的中國正在控制這個領域，想一舉超越美國，搶占世界第一的寶座。高科技將成為本世紀人類進步的引擎。誰掌握最高科技，誰就能主宰明天的世界。這就是為什麼中國極力想控制高科技的所有關鍵領域，包括航空、太空探索、電動車和氫能車、電信、智慧、人工智慧、微處理器、量子超級計算機、稀有金屬、機器人和高速列車等。如果說這場熱映中的無情工業戰爭有個象徵性代表，那麼中國電信巨頭華為當之無愧。它是世界領先的電信設備和智慧手機製造商，也是美國竭盡所能採取報復措施的對象。美國著實意識到華為正在控制全球經濟和社會生活中的關鍵領域。中國政府也不掩飾其野心。2015 年 5 月，中國公布「中國製造 2025」計畫，挑選十個對國家未來具有決定性意義的行業：資訊科技、機器人、航太、尖端船舶和鐵路工業、環保永續車輛、能源、農業設備、新材料和生物醫學。習近平本人欽定這些領域必須實現的目標：2030 年之前躋身「最具創新力的國家之一」，2049 年中國共產黨執政 100 週年時成為「最具創新力的國家」。北京正為此快馬加鞭，朝目標前進。十年來（2008 至 2017），中國研究開發（R&D）支出增長了 900%。根據國

家統計局、科技部和財政部的聯合報告，中國在 2019 年的研發總支出高達 2 兆 2140 億元人民幣（約合 3,213 億美元），比 2018 年增長 12.5%。而且這個數字連續四年都是以兩位數增長。[119]

2020 年 7 月 1 日，美國聯邦通信委員會（FCC）正式宣布華為和中興通訊（ZTE，中國另一大電信集團）對美國國家安全構成威脅。根據聯邦通信委員會的說法，這兩家中國製造商很可能與中國政府和軍隊分享敏感資訊。這是美國官方機構首次與川普政府站在同一陣線。此外，聯邦通信委員會還要求美國運營商拆除並更換所有由華為或中興通訊安裝在美國的網絡設備。聯邦通信委員會的主席阿吉特·白（Ajit Pai）說：「我們不能也不會允許中國共產黨利用網路漏洞破壞我們的基礎設施。」自 2019 年 5 月開始，華為和中興就已被排除在美國市場之外。儘管經過多次緩期執行，這兩家公司仍無法與位於美國本土的公司進行交易。在貿易戰的背景下，川普公開指責這兩個商業團體為中國政府工作，並為北京特工部門收集敏感數據。拜登或多或少地重複了這一指控。還記得嗎？2017 年中國頒布了一項法律（譯註：網路安全法），依法要求設在中國的公司與中國情報部門合作。[A] 到目前為止，華為和中興通訊都極力否認所有關

A. 美國有一項類似的法律，即 2018 年通過的《雲端法》（CLOUD Act）。

於間諜的指控。華為創始人、也是前中國人民解放軍軍官的任正非保證，中國當局不會干涉這些公司在其領土上的活動。「我愛我的國家，我支持中國共產黨。但不會做傷害世界的任何事」，華為的老闆這麼說。根據華為集團的說法，中國法律並沒有強迫任何製造商從事間諜行動為政府監視外國。但仍然無濟於事，除了美國以外，將華為列入黑名單的美國盟友與其他西方國家越來越多。英國、澳大利亞、紐西蘭、加拿大、法國、以色列、波蘭、捷克共和國、印度、瑞典、日本、台灣等許多國家紛紛效仿。[B]2021 年 3 月 12 日，美國聯邦通信委員會將華為列為對美國國家安全構成威脅的中國電信設備公司之一，讓原本希望拜登上台後中美關係會緩和的期待落空。美國聯邦通信委員會認為，華為對國家安全構成了「不可承受的風險」，其他中國集團如中興通訊、海能達通信、杭州海康威視和大華科技也不遑多讓。

為什麼會有這樣的排斥舉動呢？事實上，美國當局堅信，華為和中興通訊藉由安裝電信網絡，特別是新式 5G 設備，就可以透過軟體後門（Backdoor）取得大量涉及社會所有層面的敏感資訊，包括國防和政府行政部門的資訊。更嚴重的一方面則是，中國及其情報部門成為控制這些網路以及「大數據」的絕對主導者之後，在與他國發生嚴重危機甚至公開宣戰時，中國可以隨時切斷電信網路來箝制敵國的整體運作。屆時，幾乎所有的數位網絡都將被瞬間癱瘓，當然還

有電信、航空、公路和鐵路運輸、醫院、大多數公共服務和許多其他整個生活領域。一個國家的經濟發展崩潰，將對其社會穩定構成直接和間接的威脅。這樣就夠了，中國不費吹灰之力就能手到擒來。因此，這無疑是相當嚴重而且明確的威脅，西方政府對此已經深思熟慮，才決定效仿美國禁止華為和中興通訊在其領土上布署網路。

記者伊桑巴德（Antoine Izambard）在他的著作《法國與中國：危險接觸》（*France Chine，les liaisons dangereuses*）[120]中深入分析了華為在歐洲，尤其是在法國令人驚異的崛起之因。作者解釋了中國這頭巨獸多麼長袖善舞，藉由密集的遊說活動，亦步亦趨地滲透法國權力階層、各主要學術圈以及對中國有利的政治人物，從而建立自己的實力。法國兩位前第一總理，哈法漢（Jean-Pierre Raffarin）[C] 和法比尤斯

B. 　需要注意的是，當今西方人民也經常受到網路監視。新型電子監控儀器可以透過個人電腦和智慧手機，監視網路族群的電子信箱、使用的應用程式或是網路上的活動，以得知有關網路族群生活習慣的所有資訊。2013 年，美國國家安全局監控能力的曝光引起轟動，也暴露了人們隱私被監控的程度。

C. 　在此簡略談一下哈法漢。我和許多其他人一樣感到沮喪，看到一位曾經在法國位高權重的前總理自甘墮落淪為中共宣傳工具，竟然去讚美中國領導人這樣一個行終身制的現代獨裁者。借用一位我不想提及名字的參議員的話來說，哈法漢應該被送交高等法院。但我決定將這一段話放在文章註腳中就好，因為他已經不在其位也起不了作用，而這個小人也許有一天會受到良心的譴責。無論如何，他現在完全沒有資格向法國人，甚至向中國人談論中國的事。

（Laurent Fabius），以及政治家博洛（Jean-Louis Borloo）就是中國接觸的對象。他解釋說，華為在全球市場的崛起得益於中國銀行無條件的大規模支持。例如在 2005 年至 2009 年間，中國國家開發銀行（CBC）向華為提供了 300 億美元的信貸額度，讓華為在全球的擴張更為順利。作者還追蹤了華為集團部分員工與中國情報部門之間的關聯。他說，檢查 25,000 名華為員工的履歷之後發現，「有幾名員工為這家電信巨頭和中國軍方或情報部門工作」。[121]2019 年 6 月，彭博社還透露，數名華為員工曾與中國軍方合作進行研究。[122]「在過去十年當中，華為員工與中國人民解放軍的機構成員共同參與了至少十個研究計畫，包含人工智慧及無線電通信的項目」，彭博社這麼說。[123] 對於希望進一步瞭解華為如何滲透法國所有權力機構的讀者，我推薦索蘭恩·德·華葉（Solenn de Royer）和娜塔莉·吉伯特（Nathalie Guibert）於 2021 年 3 月 3 日發表在《世界報》上發表的詳盡調查，他們特別描述華為法國分公司的高層為了安排華為頭號人物任正非與馬克龍總統見面，是如何大費周章，使出渾身解數，但最後還是被愛麗榭宮堅決而不失禮地拒絕。經濟和財政部長布魯諾·勒梅爾（Bruno Lemaire）也作了同樣的回應。對於德國人類學家鄭國恩來說，「新疆是史無前例的中國鎮壓手段實驗室。這個實驗能執行，要特別歸功於華為」，因為他們在該地區安裝了大規模監控系統去監視維吾

爾少數民族。鄭國恩在《世界報》專欄中寫道：「華為不僅在新疆安裝安全和監控設備。另外還把該地區當作二十一世紀員警國家的實驗室，華為本身也密切參與合作。」[124]

如今，局勢已變，諾基亞、愛立信等歐洲設備製造商抬頭，希望藉由 5G 布署重振雄風，而法國政府事實上也把華為排除在法國 5G 布署之外。但華為並不認輸。所以在 2020 年 12 月 17 日宣布選擇法國作為其下一個歐洲工廠的所在地，該工廠於 2021 年在阿爾薩斯北部的布呂馬特（Brumath）落成。華為承諾在這個新工廠投資 2 億歐元，最後會創造 500 個就業機會，將為整個歐洲市場生產 4G 和 5G 行動網路的設備和技術解決方案。該集團已經在法國聘僱了 1,000 名員工，分布在尼斯索菲亞－昂蒂波利斯科技園、格勒諾布爾和巴黎等地。

半導體：爭奪全球霸主地位

智慧手機、自動駕駛汽車、雲端科技、人工智慧、連線設備或只是簡單的網路、數位科技和電腦：這些新科技產業定義了第三次工業革命，我們自二十世紀末以來即躬逢其盛，並將繼續影響未來的幾十年。這場新技術革命的起源，首先是因為美國諾貝爾獎得主約翰・巴丁（John

Bardeen）、威廉‧肖克利（William Shockley）和華特‧布拉頓（Walter Brattain）於 1947 年 12 月 23 日發明雙極性電晶體（transistor bipolaire），然後是兩年後由穆罕默德‧M‧阿塔拉（Mohamed M. Atalla）和姜大元（Dawon Kahng）發明場效電晶體（Transistor à effet de champ MOSFET）。電晶體是電子產品的基本組成部分，是一種無需機械動作即可控制電路電流的開關。積體電路，也就是眾所周知的電子晶片，全靠電晶體技術才得以讓電子產品越來越迷你。第三次工業革命的特徵是科技進步的速度一日千里，我們可以用摩爾定律來解釋。這條定律出現於 1975 年，以其發明者，也就是英特爾總裁兼聯合創始人的名字摩爾來命名，主要是預測積體電路上可容納的電晶體數目，約每隔兩年便會增加一倍。這個預言在日後成真了。今天的電子晶片是由矽等半導體材料製成的。晶片體積比郵票還小，比髮絲還細，並包含數億個電晶體。這個所謂的半導體產業是大多數創新技術的推動引擎。因此，將其稱之為世界上最具戰略意義的產業並不為過。而夾在中國與美國之間的台灣島又是晶片產業的翹楚，自然而然地成為兩大巨頭爭奪的主要戰場。代價利害攸關，美國以維護其國家安全為由全力保護台灣，而起步較晚的中國則是主張對台灣擁有主權。

1985 年，在美國事業飛黃騰達的張忠謀，決定拋下一切，搬到台灣這個小島上定居，我們完全有理由認為他很瘋

狂。他於 1949 年離開中國，移居美利堅合眾國尋找更美好的未來，也一舉功成名就：先後就讀於哈佛大學和麻省理工學院，最後在史丹福大學電機工程學系取得博士學位。25 年之後他成為德州儀器的副總經理，德州儀器是當時世界上最好的半導體旗艦之一。但「一屋兩車三狗」的美國夢對他來說還不夠。他的抱負不凡。當時的半導體行業由幾家大牌主導：美國的英特爾和德州儀器，韓國的三星，日本的東芝和日本電氣 NEC。他們的生產模式被稱為「垂直整合」：也稱一條龍，電子晶片從設計到製造的所有階段都由他們控制著。張忠謀認為這是一個機會。因此他成立了台積電（TSMC），旨在建立一個專門製造晶片的公司（也稱為晶圓代工廠），為客戶設計的積體電路提供製造晶片的服務。他直覺認為晶片製造的高度複雜性和垂直整合模式會阻礙新的參與者出現，也讓業界創新窒礙難行。他的預感被證明不是空穴來風：在接下來的幾年和幾十年裡，垂直整合模式崩潰，新的參與者紛紛出現。後者被稱為「無廠半導體公司」（Fabless）公司，他們只要專注於研究和開發新的半導體設計，完全不用負責製造，而是由台積電負責製造過程。這就是為什麼蘋果、博通、超微半導體 AMD、輝達 NVIDIA、高通（在此僅以美國公司舉例）能嶄露頭角並欣欣向榮的原因。他們只專注設計各種功能的晶片，台積電則負責製造這些晶片，其製作過程也勢必不斷創新。於是在 2004

年，台積電開發了一種新的光刻技術，稱為「浸潤式」（par immersion）。此項革命性技術的要求如此之高，連日本的佳能和尼康等光刻巨頭都拒絕嘗試。台積電當時被冷嘲熱諷，最後只有荷蘭小公司艾司摩爾 ASML 願意幫助台灣人。後來證明這是一項重大的技術突破，讓艾司摩爾 ASML 一舉成為一流的光刻機製造商，推翻了日本光刻技術的霸權，也讓台積電獲得關鍵技術的領先地位。

　　如今，台積電控制著全球近三分之一的半導體製造市場。此外，由於掌握了 5 奈米和 3 奈米（即將實現）光刻技術，該公司領先英特爾和三星等最大競爭對手 5 至 10 年，因為這兩大廠仍糾「結」在 7 奈米的技術上。這些以奈米為尺度的晶圓代工廠，其關鍵技術在於晶圓微型化的製造能力。試想一下，一奈米等於十億分之一米，而雕刻在 7 奈米上的微處理器包含數十億個電晶體。微處理器越小，消耗的功率就越少，產生的熱量就越少，這是任何積體電路的兩個基本特性。目前台積電位居領先的龍頭寶座，對台灣來說絕對是一個重要優勢，能藉以展開一場真正的半導體外交，可以避免在新的中美經濟戰中蹚渾水翻船。

　　事實上，川普政府在 2020 年接連將華為與中芯國際（SMIC）加入實體清單（Entity List）時，美國是在瞄準中國半導體開槍。華為當時是全球最大的智慧手機製造商，是台積電生產的高通晶片主要客戶。至於中芯國際，簡稱中

芯，無非是中國大陸電子晶片製造的先鋒。中芯國際成立於
2000 年，目標是與台積電及其他同行並駕齊驅。當一個企
業被加入實體清單時，必須向美國商務部申請許可證才能進
口和使用含有 25% 或更多的美國技術或產品。跨國供應鏈
是全球化經濟的常態，實體清單這種類型的限制，對於中芯
國際來說非常綁手綁腳，因為它形同被剝奪了設計和製造電
子晶片必不可少的組件、化學材料和工具設備。中芯國際在
官方聲明中指出：加入實體清單「對 10 奈米以下先進製程
的研發及產能建設則有重大不利影響」。[125] 美國也同樣向
荷蘭施加強大壓力，希望阻止交付 EUV（極紫外光刻）光
刻機，這對於開發 10 奈米以下解決方案至關重要，而荷蘭
公司艾司摩爾 ASML 是全世界唯一供應商。[126] 這是一場由
川普政府啟動，拜登政府接手的地緣經濟策略，也是全球化
戰略的一部分。首先是將包括半導體在內的戰略供應鏈移返
美國，使中國技術發展速度減慢。因此，拜登擔任總統的第
二個月，就簽署了一項行政命令，要求商務部針對半導體和
稀土供應鏈中的漏洞提出報告。他警告說：「供應鏈的漏洞
絕對不能被用來當作對付美國的手段。」[127] 在 2021 年 3 月
提交給美國國會的一份報告中，由谷歌前負責人艾立克‧史
密特（Eric Schmidt）擔任主席的人工智慧國家安全委員會
（*National Security Commission on Artificial Intelligence*），
向拜登政府建議採取各種監管行動，以期讓中國半導體發展

落後兩個世代。他提出的建議還包括鼓勵美國自行在本土製造晶片，在過去數十年都是將晶片製造轉包給韓國或台灣。

這一美國新戰略的必然結果，就是中國需要靠自己去實現技術主權。美國努力遏制中國創新，使北京態度前所未有地堅定，加速實現自給自足的願景。在這兩國經濟脫鉤的邏輯下，就半導體行業來看，可以確定華盛頓和北京徹底拆夥了。

據稱，中國本土電子晶片的需求與其製造能力之間存在嚴重的失衡。因此，根據半導體研究公司 IC Insights 的一份報告，2020 年中國廠商製造的電子晶片只滿足了 5.9% 的國內電子晶片需求。加上外國公司在中國製造的電子晶片，這一比例也才增加到 15.9%。[128] 這一赤字凸顯了中國對進口電子晶片的嚴重依賴，並有助我們瞭解北京為縮小差距所做出的努力。在中國共產黨第十九屆中央委員會第五次全體會議的公報中，北京宣示決心：到 2035 年，中國經濟將在戰略性技術領域取得巨大進展，包括半導體。天朝中國將成為世界上最具創新性的國家之一。早在 2015 年，在「中國製造 2025」的十年改革計畫當中，北京宣布希望將其本土半導體製造數量在 2020 年和 2025 年分別提高到 40% 和 70%。儘管結果還是差強人意，但是進行重大國家改革的雄心壯志不變。

1958 年，毛澤東發動了農業結構調整運動，他稱之為

「大躍進」。他動員國家機器進行大內宣，迫使人民跟隨他進行這次改革。這所謂「大躍進」非常不切實際，改革以慘敗收場，「大饑荒」隨之而來，害死了數千萬中國人。30年後，鄧小平著手開放中國經濟。讓對外貿易自由化，改革國有企業，刺激農業生產。透過改革，使兩億中國人擺脫了貧困線。成功無庸置疑。中國共產黨在實施國家重大改革的時候，能做到最好，也能做到最糟。對半導體產業來說，將會是哪一種？

為了幫助國家實現目標，成立了一個「國家集成電路產業投資基金」，預計在十年內為該行業融資 1,500 億美元。套句香港城市大學政治學教授暨中國創新政策問題專家傅道格（Douglas Fuller）的話來說，「沒有任何國家在該領域投入了這麼多資金」。[129] 這個「大基金」，正如他所描述的，在全國引發了名副其實的矽晶熱潮。但傅道格教授仍持保留態度，他說：「中國半導體行業造成過多的浪費，尤其是在製造方面。每個地方政府都希望在其鄉鎮有一個製造工廠。至於國家的半導體發展倒也不是一帆風順。其中一個例子是武漢弘芯半導體（HSMC）的不幸遭遇，該公司在 2018 年至 2019 年期間獲得近 200 億美元的投資，最後因未支付工廠施工款項而不得不讓國家接手監管。武漢弘芯延攬曾於台積電擔任要職的蔣尚義來當執行長，接管這家陷入困境的公司，直到 2020 年夏天蔣尚義才徹底放棄並掛冠求去，並將

他在武漢弘芯的經歷形容為一場「噩夢」。[130] 著名的香港科技大學研究主任陳文新解釋說：「中國投入了大量資金，但是目前為止我們還沒有看到重大進展。問題在於這些官僚，他們從來沒有在自己工作崗位待很久。他們並不是想建立一個新的國家工業，而是要展示個人的功績。他們找到一塊地，蓋幾棟漂亮的建築物，掛上個招牌，再拍個照。這些都只是為了自我吹噓而已。」[131]

將近十幾項國家大力支持的龐大發展計畫最後以失敗告終，迫使國家發展和改革委員會出手，對這個被稱為「爛尾」的行業加強管制所有新計畫。[132] 陳文新表示，光有資金還不夠：「在這個行業你需要時間，需要累積必要的經驗。這是美國、日本或韓國已經完成的過程，而中國將不得不急起直追。」他補充說：「中國政府的做法是設定一條方向，一個所謂前瞻遠矚的願景。但他們沒有規畫行進路線圖。很多時候無法實現目標。」

通往自給自足的道路註定漫長且處處陷阱。

中芯國際目前就走到了十字路口。作為中國鑄造代工廠的核心，該公司必須決定自己的未來。幾位高層領導人正在內鬥爭奪領導權，以強行推動他們心目中的願景。因此，蔣尚義在武漢弘芯鎩羽而歸之後，於 2020 年底加入中芯國際擔任副董事長。這一任命引起中芯國際聯合首席執行官梁孟松的不滿，隨即請辭。這場權力爭奪戰猶如玩大風吹，也反

映了關於公司未來發展方向的思想戰。權力遊戲的輸家梁孟松所代表的方向是以全心發展晶片製程工藝為主軸，希望在研發上投入更多資金，並嘗試去製造 10 奈米和 7 奈米的晶片。而順利留下來的蔣尚義則希望專注於開發技術不太先進但具有商業可行性的產品。[133] 對於這個戰略選擇，陳文新並不感到意外。他本人是香港科技大學奈米系統製造實驗中心的主任，他提醒我們生產線效率的重要性。即使中芯有能力生產 14 奈米晶片，但良率低，廢品率高，無法產生合理的利潤：「提高 14 奈米生產線的良率不是一件容易的事情！這些都是多年的經驗和學習。」中芯國際的案例正好說明中國在這個競爭激烈的半導體製造業中的前景。根據我們的兩位專家傅道格和陳文新的說法，因為美國限制購買極紫外光 EUV 光刻機和其他工具設備，使中國無法達到生產目標，才讓中國發現自己距離真正掌握 14 奈米以下的「技術節點」還需要幾年，甚至幾十年的時間。中國將來大概只能專注於非尖端的技術，並逐漸增加市場占有率。

波士頓諮詢公司（BCG）最近有幾份報告探討了中美脫鉤成本這一棘手問題。他們的結論令人獲益匪淺。據估計，美國公司在中國市場面臨損失 4,000 億美元的風險。雖然僅占其總收入的 5%，但該損失的收入將導致市值損失近 15%，即 2.5 兆美元！代價不容小覷。相比之下，中國企業的成本要低三至四倍。[134] 在半導體晶圓代工廠迴流的案例研

究中，波士頓諮詢公司認為美國晶圓代工廠的運營成本比台灣或韓國晶圓代工廠高出約30%，比中國代工廠高出37%至50%。這個差距至為關鍵，尤其我們都很清楚現代晶圓代工廠的初始投資和10年的運營成本可動輒高達400億美元。[135]我們可以說半導體在中美關係決裂書上簽了字，這將是史上代價最高的分手案，尤其是對我們美國朋友而言！

傳道格描述了一個更可行的情況：對美國國家安全具有戰略意義的半導體比例僅占全球產量的一小部分。例如包括戰斧導彈或F-35戰鬥機上的晶片，而後者目前就是由台積電製造。傳道格認為，鑑於相關製造成本過高，美國人應該確定哪些是真正具戰略意義的技術，並只讓這些技術迴流美國，才能符合美國的利益並同時讓全球其他市場保持穩定。因此台積電最近宣布在美國中部的亞利桑那州投資120億美元，建造一座最先進的晶圓代工廠，似乎證實了這個說法。[136]當被問及做出這一決定的原因時，陳文新斬釘截鐵的說：「顯然是出於軍事原因！美國人不能繼續在國外製造他們的軍事裝備！我認為中國對中芯國際也會如法炮製。可以肯定的是，中國不會要求台灣幫忙製造軍用晶片。」為了「脫勾」？沒錯。但只針對最關鍵的技術。

歐盟受到美國和亞洲兩大陣營夾擊，加上新冠肺炎大流行之後，許多行業受到晶片短缺的困擾，歐盟逐漸意識到其中的利害關係。歐盟工業委員蒂埃里·布雷頓（Thierry

Breton）很肯定的說：「歐洲沒有微電子領域的自主能力，就不會有數位主權。」舊大陸仍占有 10% 的世界半導體市場，其目標是在 2030 年之前增加一倍的市場占有率。在德國設有工廠的美國格芯（Globalfoundries）目前是歐洲境內主要的積體電路製造商，通常生產 28 奈米晶片。不過據彭博社的消息來源，歐洲方面已經提議讓台積電和三星幫助他們提升生產能力，製造 10 奈米以下的晶片。[137] 這是一項在未來數年內都難以應對的技術挑戰。無論如何，法國財政部長勒梅爾在 2021 年 2 月上旬的新聞發布會上明確表示：這項計畫的「弱點之一，是如何取得風險投資和實施資本市場」。27 個歐盟成員國當中有 19 個已經對該計畫表示興趣並願意參與融資。歐盟委員會宣布了一項可能達到 300 億歐元的初始公私投資。比台積電 2021 年的 210 億預算還要多。

歸根結底，爭奪晶片霸權的競賽首先必須搶得供應鏈的控制權。而控制供應鏈並不一定把所有相關工廠遷返回國。只要確保供應鏈掌握在盟友手中，就能保證安全，幾十年來也充分證明了這一點。只是現時此世，供應鏈由美國、歐洲、日本、韓國和台灣等盟國共同分擔。而對岸的中國被排除在外。

在半導體競賽的背景下，我們怎能不關心中台關係和軍事衝突風險的問題？2019 年 1 月 2 日，習近平對他面前的麥克風宣布：「台灣必須而且將會與中國統一。」習主席

以香港模式為藍本，提議對台灣實施「一國兩制」模式，但不排除必要時使用武力。從那時候開始，台灣海峽風起雲湧。2019 年香港大規模鎮壓民眾抗議活動，2020 年強行推行國安法，最後在 2021 年逮捕香港民主人士，無疑葬送了「一國兩制」。套句台灣前總統馬英九的話來說，[138] 和平統一的唯一模式「正式宣告死亡」。鑒於台灣在戰略半導體領域的絕對重要性，這個小島的緊張局勢也已經升級。而在太平洋的另一邊，美國也在提高警覺觀察動向。看到半導體行業所造成的世界新局勢，我們便能理解美國捍衛台積電存在的原因。陳文新向我們證實：「台積電當然是美國保衛台灣的原因之一。想像一下，如果台積電落入中國手中，西方國家將蒙受多大的損失！」因此，史上頭一遭，拜登總統邀請台灣大使蕭美琴出席美國總統的就職典禮，並重申美國極願加強與台灣的關係。在這種情況下，中國不太可能冒險對該島進行軍事攻擊。對於傅道格來說，攻擊的可能性較小，因為還有許多能達成目的的手段。傅道格推薦我們閱讀作家琳達‧雅可布森（Linda Jakobson）的一項研究，她是澳大利亞智庫「中國事務」（Chinamatters）的創辦人，該智庫專門研究中國並為立法機構提供諮詢。按照雅可布森的說法，天朝中國將使用「戰爭以外的所有手段」，逼迫台灣進行談判並最終接受統一。這可能包括經濟施壓、禁運、恐嚇、顛覆、網路攻擊甚至暗殺。[139] 中國對台積電的攻勢早在雅可

布森的分析之前就開始了：2019 年至 2020 年間，近 100 名台積電工程師被挖角加入中國企業行列。[140] 中芯國際的聯合首席執行官梁孟松和副董事長蔣尚義也是台灣人，曾任台積電高級管理人員。戰爭才剛剛揭開序幕。

太空殖民，中國的新疆界

　　征服太空是中國戮力迎頭趕上美國的另一個精采領域，也是中國向世界展示最優秀的科技人員和卓越技術的新舞台。而歐洲和俄羅斯早就被超越了。2020 年 11 月和 2020 年 12 月，中國航太工業完成了舉世矚目的壯舉，嫦娥五號月球探測器在為期三週的史詩級任務之後，載著 1.7 公斤的月球土壤採樣，成功返回地球。這次任務包括月球車到達呂姆克山脈（Rümker）和風暴洋附近採樣，選擇該區是因為就地質而言，這裡是月球上最新形成（也就是 30 億年前）的地區。整個任務中最具技術挑戰性的是壓軸階段，月球車的機械臂連著一個能鑽探兩米深的鑽頭，用以採集月球土壤樣品；接下來月球探測器從月球的表面起飛，然後與圍繞著行星地球旋轉的軌道飛行器結合。中國也因此成為繼美俄之後，第三個實現登月壯舉的國家。這次任務也是中國航太工業在機器人探索領域的最佳成就之一。這次任務不但展現

創新的航太技術，也完成了多項創舉（月面起飛、月球軌道交會對接），對於科學研究更是意義重大。分析月球土壤樣本的化學成分將讓我們更瞭解月球的歷史，甚至可以改寫月球歷史。但最重要的是根據這些分析可提供有關稀土濃度預測值的資訊，月球可能成為未來的黃金國（eldorado）。中國採集月球土壤樣本和帶回地球的技術與速度相當駕輕就熟，令人大開眼界，也表示中國掌握機器人和航太的技術已相當成熟。更令人驚訝的是，任務的負責人事先宣布了每個任務階段的日期和時間──這在之前的任務中是聞所未聞的！而且還進行現場直播，展示了難得一見的自信。中國航太工程專家，也是著作等身的國際宇航科學院（Académie internationale d'astronautique）院士庫埃（Philippe Coué）強調：在這次歷史性的登月任務之後，「中國往後的登月行動唯一可敬的競爭對手當然是美國，他的阿提米絲計畫（Artemis）已經集結了幾個西方國家。」[141] 而且，「自1976 年蘇聯的月球 24 號（Luna-24）計畫以來，從未執行過如此複雜的任務。」

　　嫦娥五號也是由長征五號火箭或簡稱 CZ-5 發射，這是一種重型運載火箭，實際近地軌道運力為 25 噸，到達同步轉移軌道的最大有效載荷能力為 13 噸。未來十年當中，長征五號將成為中國航太運輸的先鋒。中國將能夠把重型衛星送入近地軌道，例如 2021 年開始組裝的未來中國空間站

（CSS）天宮三號的模組，以及「中國哈伯」尋天望遠鏡。庫埃（Philippe Coué）指出：「這也可以做為行星探索的典型發射器，有望一展雄心大志，在太陽系中鎖定幾個探索地。」[142] 發射計畫設定於 2024 年，甚至 2023 年。[143] 下一次嫦娥六號任務將瞄準一個很難進入的著陸點，位於月球背面或月球南極，如果是這樣，將來中國會著眼於載人登月的任務。中國也計畫盡快建立一個永久性載人月球站。在嫦娥五號登月艙返回內蒙古大草原僅五天後，中國就發射了長征八號第一代運載火箭，這是一種超現代火箭，其芯一級與助推器將能很快整體垂直回收與重複使用以降低成本，其目的是每年以簡化模式進行大約 20 次長征八號發射。長征八號火箭的總指揮肖耘解釋說：「我們的目標是以後盡可能快速、簡潔地發射火箭，甚至『一鍵發射』。我們設想未來可能在海南或其他地方布局，把我們的總裝廠、生產車間放在一起，總裝、測試後直接就到塔架上準備發射，節省一系列測試、檢查、轉運的步驟。未來，我們的目標是 7 到 10 天、40 個人左右就能完成一次火箭發射任務，簡化方案，提高效率。」[144]

　　長征八號打算與歐洲太空總署的新型火箭亞利安六號（Ariane）在全球衛星發射市場上一較高下，這是一種中高容量的發射器，預計從 2022 年開始取代亞利安五號運載火箭。長征八號的另一名競爭對手是美國的織女星火箭

（Vega）。2019 年，中國以 34 次的發射（32 次成功）數量成為全球發射衛星數量第一的國家，領先於美國（27 次）。

2019 年 1 月 3 日，中國已經成為世界上第一個登上月球背面的國家，距離中國太空人完成中國有史以來第一次太空漫步已經十年。還有另一項大規模行動：2020 年 7 月 23 日，中國成功發射火星探測器。天問一號於 2021 年 2 月抵達火星軌道。2 月 18 日，美國航空暨太空總署（NASA）的探測器和毅力號（Perseverance）火星車也成功著陸火星，展現完美掌握星際探索競賽所需的高科技。

就在美國毅力號火星車登陸火星的幾週後，中國的祝融號火星車在 5 月 15 日星期六也步其後塵，成為第一個登陸紅色星球的非美國機器人，是北京的一項重大技術成就。中國正在迎頭趕上美國。

火星探測器花了 7 個月的時間，進行了 3.19 億公里的飛行，接近火星後還在火星表面的軌道上繞行了三個月才降落。天問[D]一號探測器帶著祝融號火星車穿過大氣下降的時候，經歷了「恐怖的九分鐘」，因為天問一號探測器與地球處於失聯狀態，必須自主行動，因此極有可能功虧一簣。

但是九分鐘之後，中國科學家們紛紛高聲歡呼。天問一號探測器於北京時間 2021 年 5 月 15 號星期六上午 7 點 18 分，也就是格林威治標準時間星期五晚上 11 點 18 分，順利降落事先選定的火星烏托邦平原上。以中國神話中的火與戰

爭女神命名的祝融號火星車隨即展開為期三個月的任務。

　　祝融降落火星之後，必須花 17 分鐘布署太陽能板，之後才能往地球發送第一個訊息，訊號從火星傳到地球需要大約 18 分鐘。中國火星探測器從 2021 年的 2 月開始就在火星外環繞了三個月才降落火星，在環繞過程中拍攝了許多高解析度的照片，並主動加以分析，以精確選擇安全降落的地點。

　　當時地面一收到祝融號的資訊，習近平主席在第一時間就向國家航天局的工程師和科學家們致上賀電，並恭喜他們：「這是我國航太事業發展的又一具有里程碑意義的進展。你們勇於挑戰、追求卓越，使我國在行星探測領域進入世界先進行列。」

　　對廣大的中國人民來說，這趟史詩級的火星探測之旅無疑是國家無上的驕傲，將進一步讓民族主義情緒更為高昂，而中美貿易經濟戰以來，民族主義已經非常白熱化。這正是意義所在。無形中，中美之間的經貿，科技，軍事等戰場一路從地球擴展到火星上。這場星際大戰方興未艾。

　　如果祝融號能夠在為期三個月的任務當中採集火星的土

D. 「天問」一詞來自《楚辭》中由屈原所創作的長詩〈天問〉，其中提出許多關於自然現象、神話傳說和古代史事的問題。

壤樣本，並將分析結果送回地球。那麼，中國就會成為繼美國之後第二個實現火星探測壯舉的國家。

蘇聯曾經在 1971 年把他們的火星三號探測器送上火星，但是不久之後就再也沒有向地球發送信號。至於歐盟，則仍然山高水長，還有很長一段路要走。說到底，還是蘇聯付出了最沉重的代價：曾經試過 19 次登陸火星，但沒有一次百分之百地成功，最後也就放棄了，至於現在的普丁就更不想再冒險了。

這不是美國第一次上火星探險，在毅力號之前還有好奇號（Curiosity）上火星。總共有不下十次的成功探測經驗。

這些年來中國在太空探測方面的進步突飛猛進，2013 年中國玉兔號探測器也已經登陸月球。當然，比起祝融號，玉兔號的任務相對輕鬆，因為月球與地球的距離比較短（約 38 萬公里），與地球保持聯繫也更加容易。

南華日報引述一位中國科學家的話說：「登陸月球主要靠登月探測器減速就可以慢慢降落，因為月球沒有大氣層包覆。而降落火星的第一步就會碰到火星大氣層的阻礙。」

他補充說：「以天問一號探測器來說，它最大的挑戰在於耐熱度，當它以非常高的速度進入火星大氣層時，會與大氣層摩擦進而產生極高的溫度，並造成巨大的衝擊。[145]

但是與毅力號相比，中國祝融號火星車必須謙虛一點，因為它的性能確實不如美國的毅力號。而且重量才 240 公斤

（毅力號重達一噸多），只能生產幾公克的氧氣。也不能像美國機智號（Ingenuity）無人直升機一樣在火星上到處飛，地球上好奇的公眾也無法聽到火星上颶風的聲音。

事實上，即使北京採取的手段不盡相同，美國和中國在高科技領域已經成為激烈的競爭者，兩方正在進行一場不容情的太空戰。經濟合作暨發展組織估計中國的太空預算超過84 億美元。而美國為 471.7 億美元。

美國比中國還早在太空領域取得成功。1977 年 9 月 5 日 NASA 發射兩個孿生探測器，航海者一號和航海者二號，成功開啟星際探險旅行，無人不為之驚嘆！在飛越木星、土星、天王星和海王星並離開太陽系後，抵達星際空間（espace interstellaire），至今仍在繼續傳輸寶貴的科學數據回地球。

自 2001 年布希政府上台以來，美國再接再厲，力使太空成為美國的囊中之物。無論是軍事還是技術。征服太空已成為美國國家安全和霸權的重要部分。

但是，今天的中國也不甘示弱。中國挾著天問一號的優勢，宣布將在 2030 年時成為世界領先的太空強國。「這顯然是中國的一個里程碑。這是中國的探測器第一次深入太陽系探險」，美國哈佛 - 史密松天體物理中心（Harvard-Smithsonian Center for Astrophysics）的天文物理學家喬納森‧麥克道維爾（Jonathan McDowell）這麼說。GoTaikonauts.

com 是專門研究中國太空計畫的專業網站,其分析師陳嵐認為「如果成功,這將是首次有非美國的登陸器和無人機在火星上行動」。現在已經大功告成。中國的成功證明了一點,就是中國在短短幾年內就取得了美國花了幾十年才得到的成果。

因此,天問一號將成為所有中國人民族自尊的榮耀泉源。中國已經讓我們另眼相看。別忘了:2019 年 1 月 3 日,中國成為世界上第一個登陸月球背面的國家,這是繼太空人首次在宇宙漫步的十年之後,另一項轟動全世界的豐功偉業。中國在 1970 年以長征火箭發射第一顆衛星之後,已經取得了長足的進步。這顆東方紅一號衛星還可以 20,009 兆赫的頻率發射毛澤東時期的國歌〈東方紅〉。

這一切都令人百感交集。美中這兩大國如果不是以競爭的態勢而是攜手合作,那麼星際競賽將更為豐富閃耀。

量子超級電腦,中國名列前茅

2020 年 12 月 3 日,中國與美國在先進技術領域的競爭中又取得另一個驚人進展,合肥工業大學的研究人員宣布,他們做出了一項傳統量子電腦幾乎不可能完成的運算:他們的「九章」量子電腦在三分鐘內完成運算,如果靠目前其他

超級電腦來運算，可能得花至少 25 億年時間才能完成任務。為了實驗所需，中國科學家開發了一種高度複雜的光學設備：一個三平方公尺的工作台，配備 300 個分束器和 75 個反射鏡。該系統由光子發生器（須冷卻到攝氏零下 270 度左右）提供動力，透過觀察粒子的軌跡和量子狀態來預測它們的行為。能夠準時測量 76 個光子的狀態——平均 43 個——或同樣多的量子位元，也就是由超導材料製成的微小量子位元。據中國研究人員稱，這種使用光粒子或光子的光子量子電腦執行了傳統電腦無法完成的運算。這個所謂的量子霸權里程碑，此前僅在 2019 年被當時世界上最快的谷歌「梧桐樹」（Sycamore）量子電腦成功達陣。然而，谷歌的超級電腦是基於超導量子位元，而不是光子。「梧桐樹」量子電腦基於微小的量子位元，可以無阻力地傳導能量。相比之下，「九章」量子電腦（以西元前 200 年的中國數學著作《九章算術》命名）由一個攜帶光子的複雜光學設備組建而成。這些設備包括光源、數百個分束器、數十個反射鏡和 100 個光子探測器。然而，該平台有一個缺陷：它是為了解決特定數學問題而設計，不能以數字參數化的方式進行不同的計算。

因此，研究人員正在開發一種新版本的可編程機器，例如加拿大 Xanadu 公司開發的光子量子電腦。[146]

核融合，未來能源的聖杯

從事核融合研究的國家圈子相當封閉，但中國在其中的表現令人稱道。這個未來的技術（不要與核電廠核分裂的原理相混淆），被認為是可再生能源的聖杯，明日世界的能源，因為它是取之不竭的，就像太陽一樣，並且不會產生任何廢料或溫室氣體。研究人員將其視為能源問題的最終解決方法。核融合與太陽自然而然發光發熱的原理一樣，透過原子核的核融合產生能量，不會排放溫室氣體，不會產生放射性廢物，並且發生事故的風險更小。

中國在 2019 年宣布：其運作效能最佳的托卡馬克（Tokamak）環磁機將於 2020 年開始運行。隨著中國環流器二號 M（托卡馬克 HL-2M）的啟用，任務於 2020 年 12 月大功告成。人們親切地稱它為「人造太陽」，該磁約束裝置最後應該能產生超過攝氏 2 億度的驚人熱量，比我們所居住的星球中心溫度還高十倍以上。中國的「人造太陽」應該能為法國的國際熱核融合實驗反應爐（ITER）開發團隊提供有用的數據。國際熱核融合實驗反應爐 [E] 於 2006 年啟動，匯集了 35 個國家，預計在 2025 年底前完成，卻晚了五年多，總成本估計接近 200 億歐元，是當初預算的三倍多。這個巨大的人造太陽共有 100 萬以上的零組件，於 2019 年 7 月開始在聖波萊迪朗克（Saint-Paul-lès-Durance 位於法國隆河出

海口省 Bouches-du-Rhône）組裝建構。[147] 中國已於 2018 年
11 月在該領域取得世界第一的成績，在安徽合肥的實驗室
反應爐中成功地維持了核融合所需的 100 多秒。2017 年的
時候，中國實驗室反應爐就已經打破了原子核融合實驗關於
所需時間長度的世界紀錄。然後，在 2019 年 11 月，中國打
破了自己的紀錄，溫度達到了 1 億度，是太陽核心產生的熱
量的六倍。該實驗計畫的負責人之一宋雲濤平心靜氣地說，
「我們希望透過這座裝置擴大國際合作，讓中國得以在人類
未來使用核融合方面做出貢獻。」[148] 然而，在這個領域的
紀錄競賽中，中國不再是唯一國家。

　　韓國在 2020 年底也取得了不容小覷的重大進展。事實
上，韓國的 KSTAR（超導托卡馬克核融合裝置）在 11 月成
功讓電漿體維持 1 億度的高溫長達 20 秒。從來沒有一個核
融合實驗能夠在這種溫度下堅持這麼長時間。上一次的記錄
是在 2020 年 3 月，持續時間為 8 秒。[149]（譯註： 2021 年
11 月為 30 秒）。

E.　ITER 匯集了中國、歐盟、印度、日本、韓國、俄羅斯和美國。為此目
　　的，法國目前正在聖波萊迪朗克建造一座反應爐，其溫度應可達到攝氏
　　1.5 億度。

中國也競相爭奪稀土

　　這些金屬具有戰略用途，由 17 種元素組成，隨著新技術的出現而變得非常炙手可熱，如磁鐵、混合動力發動機、通信技術、電漿電視和 LCD 螢幕，以及衛星、制導系統和電信系統、導彈防禦系統、航空航太和更廣泛的所有雙重技術（用於民用和軍用）等部門。中國逐步取得稀土的開採和生產方面的壟斷地位。儘管其稀土占世界已知儲量的 50%，但中國現在控制著全球 97.3% 的稀土產量。俄羅斯（占已知世界儲量的 17%）、美國（12%）、印度（2.8%）或澳大利亞（1.5%）也有儲量，但目前很少或還未開發。事實上，中國手中的「價格優勢」王牌導致所有其他國家礦區幾乎關閉，尤其是公眾輿論對汙染最嚴重的開採稀土業很敵視的發達國家。在此背景下，中國於 2004 年開始實施開採礦配額，目的是保證本國公司的供應，並「正式」縮減開採稀土的環境成本。自 2006 年以來，中國稀土出口量減少了一半，而世界市場上的價格自 2008 年以來上漲了 300%。2010 年，中國稀土生產配額被削減 72%，而在 2011 年，勘探和開採許可證的發放被正式凍結至 2012 年，中國稀土出口再次減少了 35%。[150]

　　美國曾經是地球上最大的稀土生產國之一，如今近 80% 的需求量卻仰賴中國進口。北京已經多次暗示要以稀土出口

做為政治戰略武器。2010 年，中國首次使用稀土為籌碼，猝不及防地禁運稀土至日本，以爭求一艘被指控在尖閣列島附近與兩艘日本巡邏艇相撞的中國漁船能獲釋。一夜之間，數十家日本高科技公司被停止供貨，恐慌情緒在整個日本群島蔓延。2019 年 5 月 20 日，國家主席習近平攜副總理兼中美貿易談判的中方代表人劉鶴蒞臨江西省稀土領軍企業，也就是江西金力永磁科技股份有限公司（JL Mag Rare-Earth，位於中國中部）視察。其用意昭然若揭：提醒美國和全世界，中國把持著這些戰略金屬。[F] 中國在 2021 年 2 月上旬決定在 2021 年上半年將稀土產量增加 25% 以上，從 66,000 噸增加至 84,000 噸，這顯然是對美國釋出善意。北京大學國際政治經濟研究中心主任王勇說：「拜登政府應該認真對待這一資訊，也就是中國希望和美國保持穩定互利的貿易關係。但如果美方繼續實施經濟制裁並限制技術，那麼，中國的稀土能源可能就只能待在儲存箱中了。」[151] 然而，美國已決定在美國本土恢復稀土生產，以減少對中國的依賴。[152]

F.　在此須注意的是，2021 年 3 月 11 日，在美國、日本、澳大利亞和印度之間的非正式「四方安全對話」虛擬峰會之際，美國總統拜登、日本首相菅義偉、澳大利亞總理史考特·約翰·莫里森和印度總理納倫德拉·莫迪已同意協調努力，以擺脫他們國家對中國稀土的依賴。

昔日北京蕩然無存，
未來城市登場

　　北京正在有計畫地摧毀北京巷弄裡的傳統矮房，這些造就中國首都美麗和獨特風景的著名胡同幾乎消失殆盡，被水泥建築和摩天大樓取而代之，中國已經在勾勒著未來的城市面貌。1980 年代末期以來，房地產開發商幾乎主導了中國主要城市，尤其是北京。推土機和挖掘機成群結隊，積極拆除這些優雅的四合院，居民被毫不容情地驅逐，有些被重新安頓在偏遠郊區的小屋裡，與世隔絕，除了等死別無出路。北京現在看起來四不像。多麼可悲啊！一個擁有超過兩千萬居民城市，卻是個畸形而沒有靈魂的水泥怪物，猶如章魚一樣將觸腳往五個外環道之外蔓延，而外環道鎮日堵塞，永無寧日。追憶往昔，三十五年前，我經常步行或騎自行車愉悅地穿過胡同，那裡的老人悠閒地坐在屋前的籐椅上，享受著和煦陽光，而附近可以聽到孩子們在街上玩耍的笑聲。北京，大器而靜謐。^G 城市東南邊天橋附近的鳥市也是我經常雀躍漫步之地，在那裡的北京老人們小心翼翼地守著他們的蟋蟀箱，入神地傾聽動人的蟲鳴。我也經常在琉璃廠的古玩區裡閒逛，尋找一些難得的好貨，可能是一件被複製過幾次的古董（中國人是複製藝術的高手），一幅畫，一尊陶瓷，一個漆器或一本舊書。該區仍然存在，但已經被塗脂抹

粉，成為一個旅遊陷阱。這一切都結束了。這些胡同巷弄已不復存在，永永遠遠消失了。北京不僅無可挽回地失去了靈魂，而且由於司空見慣的空氣汙染，陽光燦爛的日子也變得罕見，甚至鼻子一探出門，喉嚨就開始刺痛。中國的開發商和建築師已經在考慮未來的城市，新城市如雨後春筍紛紛冒出，無處不在，為他們帶來豐厚的利潤。時間一刻不停地往前，無情的歷史巨輪狂奔轉動，誰也擋不住。中國的農村人口外流和城市化已經達到了可怕的高峰，而且還沒有結束。在短短 38 年間，中國的城市人口從 1.89 億增加到 8 億多，增長了四倍之多。根據最近的一項研究，預計將有至少 221 個中國城市的人口超過 100 萬大關。因此很顯然地，雖然中國的城市化是經濟變革和進步的必然結果，但也代表國家無可避免的動盪，在某種程度上，也會影響全球。中國城市的過度增長更會催生嚴重的社會問題，如令人擔憂的汙染、公民健康狀況惡化和住房危機。[153]

在這些特大都會的外圍，「民工」勉強維持著生計，這些來自貧困農村的被剝削流動人口，被高速成長所遺忘的社會底層民眾，被國家現代化拋在一邊，因無居住證而被剝奪了所有權利，拼命地只想找一份餬口的臨時工作。中國政府

G. 這個說法取自 1986 年出版的《Autrement》雜誌特刊，我曾為其撰稿。

預計到 2035 年城市人口將達到 10 億。成都未來科技城距離中國西南部四川省省會成都約 50 公里，是建築公司正在建設的未來城市之一。這座仍處於規畫階段的城市，將會從零開始豎立在田野之間，占地 60.4 平方公里，並完全數位化，距離建設中的天府國際機場只有幾公里之遙，這將使成都繼北京和上海之後，成為中國第三個擁有兩個國際機場的城市。城市的建築藍圖完全在電腦上設計，於 2021 年 2 月公布，將巧妙有致地錯落建築區和綠地，並將容納大學、研究中心、辦公室和住宅。是否會是非人性化的城市？等待未來揭曉了。另一位建築師俞孔堅與他的工作室「土人設計」共同創造了「海綿城市」的概念，旨在將國內一些工業化城市轉變為綠色建築的展示區。因此，同樣位於四川省的重慶市悅來新區，在屋頂設置花園以保留雨水，人行道由吸水材料製成，同時安裝排水系統將雨水引向濕地改造的公園。目標是重新學習老祖宗的智慧，在季風季節，可以減緩排水以減少水流的破壞力。這位建築師在接受英國《衛報》採訪時說：「吸納的水可用於灌溉、補給地下含水層、淨化土壤並用於生產。」[154]

從 2000 年代後半期開始，中國開始採用「智慧城市」的概念，也成為該領域的全球實驗室。這個概念在 2010 年代初被中國據為己有並將其漢化，當時官方採用的翻譯是：「智慧城市」。除了這種翻譯之外，其他術語似乎或多或少

地指代相同類型的項目，例如「智慧城市」、「智慧綠色城市」、「智慧試點城市」或「數位城市」。在這正在形成的智慧城市中，大武漢的例子最為突出，成為中法兩國具體開展合作的試點。自 2010 年以來，大武漢已成為中法兩國在永續城市和環境領域合作的示範基地，也顯示出兩國政治領導人頻繁的互動，至少在媒體上是如此。兩國政府發起的中法合作計畫，包括在武漢西南郊的蔡甸區設計一個約 30 平方公里的新城市，預定可容納 10 萬居民。法國公司將全力以赴，發揮專業知識和創新想法來實施這項新城市計畫，使其成為法國專業技術的櫥窗。法國電力公司（EDF）的情況尤其如此，它將努力使中南醫院在節能方面更有效率。法國國家鐵路公司（SNCF）的子公司阿海普（AREP）和法國環保工程公司 Burgeap 的工程師也正在研究環保問題。至於交通方面，則有法國國家鐵路公司擁有 70% 股權的運輸集團凱奧雷斯（Keolis），致力解決各式聯運問題。[155] 武漢於是成為先鋒登高一呼，從 2012 年起，其他城市也紛紛響應。八年後，全中國的智慧城市數量已達到數百個。這一切都始於 2008 年，由 IBM 帶頭發起。這家美國籍跨國公司當時推出了一項計畫，以網雲運算（雲計算）來減少基礎設施的投資成本。然而，智慧城市的市場很快吸引了華為、騰訊或阿里巴巴等中國科技巨頭。中國亞馬遜也將眼光投向杭州市（中國東部），並在當地推出了「城市大腦」。這是一個集合數

據的中央系統平台,旨在使地方當局能夠在與居民互動的同時改善服務。成效也是有目共睹的,在 2018 年,城市的緊急服務時間縮短了 50%。為了達到預定目標,阿里巴巴平台也收集了包括個人資訊在內的大量數據:公車、計程車和私家車的全球衛星定位系統(GPS)位置、監視錄影機和交通信號燈提供的資訊。「智慧城市」的概念其實為權力者提供了另一種優勢,研究人員尼可拉・杜悅(Nicolas Douay)和卡琳・安里佑(Carine Henriot)強調:「這是將城市規畫問題去政治化以避免爭議的社會運動。事實上,誰能反對永續發展的智慧城市?」[156](參見下文第 3 章,《中國人,最受監視的地球人》。)

工業間諜:被告席上的中國

中國在戰略性高科技領域的非凡成就也牽涉到一個關鍵問題:工業間諜、經濟情報和智慧財產權掠奪,這是一種現代社會的掠奪型態。在許多先進技術上,美國和歐洲花費了數十年的努力和大量的研發投資才有所一番成就,中國如何能這麼快就與他們並駕齊驅甚至取得領先?美國經濟學家兼分析師大衛・高德曼(David P. Goldman)認為這是一筆大家心知肚明的交易:「中國不惜乞求、借用甚至竊取各國

的先進技術，藉以推動本國經濟發展，直到能與美國分庭抗禮。雖然中國每年支付 360 億美元的智慧財產權特許權使用費，但是實際帳單數目應該還更高。事實上有很大一部分智慧財產權是被盜用的。」[157]

2019 年 2 月，美國前總統川普對中國發動經濟和貿易戰時明確定調，他宣布：「我們現在向中國明確表示：這麼多年來一直覬覦我們的工業技術並竊取我們的智慧財產權，還想盜竊美國的就業機會和財富，這種行為現在已經走到末路了。」

2020 年 7 月上旬，美國聯邦調查局（FBI）局長克里斯多福・瑞伊（Christopher Wray）指稱，過去十年「涉及中國的經濟間諜案件增加了 1,300%」。根據克里斯多福・瑞伊的說法，聯邦調查局「每十小時」就會啟動一項與中國有關新的反情報調查，他認為這些由中國共產黨暗中協助的盜竊行動，對美國的國家安全而言，是「最大的長期」威脅。克里斯多福・瑞伊於 2019 年 7 月 23 日在美國參議院司法事務委員會面前說明，目前有一千多起正在進行的智慧財產權調查，涉及中國一流公司、機構和大學的盜竊行為。他補充說，「在尖端科技領域的間諜行為方面，沒有其他國家比中國對世界造成更大的威脅，他們不費一文巧取豪奪，進而建立其優勢。」這種間諜活動「實際上影響了這個國家的所有企業」。中國透過外交部發言人一貫明確地否認所有這些指

控。當時的美國司法部長巴爾（Bill Barr）曾針對好萊塢和矽谷的大人物，如迪士尼、谷歌、微軟、蘋果或雅虎，「太急於與中國共產黨合作」，因為他們害怕無法進入這個亞洲巨頭所掌控的龐大市場。美國政府估計，僅在 2014 到 2017 年期間，因這些智慧財產權被盜竊所造成的損失就達到 1.2 兆美元。[158]

而法國對間諜的懷疑也愈來甚囂塵上。前人民運動聯盟政黨（UMP。譯註：2012 年成立，2015 年解散，中間偏右政黨）議員貝爾納・卡拉永（Bernard Carayon）把美國的間諜活動與中國進行的大規模間諜活動作了區分：「美國是一個民主國家，即使經常採用截取通訊的方法竊聽資訊，但其行為最多屬於流氓行徑。」至於北京，他則提到了中國議會於 2017 年通過的《情報法》，其中第 7 條規定，任何組織和公民都應當「依法支援、協助和配合國家情報工作」。

「也就是說，每一個中國人，不管他是不是共產黨員，實際上都是國家情報部門的義務合作者……當我們知道中國人非常重視法律是否能認真執行，特別是在捍衛他們的戰略利益時，我們就能理解這項法律的嚴重性，而西方國家還沒有真正意識到這一點。」[159]

2020 年 12 月 12 日，《每日郵報》（*Daily Mail*）、《德斯坦達德報》（*De Standaard*）、《澳洲人報》（*The Australian*）和一家瑞典出版商刊物聯合披露了重大洩密的新聞，2016

年的時候，一名異議人士從上海的一台電腦伺服器上竊取了195 萬個中共黨員名單。這份名單已提交給對華政策跨國議會聯盟[H]（IPAC）予以評估之後公諸於世，該聯盟是一個以關注北京動向為重點的政治工作小組。名單上出現眾多在西方國家的大學和領事館工作的中共黨員，也有些在國防、銀行和製藥業等戰略部門工作。甚至兩家參與新冠肺炎疫苗開發的阿斯特捷利康（AstraZeneca）和輝瑞（Pfizer）也受到波及。根據《每日郵報》報導，有 600 名中共黨員在英國銀行業巨頭匯豐銀行和渣打銀行的 19 家分行工作。遭受池魚之殃的還有空中巴士企業、波音公司、達利思集團、勞斯萊斯公司。

根據專門保護美國公司免受網路攻擊的 CrowdStrike Intelligence 公司的一項調查，可能會在未來幾年成為空巴 A320 和波音 737 的競爭對手的中國商用飛機 C919，利用網路空間（cyberespace）的間諜行動不斷坐大，並在 2010 年至 2015 年間，與國家安全部關係匪淺的中國企業聯手，對幾家西方民航公司進行網路攻擊。

「中國共產黨及其國有企業向中國情報部門提供關

H. 對華政策跨國議會聯盟成立於 2020 年 6 月 5 日，匯集了來自歐盟 15 個國家的眾議員和參議員，以及歐洲議會，旨在加強反對中國侵犯人權的政策協調。

鍵技術資訊的具體過程，相對不透明。但是 CrowdStrike Intelligence 確實知情，並得到美國政府證實的是：北京利用強制技術轉讓、合資企業、盜竊智慧財產權和網路網際間諜活動等多方面系統來獲取所需的資訊。」[160]

關鍵是 C919 與 A320 有著令人不安的相似之處。法新社根據幾個可靠消息來源指稱，在 2019 年的時候，這家歐洲飛機製造公司成為多次網路攻擊的目標，而且是透過其分包商發動攻擊。消息來源還認為是中國在背後主導這些工業間諜行動。兩名可靠的消息人士告訴法新社，在過去的 12 個月中，有四次針對空中巴士分包商的重大攻擊，他們詢問了六名以上熟悉該事件但不願透露姓名的人士，才得以勾勒出這一系列攻勢的輪廓和目標。[161]2019 年 9 月 27 日，中國政府在接受質詢時堅決駁回了這些說法。

中國外交部發言人耿爽直言：「我這裡可以明確地告訴你，中國是網路安全的堅定維護者，我們堅決反對任何形式的網路攻擊。」他還表示，「最近，媒體上有不少關於網路攻擊的報導。在這些報導中，有關方面總是在沒有任何證據的情況下，就把發起網路攻擊的帽子扣到中國頭上，把髒水潑到中國身上。」[162]

以上是檯面下看不見的部分。而檯面上清楚可見的部分，則由中國的法律框架來操縱，例如技術轉讓。列寧不是說過嗎？「資本家會賣給我們用來吊死他們的繩子？」幾

十年來，所有希望在中國土地上設立公司的外商都必須與一個擁有至少 51% 股份的中國公司合資才能執業，並被迫轉讓技術，這讓中國可以自行決定以較低的成本獲得最新的西方技術，並同時培養出成千上萬能夠完美複製外國工業頂尖技術水準的工程師。也因此，法國電力公司和法馬通（Framatome，阿海琺 Areva 前身）為了在中國土地上站穩腳跟，不得不轉讓大量技術，使中國能夠在短短四十年內擁有所有最新的民用核技術。[I] 法國用幾十年時間發展起來的民用核工業，中國工程師現今已經完全掌握了相關技術。2020 年 9 月 11 日，中國自豪地啟用了第一座 100% 國產的新一代 EPR（歐洲壓水反應爐）核電站。當時法國正在弗拉曼城（Flamanville，位於曼什省）建造首座 EPR 核電站，遇到了最困難階段，由於十年的反復技術延誤和不斷上漲的成本（超出 90 億歐元），工程陷入癱瘓，預計在 2022 年底之前無法落成啟動。真是個天大的諷刺！拜法國電力公司、法馬通和阿海琺所賜，中國廣核集團（CGNPC）和廣東能源集團（GEG）已於 2018 年 12 月在廣東省成功建造第一座 EPR 反應爐，台山一號，2019 年 9 月完成第二座反應爐，台山二號，為中國電力系統增添生力軍。這是全球首座 EPR

I.　值得一提的是，法國為了開發法國核計畫，對西屋電氣公司（Westinghouse）也如法炮製，在美國許可下共同開發 20 年，然後才獨立發展。

反應爐，如果沒有法馬通授予的技術轉讓，是不可能完成的。這兩個 1,750 兆瓦的反應爐由合資企業興建，法馬通公司占有 30% 的股份。在建造反應爐的全盛時期，工地僱用了 15,000 多名中國工人和 200 多名法國工程師，後者特別負責培訓中國的同行。雖然中國直到 1985 年才擁有一座核反應爐，但在 2019 年的時候，中國已經有大約 46 座服役中的反應爐，並且摩拳擦掌地計畫興建 110 座反應爐，準備在 2030 年超越法國和美國，成為全球最大「核能強國」！北京已經表示，國家核工業現在打算出口新一代 EPR 反應爐技術。中國正在巴基斯坦建設幾座設計較舊的發電廠。在英國未來的欣克利角（Hinkley Point）EPR 核電站中，有三分之一的資本來自中國（與 EDF 合作）。中國還將向阿爾及利亞、阿根廷、蘇丹、肯亞、南非、羅馬尼亞和土耳其提供核電站。

中國能夠在創紀錄的時間內完全掌握高速列車，也是靠技術轉讓這一招。中國在 1980 年代初期從法國阿爾斯通（Alstom）集團、德國巨頭西門子（Siemens）、日本川崎和加拿大龐巴迪（Bombardier）公司獲得必要的技術，在 20 年內就建成了世界上最廣闊的高速列車網，並在 2020 年底擁有 35,000 公里的高速列車鐵軌，不僅是法國高速列車網（1980 年代初期建成）的二十倍，也占世界所有高速鐵路網的三分之二。

成立於 1918 年的法國電池公司帥福德（Saft），是中國幾輛高速列車的電池供應商，其亞洲總監菲力浦・尤立克（Philippe Ulrich）解釋說：「中國鐵路製造商現在一切都可以自己來，他們現在完全自主，越來越獨立，也盡量擁有自己的技術。」[163]

　　他說：「到目前為止，中國從來沒有向外國製造商買過一輛高速列車；這些外商到頭來才發現自己完全被趕出了中國市場，而且什麼東西都沒賣掉。」然而，有一家獲得授權的法國工業對這些說法提出異議，並聲稱每個西方供應商都因為接受技術轉讓而獲得了大筆契約。因此，中國正是利用這些肥美豐厚的契約去利誘外商並取得技術，今天才能夠自給自足。該法商認為，其實這麼說來，中國是利用自身的優勢取得了技術，尤其是其龐大的市場和中國政府鐵道部可支配的巨大資金。

　　經過七年艱難談判，中國和歐盟終於在 2020 年 12 月 31 日達成了一項關於保護投資的協議，北京明確承諾技術轉讓不再作為歐洲企業進入中國市場的先決條件，中國願意讓步的主要原因是當時的地緣政治情勢。[J] 該協議仍需得到歐

J.　中國非常需要與歐盟達成這一協議，希望以此方式找到一個有效的平衡點，以抗衡自 2018 年以來與美國不對稱的關係。

洲議會的批准，由於歐洲要求中國先要加入禁止強迫勞動的國際勞工組織（Organisation internationale du Travail），因此尚未拍板定案。鑑於強迫新疆省數十萬維吾爾人勞動的指控，布魯塞爾要求北京必須提出保證。

羅熱・法利戈（Roger Faligot）是一名調查記者，而且是熟悉世界情報部門的行家，尤其對於中國情報部門更是瞭若指掌，還曾寫過幾本專書討論。[164] 在他看來：中國自1978年鄧小平第一次經濟改革和開放以來，如果不是因為遍布全球的經濟、技術和科學情報網極其廣泛又卓越，中國的經濟和技術不可能一飛衝天達到如今這般的水準。這一個情報網猶如巨大的八爪章魚，在中國土地上聘僱數萬名特工、分析師和專家，而在全世界各地可能雇用了數十萬人，主要由國家安全部主導（部長為陳文清），位於北京東長安街十四號，就在公安部旁邊。這個負責經濟情報的部門從1980年代開始，組織結構發展極為迅速，不僅得到大批具有外交身分的特工支援，而且最重要的是靠非法移民，這些「深海魚群」的任務是「滲透到外國公司並建立各種影響力網絡，無所不用其極地招募那些肯與中國合作的外國人士。此外，在國防部也有情報間諜，其中一部分是負責經濟情報。

理論上，所有這些特工都從事秘密工作。也有一些具有外交身分，並為西方反情報部門所熟知，所以受到密切監視的人。而其他大多數從中國和亞洲人當中招募的特工則保

持匿名。法利戈說 [165]：「從 1978 年開始，最初的目標之一就是去複製擁有高性能產業的日本人。但很快地，情報網就往美國、歐洲甚至俄羅斯蔓延。」歐洲之所以很少公開間諜案件，是因為成為受害公司大多寧願保持沉默，以便能夠繼續在中國做生意。他說，美國的情況則截然不同，「多到數不清的中國特工被起訴」。不過，一些案例逐漸占據新聞頭版，包括在法國也是。例如受僱於法雷奧（Valéo）汽車零配件公司的年輕中國女子李李，在 2005 年因竊取該公司的電腦資料被起訴並逮捕，於 2007 年被定罪。[166] 通常竊取情報的方法是與一流的西方公司建立合資企業，以獲取所需的技術或參與大型國際項目。這就是歐洲的衛星導航系統伽利略所發生的情況。「一開始，中國人說『是的，是的，我們希望與義大利人、法國人、西班牙人和其他人一起參與』，然後，一旦收集到技術資料，他們就溜之大吉了，中國只是為了要創建自己的『北斗衛星導航系統』。」[K] 中國情報單位與外國情報單位不同之處在於總是有兩位人物共同領導：一位是經驗豐富專責研究的官員，而另一位是黨的代表，也就是真正的主導者。法利戈說解釋說：「任何戰略甚至戰術

K.　隨著第 30 顆衛星於 2020 年 6 月 23 日發射，中國完成了北斗導航系統，訊號能夠覆蓋整個地球並擺脫美國 GPS 系統的束縛。

決策總是由專業研究官員和黨代表共同決定。」在中國境內，情報工作則由各個省和地區分散執行。也因此湖北省及其首府武漢成為汽車服務業的基地，幾家主要歐洲車廠都設置在這個擁有 1,100 萬居民的城市，包括法國寶獅雪鐵龍集團（PSA）。「中國有一種猶如基因複製般拷貝外國產品的驚人能力。因此，像這架美國偵察機，他們可以立即完全拆解然後重新組裝，才歸還給美國人。」他說。[L] 中國在世界各地的間諜情報網絡也依賴軍事監視衛星。中國在五年內發射了 96 枚衛星，而美國為 109 枚，法國僅兩枚。

有時候，西方人對於中國間諜的態度天真到令人吃驚。英國《泰晤士報》在 2 月 10 日報導了一項針對大約 200 名學者的調查報告，他們在無意之中幫助中國政府開發了大規模殺傷性武器。據《泰晤士報》報導，研究人員違反了旨在防止敏感問題的智慧財產權落入敵對國家之手的嚴格出口法律。據信，他們將尖端軍事研究的成果分享給中國，包括航空、導彈和網路武器。牽涉其中的研究人員分屬十幾所英國大學。這種粗心大意的態度會讓他們付出高昂的代價，因為他們可能面臨長達十年的監禁。「我們很快就會在法庭上看到這數十名學者。」一位消息人士告訴《泰晤士報》。十天前，英國外交部緊盯的目標是中國學者和學生。《泰晤士報》又說，出於同樣的國家安全考慮，可能會有成千上萬的人被拒絕進入英國。2018 年至 2019 年期間，約有 7,330 名中國

學生在英國進行研究，其中大部分是需要獲得學術技術批准的 Atas（技術修讀核准制度證書）。據智庫亨利傑克遜協會（Henry Jackson Society）指稱，有 900 名與中國人民解放軍有聯繫的中國大學畢業生，正在英國的三十多所擁有尖端研究的大學攻讀研究生課程。[167] 據《南華早報》報導，[168] 澳大利亞於 2020 年 11 月開始調查該國大學與涉嫌為中國軍事部門從事間諜活動的中國學生之間的可疑關係。根據雪梨獨立研究中心（Centre for Independent Studie）的數據。在新狀病毒大流行之前，約有 150,000 名中國公民在澳大利亞的大學學習，約占該國所有大學學生的 11%。

在間諜問題上，法國公務員向中國出賣自己國家的情況時有耳聞。2020 年 7 月 10 日，兩名前對外安全總局（DGSE）特工即因為如此而被定罪。他們原本在巴黎和勃艮第安享退休晚年，現在不得不在監獄中度過部分餘生。他們因「向外國勢力提供資訊」、「損害國家的根本利益」、「與外國勢力進行情報合作」而被審判。六十九歲的前民防

L.　2001 年 4 月 1 日，一架裝有觀察和監聽系統的美國 EP-3 偵察機與中國殲 8 戰鬥機相撞，戰鬥機飛行員隨後在南中國海失蹤。EP-3 偵察機被迫緊急降落在海南島（中國南部）的陵水軍事基地。美國總統對這一事件表示「非常遺憾」，11 天之後，24 名機組員被釋放。EP-3 偵察機則於 7 月 3 日返回美國。

官員皮耶爾 - 馬力（Pierre-Marie H.）被判處十二年的刑事拘留。總檢察長曾要求對他判處最高刑罰，即十五年。七十三歲的職業軍人亨利（Henri M）曾在中國生活一段時間，被判處八年徒刑，而總檢察長要求對他判處十年徒刑。皮耶爾 - 馬力的妻子因「隱瞞出賣情報給外國勢力所獲得的財產，其性質有損於國家的根本利益」而出庭，被判處四年有期徒刑，緩刑兩年。僅由專業法官組成的刑事法庭，對這三人都判處剝奪公民權利十年的額外刑罰。其他可知的資訊不太多。代理檢察長於週一在進行閉門庭審之前表示這是一起「外國勢力強力滲透法國情報部門」的案件。當此案於 2018年 5 月被媒體揭露時，法國當局曾表示這是「極其嚴重」的案件。法國國防部長弗洛朗斯・帕利（Florence Parly）指稱，這兩名嫌疑人「涉嫌犯有可能被定為叛國的行為，並可能涉及洩漏國防機密」。國防部隨後保證，對外安全總局本身已經發現了洩密事件，並「主動將這些事實提請巴黎檢察長辦公室注意」。但當局仍然迴避談論此事，甚至沒有提到特工的叛國行為是為了向哪個國家輸誠。[169]

中國情報部門這條大章魚在大家尚未完全意識到的情況下將觸角伸入科學研究領域。在《觀點》（*Le Point*）週刊駐香港記者佛洛赫斯（Jérémy André Florès）於 2021 年 3 月18 日發表了一項極其詳盡的調查，揭示法國大學及法國高等研究中心與中國同行之間的合作協議，而這些中國機構與

人民解放軍的關係是眾人皆知的。例如馬克宏和中國國家主席習近平簽署了北京大學與泰雷茲公司和巴黎綜合理工學院之間的物理學合作協定，該協議的第一項工作是為北京大學裝配一個超高功率的鐳射系統，已經於 2020 年 6 月執行。這個法中研究計畫嚴格來說屬於民間用途，除了軍備總局（DGA）與其實驗室建立了多年的密切關係，但工作最終成果可能會應用於國防。

佛洛赫斯寫道：「與北大的合作開始執行之際，專家們對與中國大學的科學合作關係感到擔憂，因為這些大學越來越常被收編並參與一些壯大人民解放軍的革新系統。」2020年 6 月，法國駐華大使館的一份題為〈中法大學合作面臨「軍民融合」新國家戰略考驗〉的照會勇於直陳問題，並請求「複審」這項合作。獨立智庫戰略研究基金會（FRS）的法國研究員波恩達茲（Antoine Bondaz）早在 2017 年就發表了一項關於該主題的研究，他認為法國真的後知後覺。「這些與中國人民解放軍的間接合作是一個巨大的安全性漏洞，而情報部門都知道這一點。」他說。

「問題是他們沒有意識到風險。科學家們將國家內部安全和反情報措施視為自由研究的障礙。」他補充道。

經濟學家貝爾納・貝洛克（Bernard Belloc）是法中科學合作方面最優秀的研究專家之一，而且也是親華派，他打趣地說：「我們幫助中國起飛，現在我們眼睜睜地目送中國火

箭升空。」「我們和他們沒法相提並論。中國的大學校長在黨內的等級地位相當高。」[170]

而法國大學校長還不及中國共產黨幹部的等級。

還有一個無人不曉的中國情報網絡，乍看之下與間諜活動無關，那就是孔子學院，屬於非營利性文化機構，多年來發展相當蓬勃。目前在 154 個國家有 548 家孔子學院，創立的靈感來自法國文化協會、英國文化協會和歌德學院。它們是發揮軟實力的工具，旨在傳播中國語言、文化、歷史和哲學，由中國教育部聘雇的中文教師授課。但是在法利戈看來，這些機構也被用來與優秀的大學建立合作關係，並同時招收中國和外國學生，以建立對國家有用的人才庫。而批判者則認為這些機構實際上是中國大外宣的中心，追求的是難以公開的目標。一些法國專家將孔子學院視為「特洛伊木馬」。法國國立東方語言文化學院的藏學家法蘭索娃絲·羅賓（Françoise Robin）就直言孔子學院是「宣傳思想的武裝組織」。

「即使上語言課，您也可以傳達政治思想，例如展示把台灣包含在內的中國地圖。孔子學院想進東方語言文化學院，但我們不需要，我們已經教了一百五十年的漢語了。」歷史悠久的尊貴 Langues O'（譯註：法國人對東方語言文化學院的暱稱）知道如何保護自己。在 2016 年時，法蘭索娃絲·羅賓曾邀請達賴喇嘛參加會議。這位藏學家回憶：「東

方語言文化學院收到了中國大使館的公函，要求我們不要邀請達賴喇嘛。」[171]

布魯塞爾孔子學院院長宋新寧因「危害國家安全」被比利時禁止入境，並於 2019 年 10 月 30 日被宣告在八年內不得進入其他 26 個申根國家。宋新寧本人則否認間諜活動的指控。近年來，美國的一些孔子學院被指控從事間諜活動，不得不關門大吉。2020 年 8 月 13 日，美國國務院將孔子學院歸類為外國「外交使團」，認定這些機構在全球散布「北京的大外宣並對大學校園和學校課堂產生惡意的影響」。孔子學院現在將受到嚴密監視，就像大使館或領事館的待遇一樣。2021 年 2 月 11 日美國國務院發言人內德・普萊斯（Edward Price）強調，「關於孔子學院，我們顧慮的其實是中國共產黨的活動，包括透過孔子學院所舉辦的活動，因為有可能會干擾美國的學術自由」。[172] 與孔子學院有合作關係的 65 所大學與大約 500,000 個學校班級，現在都被強制要求公開它們之間財務往來的確實狀況。

網路空間戰與假消息：中國遊刃有餘

擁有超過 8 億網路用戶的中國近年來已被證明是網路戰

的高手，並且瞄準了工業間諜活動。2012 年 2 月 19 日，時任美國總統的巴拉克・歐巴馬（Barack Obama）收到了一份 74 頁的報告，來自一家專門從事資訊安全的美國麥迪安網路安全公司（Mandiant）。這份經過六年調查的報告顯示，在中國人民解放軍 61398 部隊的指導下，數百名中國駭客正在網路上工作。根據該報告，他們的總部位於上海的一棟十二層建築內，一支受到嚴密監督的網絡軍隊藏身其中，其任務由最高指揮部裁奪。一個打著政府旗號的中國駭客組織，被後人稱為「高級持續性威脅 1」（Advanced Persistent Threat 1），在 2010 年期間駭入 20 個不同領域的 141 家美國公司網路。據報導，中國將在解放軍第三部門的領導下調動大量資源，在網絡空間建立專門的內部安全部隊。2015 年，北京創建了相當於美國網戰司令部（US Cyber Command）的戰略支援部隊（Strategic Support Force），以匯集解放軍在網路、太空和電子戰領域的資源。事實上，中國本身也面臨著美國主導的網絡空間戰爭。美國軍方於 2010 年成立了網戰司令部，總部設在馬里蘭州的喬治・G・米德堡，轄下擁有 6,000 名「專家」。據中共的《環球時報》報導，中國在 2018 年時成為數千起網路攻擊的主要目標，這些攻擊來自美國 IP 地址。該報援引中國專家的預測，美國人正準備全面展開網路戰，但中國蓄勢待發強力反擊。該報援引一位同樣專門研究網路安全的北京軍事專家的話說：「除了植入

程式病毒外，美國也是長期以來一直在竊取中國客戶的終端資訊，並利用應用程式來挖掘、竊取資訊並分析所獲得的資訊。」[173]

在網絡空間方面，美國於 2015 年與中國簽署了互不侵犯條約。但據許多觀察家稱，該協議已經泡湯了。[174]2021 年 3 月上旬，微軟敲響了警鐘：全球至少有數萬個「Microsoft Exchange」商業電子郵件帳戶遭到來自中國的駭客攻擊。這些駭客成功地利用了專業電子郵件軟體中的四個漏洞來竊取受害者郵箱的內容，並植入能遠程式控制被侵入系統的工具程式。微軟在發現漏洞後立即修復並敦促客戶進行必要的更新，但損害已經造成。Microsoft Exchange 是世界上使用最廣泛的商務電子郵件軟體。白宮透過發言人坦承擔心這種「可能產生深遠影響的積極威脅……」。[175]

中國外交部發言人一如既往地駁回了這些指控，並表示中國「堅決反對並依法打擊任何形式的網路攻擊和網路竊密行為」。2021 年 3 月 24 日，社群網路臉書（Facebook）宣布刪除了大約 100 名中國駭客的帳戶，這些駭客利用該平台監視國外的維吾爾族群。[176] 據該社群網路的網路安全團隊指稱，駭客使用假帳號偽裝成記者、學生或人權活動家，以獲得鎖定對象的信任並誘使他們瀏覽惡意網站。這個在資訊安全行業被稱為「Earth Empusa」或「Evil Eye」的駭客組織，利用臉書平台分享連到惡意網站的超連結，瞄準了以

維吾爾族為主的維權人士、記者和異議分子。受害者大多來自新疆，但通常居住在國外，包括土耳其、哈薩克斯坦、美國、敘利亞、澳大利亞和加拿大。臉書的網絡安全團隊表示[177]：「這項活動顯示了資源密集型和持續性操作的特徵，同時掩飾其來源。」法國軍事學院戰略研究所（Irsem）是隸屬於法國國防部的一個研究中心，其作者夏隆（Paul Charon）是中國研究和情報專家，他在 2021 年 3 月的一項調查中指出，中國政府關於新冠肺炎起源的宣傳，與蘇聯在 1985 年所操作的關於美國軍隊製造愛滋病的行動，兩者之間有令人不安的相似之處。該調查報告援引《解放報》的說法：「始於中國的大流行病促使中國當局更新其手段，利用傳播『假消息』……並在西方社群網路上使用假帳號。」該調查報告的作者夏隆進一步指出：這種技術已於 2019 年在香港使用過。但輔之以「蘇聯採用的秘密造謠手段」，種種布局是為了抹黑對手美國的信譽，終極目標則是指控美國為全球疫情大流行的罪魁禍首。[178]2018 年 11 月 12 日，在聯合國教科文組織召開的互聯網治理論壇（Internet Governance Forum）會議上，法國總統馬克宏發起「巴黎號召」（Appel de Paris），呼籲在網路空間中培養信任、注入安全。這份關於制定網路空間安全共同原則的宣言得到了 564 個單位的支援，其中包括 67 個國家、358 個私人企業以及 139 個國際組織和公民社會。但是中國和美國都沒有同意。

第 **4** 章

遙遙無期的
中國民主

　　中國的民主並非指日可待。現任領導人還大言不慚地宣稱他們的專政模式優於衰落中的西方自由和民主。真的是這樣嗎？容我們來好好對照分析一下吧。

「自由無國界。只要有一個國家發出要求自由的聲音，就能為地球另一端的人們帶來追求自由的勇氣」。

—科菲・安南（Kofi Atta Annan）—
前聯合國秘書長、諾貝爾和平獎得主

中國政權集體失憶並竄改歷史

　　對於長達十年（1966 至 1976）、影響數億中國人的文化大革命悲劇，及其遺留至今難以言喻的苦難，中國共產黨從來沒有正式做過說明。這場悲劇依然銘刻在人們的記憶中，也是中國記者楊繼繩在 2020 年 9 月出版的《天地翻覆：中國文化大革命史》一書的主題。這本書在中國大陸是禁書。中國官方堅持對這場駭人聽聞的災難僅做片面和草率的評斷。官方將文化大革命的發動歸咎於「反革命集團」，從而為人民導師毛澤東開脫責任。1981 年，中國共產黨宣布文化大革命運動「造成了中華人民共和國成立以來黨、國家和人民遭受的最嚴重災難的內亂」。從那以後，官方就再也閉口不提，寧願把這段共產中國歷史上的恐怖插曲掃進歷史的灰燼之中，從此不聞不問。1976 年毛澤東去世後，中共下令定調毛澤東「30% 是錯誤，70% 是正確」。因此，這本書及時地重新揭露那些使數百萬中國人喪生的黑暗時刻、以及數千萬人受到紅衛兵迫害的真相。毛澤東原本希望藉由紅衛兵這些年輕狂熱分子掀起的社會運動力量來扳回自己正在失勢的權力，但他觸發的狂熱運動很快就失控，造成無法收拾的局面。

　　楊繼繩在其著作的前言中寫道：「官方文革史既保全了毛澤東思想，又保全了中國共產黨，也就保全了整個官僚

集團，保全了官僚集團繼續執政的合法性和他們的全部利益。」實際上，在文革中受迫害的普通百姓比受迫害的幹部要多數百倍。

正如英國作家喬治・歐威爾說他之所以要寫作是「因為想要揭露一些謊言」，楊繼繩也用了好幾年的生命來寫下這部知識含量極高的總論：因為他要「揭露謊言，還原真相」。

這本書的法文版已經極力精簡，但仍然多達九百多頁！楊繼繩說：「從 1966 年及以後的十年裡，幾乎所有的中國人都以不同角色、不同程度被捲入了那場文化大革命；每個參與的人都有一段刻骨銘心的經歷。他們的生活、命運和心靈都受到了重要影響。這場運動對中國的政治、經濟和社會的影響更為深刻！」1968 年 1 月被中國新華社聘用為記者的楊繼繩，還寫了另一部考證極為細密的鉅著《墓碑：中國六十年代大饑荒紀實》，並譯成法文，2012 年由法國門檻出版社出版，他在其中詳細描述了毛主義的另一個災難性的運動：餓死數千萬人的大饑荒。

他寫道：「餓死 3,600 萬人是一個什麼樣的概念？這個數字相當於 1945 年 8 月 9 日投向長崎的原子彈殺死人數的 450 倍。」「大饑荒的慘烈程度遠遠超過了第二次世界大戰。」楊繼繩繼續說道：「幾千萬人就這樣無聲無息地，神精麻木地消失。」

作者的父親也餓死在這場人禍。而這一段歷史也長期被中國共產黨忽視。「在氣候正常的年景，沒有戰爭，沒有瘟疫，卻有幾千萬人死於饑餓，卻有大範圍的『人相食』，這是人類歷史上絕無僅有的異數。」楊繼繩在他的第一部著作中指出，「黨嚴密控制著整個社會的政治、經濟、文化、思想、生活。專政的強制力量，深入到每一個邊遠的鄉村，每一個家庭成員，每一個人的大腦和腸胃。」楊繼繩這兩本書都是由才華橫溢的路易‧文思諾爾（Louis Vincenolles）翻譯的，這個筆名背後隱藏著一位傑出的中國研究專家。他花了幾年的時間來翻譯這些大受歡迎的法文版本，相當有助於揭開中共努力想忘記的沉重歷史。[179]

在 2021 年 1 月 25 日發表的聯合採訪中，著名漢學家、也是法蘭西學院中國思想史漢學講席教授程艾蘭（Anne Cheng）和巴黎-索邦大學遠東研究中心的歷史學家兼漢學家尼古拉‧易傑（Nicolas Idier），共同討論了近年來北京當局一直在改寫歷史的情況，企圖釐清其來龍去脈。

從習近平主席開始，每一次的官方說法都會提到五千年來從未間斷過的中國文明。這是否符合歷史事實？

程艾蘭：「其實這是近期 2000 年才開始的模式。根據漢代偉大歷史學家司馬遷（145 至 189）的《史記》，中國歷史始於公元前 841 年的西周。也就是說總共三千年。1996

年，中國政府啟動了一項龐大的計畫，以確立遠古三個朝代（夏、商、周）的可信年表。目的是盡量把數千年的中國文明線拉到與埃及和美索不達米亞文明一樣古老的年代。」

但是，如果說人類歷史始於有文字的時期，例如在龜殼及牛骨上的文字，這種概念確實是不正確的。所謂的易經，是現代中國經書的始祖，最多可追溯到商代，距今約三千至三千五百年。因此，我們離官方說的五千年來從未間斷過的歷史還很遠。

自 1950 年代以來，中國考古學一直是一門為政治服務的學科：考古學與民族主義之間有著密切的聯繫。

在這種情況下中國算是一個文明體嗎？

程艾蘭：「我之所以提出這個有點挑釁的問題，是因為中國官方總是喜歡提到中華文明的偉大，同時試圖讓人們忘記毛主義政權所有的暴力，無論是文革事件還是天安門事件；甚至是導致數千人在集中營中喪生的『反右』運動（1950 至 1960）。我所譴責的正是這個悖論，中國一邊吹噓自己的歷史，一邊認真地抹去歷史。如此有意地培養健忘症，充其量是一種極其選擇性的歷史記憶。」

這位漢學家預估中國的未來時，毫不遲疑地說：「對我來說，中國就像一艘遠洋客輪……如果繼續保持這樣的航線就會直奔冰山而去。雖然這還需要一段時間，但我認為，

所有聲稱擁有偉大文明而目前卻不再文明的國家都無法堅持太久。」[180]

程艾蘭最後說道：「我認為中國不再以『中心帝國』自居的話，對他們自己會比較好。」[181]

「習大大」的造神運動

自 2012 年底習近平上台以來，這位「偉大的導師」無時無刻不被吹捧和讚揚，中國民眾也與任何自由意志保持著安全距離。國家電視頻道播放的習主席講話、兒童和政權幹部的「習近平思想讀本」必修課、街頭巷尾到處吊掛偉大同志的巨型玉照：種種宣傳工具大張旗鼓滿天飛，意圖達到洗腦目的。自毛澤東統治以來，中國從未有過如此大規模的個人崇拜。數以百萬計印有習近平玉照的碟子、各類讚美他的詩歌、各種附有他的語錄的書籍、售出超過 500 萬冊的習近平評論散文、還有眾多影片，都在造神：自毛澤東之後，比所有前任主席凝聚更多權力的習近平，是大一統的一片天，以仁慈光輝照耀著群眾的偉大太陽，指引人民走上進步的道路。他不僅掌握了經濟、國家安全、外交政策和網際網路的幾乎所有權力，而這位官方綽號習大大（習叔叔）的共產黨領導人也處於過度個人崇拜的中心。這種在文化大革命後曾

消失的現象，在今天的中國又死灰復燃而且更火了。

　　中國最後一批敢於質疑中華人民共和國治國方向的知識分子之一，歷史學家章立凡，在美國《時代》週刊發表文章直言：「習近平正在領導一場造神運動。而他就是神。」[182]中國的宣傳機構正在耐心地塑造一位天子的形象，同時大肆抨擊反中國的外國「敵對勢力」。習近平採用與毛澤東相同的策略，重新向社會灌輸大量的馬列理想主義，以將群眾團結在他身後，並擦亮自己的形象。他鼓勵人民勇於表達他們的熱情。全國各地的詩人都被要求為此貢獻想像力。「我的眼睛孕育了這首詩。我的手指在我的手機上燃燒」，一位網民這麼說，他頌揚偉大領袖的詩文立即在網路上獲得了相當大的迴響。許多中國人堅信，習近平是全知全能的天選之人、人類的救星、將帶領國家走向世界巔峰的領袖。「他是一個強大的領導人，就像毛主席一樣」，王成說，因為他每個月都能賣出大約 180 個印有習近平玉照的盤子。中國社會科學院亞太與全球戰略研究院教授鐘飛騰表示：「習近平對中國的願景非常自信，非常與世界接軌。他是一個非常自信的人。」北京外國語大學國際新聞與傳播學院主任喬木對此則持不同看法：「他就像皇帝一樣，登上了紅色貴族的穹頂。」「人民不敢批評他。但主席不是神。他不可能什麼都知道。他不是萬能的。」[183] 在 2021 年 3 月 4 日至 11 日的「兩會」年度大會上，全國人民代表大會和中國人民政治協商會

議的成員聚集在北京天安門廣場的人民大會堂，熱烈展開了一場奉承中國國家主席的慶典，這在他的前任胡錦濤或江澤民統治時期是前所未聞的。這種自稱效忠黨總書記的新傳統可以追溯到 2017 年的十九大，有點類似於某些中共要人對毛澤東的讚揚。在這些滔滔不絕的諂媚大賽中，習近平多次被稱為「領航」、「黨的領導」，甚至被稱為「舵手」！[184] 在這個新的現實局面當中，那些還敢出聲批評偉大領袖的人會受到嚴厲的懲罰，而那些準備要批評的人很快就會被趕出公眾視線。黨內意見雖不一致，但習近平迄今已成功壓制任何有組織的抗議聲音。很少有外國官員敢直接挑釁他的形象：他無疑是彌賽亞轉世、青黴素發明者、華沙音樂學院蕭邦獎得主、而且在同一個週末還贏得蒙特卡羅大獎賽車的冠軍，還是 200 公尺和 400 公尺短跑的世界紀錄保持者，甚至贏過奧運金牌得主尤塞恩‧博爾特（Usain Bolt）！[A] 但我們還是得承認，他可能已成為當今地球上最有權勢的人。目前只有拜登有這種勇氣，而且還霸氣十足。讓我們回憶一下他在 2020 年 2 月 26 日在美國電視頻道 CBS 上對習近平使用的術語：這個人是「暴徒」，「一個骨子裡沒有一絲民主的人。」2021 年 2 月 9 日，在他已經坐上美國總統的寶座三週後，他重複之前對習近平的評語，除了沒講「暴徒」之外。2021 年 3 月 25 日，他在上任以來的首次新聞發布會上重申。「他跟普丁都是同樣的人，相信威權主義是未來的典

範，民主在日益複雜的世界中行不通。他渾身上下沒有一絲民主，但是非常聰明。」他說。[185]

明天會有民主嗎？

中國共產黨在 2021 年 7 月 1 日慶祝其成立 100 週年，對於那些預測中國共產黨即將垮台的人，法國漢學家高敬文（Jean-Pierre Cabestan）的回答如下：「關於政權垮台的問題，有三派論點。第一個普遍接受的論點是，隨著中國的經濟發展、中產階級逐漸增多和教育水準的提高，遲早會導致政治制度的自由化，這是由於居民對領導人的要求越來越高。第二種論點認為，該政權的威權主義和缺乏自由將阻礙經濟發展，尤其是阻礙創新。因此，中國將不得不放鬆一黨專政，轉向一種半民主的形式。最後一個論點則認為，中國共產黨無比腐敗，會減緩各種經濟發展，因此這樣的政權註定要走向毀滅。中國缺乏民主文化，對於共產黨是有利的。中國人的心態仍然非常正統主義。他們不期待另一個政權。長期以來，『沒有強大的共產黨，國家將走向混亂和不安』，

A. 這些詞彙是一位中國朋友送給習近平的，但本書作者對此負有全部責任。

這樣的宣傳很普遍,也深受好評。」

高敬文[B]解釋說:「與自由或其他問題相比,中國人更擔心他們的安全(人身安全和財產安全)。按照天高皇帝遠的傳統,中國社會也習慣與政治保持距離:對政權的本質發表意見是危險的。因此,中國人將這種特權留給了黨的官員⋯⋯當然這也不只是一種傳統,也是政權壓迫社會的結果,即所謂侵蝕的存在。首先,中國正在經歷工程浩大的城市化發展,城市人口過分集中會造成抗議的潛在力量比農村要大得多。第二個力量是企業家,他們是自主經濟和金融權力的來源,即使今天他們因為依賴權力而相當沉默。第三股力量是青年。現在的青年是極度去政治化的,消費文化像鴉片一樣征服了他們,但我們還是要保持警覺,因為青年人可能會突然覺醒。此外,年輕世代不認同黨,1989 年以後出生的人已經有很大的代溝:他們生活在另一個星球上!最後,現在還是有一股支持民主的潮流,雖然相當邊緣化,而且經常被政府譴責,但這股力量並沒有停止行動,並要求建立憲政制度和多元民主⋯⋯因此,經濟發展、社會穩定和民族主義是推動正統政權合法性的三股力量;如果其中一股崩潰了,其他兩個力量仍然強大,並且在某種程度上可以彌補不足。」[186]

這位漢學家在他的著作《明天的中國:民主還是獨裁?》中寫道:「中國共產黨並沒有生死存亡的危險:吸取

1989 年蘇聯解體的教訓，在不削弱其政治壟斷地位的情況下，在各方面都能適應新的經濟社會環境。」「中國共產黨嚴密控制軍隊和安全部隊，不受任何反對政治力量的威脅。換句話說，共產黨的威權主義、發展主義和民族主義計畫很可能讓共產黨在未來很長一段時間內繼續掌權。」[187]「中國共產黨從未想與其他政治力量分享政治權力，也從未想過放棄對經濟的完全控制。」[188]

他說：「我們可以這麼說，中國共產黨是世界上最大的秘密社團，一個按照自己的標準運作的秘密社團，不僅處於法律之外，而且往往凌駕於法律之上。」[189] 習近平執政之後，舉目四望，地平線上看不到民主的曙光。

高敬文認為：「自 2012 年以來採取的各種決定、法律和安全法規證明了共產黨處心積慮抑制任何反對聲音出現，簡而言之，就是將任何政治異議於萌芽狀態就斬草除根。[190]共產黨對國家實行全面控制，對社會實行霸權主義，實施前所未有的監視和鎮壓規模，而且所掌握的各種現代手段和工具都能有效運作。所有這些差異性都讓現在的中國政權過渡到民主的情況困難重重。」[191]「事實上，中華人民共和國的

B. 高敬文是法國國家科學研究中心的研究主任，亞洲中心（巴黎）和法國當代中國研究中心（香港）的副研究員。2007 年起任香港浸會大學教授。

主流政治文化基本上當然是反民主的，七十多年來的一黨專政統治，長期對社會宣傳灌輸列寧式共產主義，再加上傳統儒家價值觀，如此混合而成的特殊文化。」[192]「中國共產黨正毫不懈怠地掀起一場與西方正面對決的鬥爭：以越來越具『中國特色』的『民主與社會平等』去挑戰西方所謂的普世人權以及『西方式民主』或『資產階級民主』。但中國式民主始終在絕對極權之下進行！」[193]「然而，我們還是必須承認，一般來說，中國人民支持他們的政權，並承認其機構的合法性，例如：黨、政府、全國人民代表大會和人民解放軍。」[194]

在中國，社會穩定和經濟發展遠遠超過民主、職業成功勝過個人自由的擴展、經濟和社會權利勝過政治權利。高敬文說：「在可預見的未來，對混亂的恐懼仍然是公眾支持現任政權及其民主方式的主要動力。」[195] 必須承認，在今天的中國，「消費、福祉以及人民和財產的安全顯然先於民主」，[196] 特別是因為「中國社會，包括中產階級，仍然充滿儒家思想，屈服於權威，尊重等級制度，不太熟悉真正民主國家的制度和政治」。[197]

未來，中國沒有民主的空間。

高敬文繼續說：「中華人民共和國更有可能轉變為一個表面的共產主義政權，但實質上仍然是威權主義、精英主義、家長式、根深蒂固的民族主義和日益彰顯的帝國主義，

以其經濟和外交力量去征服世界各地並推廣自己的發展模式。」[198] 我們可以說，對於未來，「共產黨精英們相信，他們能夠永遠拒絕任何政治改革，使 1949 年建立的一黨專政延續到千秋萬載。」[199] 那我們又能怎麼辦呢？「這個國家可能的民主化並不是取決於我們，而首先取決於中國人自己，尤其取決於內在力量。如果沒有國際衝突，這些力量將繼續在經濟、社會和文化、法律和政治領域與國外世界磨合。我們對中國保持開放的態度，將可以助他們一臂之力。但包括美國在內，我們不要自欺欺人認為我們有能力可以塑造中國的未來。」這位漢學家說。[200] 而且，「除非瞎了眼才看不出來中國共產黨正在與我們、我們的價值觀和我們的理想開戰」。[201]「有很多理由堅持（反對中國），堅持我們的價值觀，繼續為民主而戰，並讓讀者瞭解當今中國的政治現實，是一個由專制、傲慢的政治制度所領導的強大中國。這個政權在未來很長一段時間將會繼續執政，但最終註定會走向滅亡」，高敬文做了這樣的結論。

無休止的腦控：老大哥緊迫盯人

在中國，思想灌輸的洗腦手段幾乎從搖籃時期就開始了。2021 年 2 月 3 日，中國共產黨中央委員會發布新的指

導方針，規定要加強隸屬於黨的青年組織，中國少年先鋒隊的思想教育。根據這些指導方針，所有小學和初中一、二年級的孩子每週至少安排一節少先隊活動的課，教師將收到以「習思想」（習近平新時代中國特色社會主義思想）為主題的教材。指導方針規定，教育引導少先隊員「牢記」習近平總書記的教導，「按總書記要求做」。他們主張教育孩子們「今天的幸福生活歸根結底來源於黨的正確領導」以及「我國社會主義制度的優越性」。2月4日，黨的機關報《人民日報》在頭版當中強調，「強化對少年兒童的政治啟蒙和價值觀塑造」至為重要，對於確保「對於紅色基因代代相傳，具有重大而深遠的意義」。少先隊是一個成立於1949年的組織，幾乎匯集了全中國所有六至十四歲的兒童。根據該指導方針，該組織在指導年輕一代並確保他們按照新指導方針遵守黨的指示「發揮了不可替代的重要作用」。該組織的成員人數尚不清楚，但2007年的數據顯示其成員數量約為1.3億。[202]

從2013年開始，學習「習思想」成為中國共產黨幹部、記者、外交官和高官的義務。現在載入中國憲法，是全體中國人的願望。於是，習近平不再只是黨的總書記、中央軍委主席、中華人民共和國終身主席；自2020年1月起，他也是「人民領袖」，這個頭銜到目前為止，只有毛澤東曾經享有，這充分說明當前頭號人物的政治分量。2021年新年前

夕，在政治局會議上也使用了這個說法，即使在2018年《人民日報》的一篇文章中已經提過，但是在今天也呈現出全新的意義。這意味著習近平現在將自己置於所有其他政治人物之上，成為整個國家的最高領導人。因此，政治局選擇使用「人民領袖」這個詞來為2020年劃下句點，對於整個國家及其主要代表來說，新冠病毒大流行以及中國與西方夥伴的緊張關係讓這一年特別動盪不安。[203]2020年5月15日星期一，在習近平六十七歲生日的這一天，中央黨校副校長何毅亭在學校網站上發表了一篇專欄文章，將黨的總書記比喻成卡爾・馬克思！

他寫道：「習近平新時代中國特色社會主義思想是二十一世紀馬克思主義」「當代中國的發展已經超越了國家地理邊界而進一步具有了世界歷史意義，標誌著中國已經有資格成為引領世界馬克思主義創新發展的思想理論高地。」[204]

整套計畫完美無缺！外國觀察員很難隨時掌握黨內領導階層的爭論（或不爭論），但毫無疑問，習近平在黨和國家的領導地位堅若磐石，雖然習近平肯定有很多敵人，但在黨內和國家的領導機構內部幾乎沒有任何反對新掌舵人的組織。

在此舉個例來說明8億多的中國網民是如何渴望自由的互聯網空間。美國的線上聊天應用程式Clubhouse，於2020年5月在美國推出。中國網民從2020年底開始可以申請，

直到 2021 年 2 月 8 日被「防火牆」審查封鎖，在短短幾週內就至少有 200 萬用戶登記註冊。數以千計的中國、台灣和香港網路用戶在此激烈地討論各種敏感甚至禁忌的政治話題，例如 1989 年 6 月 4 日的天安門廣場大屠殺、台灣獨立、香港局勢和新疆維吾爾人的鎮壓情況，這些在中國網路上是絕對不可能討論的。[205]

二十五歲的克拉倫斯‧羅（Clarence Lo）接受《紐約時報》記者李元採訪時說：「在那些短暫的時刻，中國人證明了他們是有創造力的，他們知道如何像享有言論自由的人那樣說話。」「他們會排隊，甚至排上幾個小時，等待輪到他們發言。」「他們進行了很多真誠的討論，真誠的交流，有時帶著眼淚，有時帶著笑聲。」「中國大陸人民有機會證明自己不是被洗腦的無人機。這些被妖魔化的人有機會像人類一樣大聲說出自己的想法。」「我們知道這種令人激動的盛況不會持續太久，因此我們盡情及時行樂。」[206]

《國際郵報》（Courrier international）和《非洲青年》（Jeune Afrique）的前主編克勞德‧勒布朗（Claude Leblanc）說：「很重要的一點是，中國讓所有那些認為它最終會擁抱民主制度、然後共產主義政權會像蘇聯那樣垮台的人失望了。這種失望更甚，因為過去四十年來，大多數西方領導人都沒有把握住中國力量的主要源泉不在於馬克思主義、列寧主義或毛澤東思想，而在於將很大一部分人口與民

族主義牢牢掛勾。以習近平為首，對抗新型冠狀病毒的『人民戰爭』勝利，就是最新的例子。」

「在一個對於過去充滿報復心態的國家，中國政府要凝聚輿論的力量做後盾是很容易。起碼比以美國為首的西方國家更容易，他們與中國的關係經常被意識形態化。因此，新冠疫情與喬治・佛洛伊德（George Floyd）事件讓中國更認為自己足為楷模，也讓那些對中國認識不清的人還沒有完全對中國失望。」[207]

2021 年 1 月 22 日，習近平主席在中共中央紀律委員會的年度會議上發表講話時說：「腐敗這個黨執政的最大風險仍然存在……腐蝕和反腐蝕鬥爭長期存在，稍有鬆懈就可能前功盡棄，反腐敗沒有選擇，必須知難而進。」[208]

台灣：專制海洋中的民主孤島

台灣，也被稱為中華民國，從前則被稱為福爾摩沙，自 1980 年代以來已成為真正的民主堡壘：多黨制、新聞自由、議會和普選產生的總統、司法獨立，所有活絡民主的元素都在。台灣的民主發展強而有力地推翻了某些人認為民主不適合中華民族的論點。台灣有 2,300 萬人口，其中 93% 是漢族，絕大多數人都反對與中國大陸統一。台灣在 1895 年至

1945 年間曾經是日本殖民地， 1950 年西藏「和平解放」、
1997 年香港與 1999 年澳門分別回歸中國主權後，台灣成了
中國共產黨所領導的中華民族實現統一的最後一個環節。根
據 2019 年 3 月台灣的大陸委員會進行的民意調查，十分之
八的島民反對統一。雖然在外交上被孤立（2020 年初只有
15 個國家與台灣保持外交關係），但台灣有自己的政府、軍
隊，並具備獨立國家所有的政治條件。根據 1979 年 4 月 10
日通過的《台灣關係法》，美國承諾向該島提供軍事援助，
以確保其具有防衛能力。條文中載明「美國將使台灣能夠獲
得數量足以使其維持足夠的自衛能力的防衛物資及技術服
務」。儘管美國自 1979 年 1 月 1 日起承認中華人民共和國，
並認同所謂的「一個中國」政策，但華盛頓在台北設有一個
非官方性質的「美國在台協會」，主要負責大多數台美雙邊
貿易。該辦公室有 450 多位職員，分別代表美國在商業、
農業、領事服務和文化交流領域的利益。按照中國政權的說
法，「台灣自古就是中國的一部分。」真的是這樣嗎？

　　漢學家暨台灣問題專家高格孚（Stéphane Corcuff）說：
「如果將中國的歷史追溯到漢字的發明時期，那麼中國的歷
史跨越了三十三個世紀——甚至更多，這根據民族主義狂熱
的程度而定。因此，滿清占領中國之後，才將台灣納入帝國
版圖，是在中國歷史的第三十個世紀。嚴格來說，這不是中
國歷史上的『古代』。」[209]

誠然，台灣在 1684 年 2 月才被滿清併入中華帝國。這就足以反駁北京的宣傳說法了。

2020 年 1 月 11 日，任期甫滿的台灣總統蔡英文再次當選，她是北京的「眼中釘」，對台灣與共產黨大陸統一的任何想法都深表敵視。獲得連任的她輕鬆擊敗了國民黨候選人韓國瑜，後者對與北京妥協抱持開放的態度。雖然美國自 2020 年以來採取親近台灣的政策，但北京政權也加強了對該島的軍事恐嚇行動。多年來，中國共產黨當局一直聲稱在尋求統一的過程中支持和平妥協，但在 2019 年 1 月，習近平主席明確表示，北京並不排除使用武力來實現這一目標。但最不懷好意的訊息則來自中國國防部發言人吳謙所發表的言論，他在 2021 年 1 月 28 日北京的新聞發布會上說，「我們正告那些『台獨』分子：玩火者必自焚，『台獨』就意味著戰爭。」他並向拜登及其政府提出明確警告，「中國人民解放軍將採取一切必要措施，堅決挫敗任何形式的『台獨』分裂圖謀，堅定捍衛國家主權和領土完整。」[210] 多年來，北京從未如此直言不諱。而目前為止，台灣總統從來沒有正式宣布獨立，她解釋說她的國家並不需要這樣做，因為台灣「已經是一個獨立的國家」。一個允許台灣保持戰略性模糊並避免中國過度反應的最大公約數。與此同時，英國著名智庫經濟學人資訊社（Economist Intelligence Unit）的同名週刊《經濟學人》，在 2021 年發表的民主國家排名當中，將

台灣列為 2020 年亞洲民主國家之首，領先於日本和韓國。該排名的評鑑標準有五個：選舉過程和多黨制、政府運作、政治參與、文化政策和公眾自由。[C]

另一方面，台灣在整個 2020 年應對冠狀病毒大流行的模範管理，一直是世界的楷模。在 2020 年 4 月 12 日至 12 月 22 日期間，該島沒有任何感染病例記錄。這一切都是在沒有任何禁令與封城的情況下。的確，台灣從非典危機（2003 年）、H1N1 新型流感（2009 年）或中東呼吸症候群冠狀病毒感染症（2015 年）中吸取了教訓，早就採取了預防措施並做好準備。

雙月刊《外交官》（*The Diplomat*）於 2021 年 1 月 27 日在東京發表的一篇文章中說，「即使在最自由的代議制民主形式中，這種程度的政府透明度是罕見的。這種『多元民主』模式允許公民在最佳條件下就某些問題達成共識，並更有效地監督被選上的民意代表。還能加強了公民社會與政府之間的信任，事實也證明，這份信任感在新冠肺炎大流行期間對台灣非常有益。」[211]

但是，在北京政權施加的巨大壓力之下，台灣從未被允許加入世界衛生組織。

台灣問題已成為國際舞台上超級熱門的話題。雖然川普和隨後的拜登政府明顯向台灣靠攏，並採取了一系列措施允許美國官員與台灣官員接觸，但中國政府不斷向其他國家遊

說，努力阻止台灣與其他國家之間發展關係，企圖在國際舞台上孤立台灣。這種遊說有時近乎干涉一個國家內政，舉個例來說吧，中國駐法國大使盧沙野於 2021 年 2 月初致函法國參議院友台小組主席阿蘭‧理查（Alain Richard），表達他對法國議員定於 2021 年夏天訪問台灣的擔憂。他要求不要舉辦任何可能損害法中關係的會議。這封信被轉發給幾家法國媒體，好幾篇媒體文章紛紛報導這封信讓阿蘭‧理查義憤填膺。中國大使館隨後將這封信張貼在其網站上，並在信中正式警告參議員在訪問台灣期間不要違反一個中國原則。盧沙野在 3 月 16 日發布的一條消息中說：「法國參議員作為法國機構的成員，必須尊重『一個中國』的原則，避免與台灣當局進行任何形式的官方接觸。」中國所表達的這些意見，讓法國外交部在第二天發表了一份簡短的聲明進行澄清：「法國參議員在旅行和交流期間可以自由地會見任何他們想見的人。」如果不是中國大使又出小動作，這起事件原本可以就此結束：盧沙野在 2021 年 3 月 19 日的一條推文辱

C.　值得一提的是，在美國非政府組織自由之家（Freedom House）於 2021 年 3 月 3 日發表的全球自由度調查報告（Freedom in the World in 2022）中，台灣連續第 23 年被列為「自由」國家，總分 94 分，比 2020 年高出 1 分。因此，台灣在亞洲排名第二，僅次於日本。
https://www.facebook.com/photo.php?fbid=10225007076505130&set=p.10225007076505130&type=3

罵法國戰略研究基金會研究員波恩達茲（Antoine Bondaz）是「小流氓」。戰略研究基金會於1月啟動了一個新研究計畫：「台灣安全與外交」，由公認的中國問題專家波恩達茲先生主導。中國大使館隨後變本加厲地辱罵這位研究員，說他是「瘋狂的鬣狗」和「思想巨魔」。這是中國代表首次指名道姓地攻擊一位法國研究人員。波恩達茲立即得到同行的力挺，例如戰略研究基金會副主任戴爾特（Bruno Tertrais），他在推特上引用中國諺語「良言一句三冬暖」來譏諷這次事件。

巴黎和平論壇（Forum pour la paix de Paris）的總幹事賈斯汀‧維斯（Justin Vaïsse）認為，「小流氓」這個詞根本「不可接受」。除此之外，一些人要求再次召見中國駐法大使。長期為維吾爾族發聲的社會黨歐洲議員格魯克斯曼（Raphaël Glucksmann）表示，他主張「脖子要硬」。他宣稱「如果我們的領導人有一點尊嚴和國家意識的話，就該要求一大篇的書面解釋。」歐洲人民黨的議員弗朗索瓦-澤維爾‧貝拉米（François-Xavier Bellamy）提出了同樣的要求，他在推特上寫道：「親愛的尚-伊夫‧勒德里安（外交部長），不要放過這次事件，這將是懦弱和危險的。」馬克宏的前部長、也是歐洲議員的娜塔莉‧盧瓦索（Nathalie Loiseau）則在推文中寫道，「很少見到有外交官對自己國家的形象造成如此大的傷害。粗暴、粗魯，這就是您所展示的中國。」蒙田

學院的漢學家兼亞洲顧問顧德明（François Godement）於 3 月 22 日星期一在法國新聞廣播電台上說：「中國今天所要嚇阻的是對中國的批評。」在這些侮辱事件之後，法國外交部於 3 月 22 日星期一譴責這是「不可接受的言論」。法國外交發言人表示：「對獨立學者的汙辱以及和法國議員的爭議，不僅令人無法接受，也完全不應存在於中國大使館負責推動的法中關係裡。」法國外交部在一份聲明中也表示，「中國不能透過攻擊學術自由、言論自由和基本民主自由來回應歐盟的正當關切」。法國歐洲事務國務秘書克萊門特‧伯恩（Clément Beaune）則說「我們不能容忍這樣的威脅和恐嚇」，他在 3 月 23 日星期二接受法國新聞廣播電台訪問時強調：「法國和歐洲都不是任人踩踏的擦鞋墊。」幾個月來，盧沙野大使因發表與外交語言相去甚遠的言論而令人側目。他於 2020 年 4 月 14 日被外交部長讓‧伊夫‧勒德里昂召見，指責他在中國大使館網站上發文侮辱法國的養老院護理人員，「一夜之間擅離職守，集體逃離，導致老人成批餓死、病死」。我最後要補充的是，在受到中國大使館的侮辱之後，波恩達茲獲得大約 30 家歐洲智庫的支持，以捍衛言論自由和研究中國的獨立性。

他們於 2021 年 3 月 25 日在網路上發布的新聞稿中強調：「我們是各個研究機構的負責人，致力於加強歐中之間的相互瞭解和交流。我們對於獨立研究人員和民間社會機構成為

攻擊目標深感擔憂，這一舉動會破壞歐中正積極努力保持建設性的參與和繼續進行辯論的必要性。這不僅會損害我們提供知識分析的能力，還會損害更廣泛的歐中關係。我們認為相互對話至關重要，尤其是在這困難時期，我們對研究人員和民間社會機構成為當前緊張局勢的受害者深感遺憾。我們將與成為侮辱目標的同事站在一起。」[D]

中國宣傳機器無所不在

中國媒體都受到黨的嚴格審查。網路上的各種資訊管道是如此，網路上的所有論壇也是如此。中國有一個巨大的宣傳機器，不僅針對本國人民，也針對世界各國。全中國的媒體記者幾乎全部都屬於官方媒體，自 2019 年秋季以來，他們必須參加考試，以評估他們對政府和黨的忠誠度，並測試他們對習近平思想的瞭解程度。在他們的整個職業生涯中，必須專注於報導關於國家的「正面新聞」。除了被漠視的一些冷門語言雜誌之外，北京還擁有精心設計的廣播系統和針對國外播放的電視頻道。中國環球電視網（CGTN）繼 2012 年在奈洛比（肯亞首都）和華盛頓開播之後，在倫敦也站穩了腳跟，並於 2018 年 1 月開設了辦事處，以中國的視角播放關於歐洲商業和政治的「客觀」新聞。CGTN[E] 是中國中

央電視台（CCTV）的子公司，受中國共產黨的直接監督。自 2020 年初以來，擁有約 100 名記者的倫敦分社每天播出一小時的節目，而北京總社每天播出十三小時，華盛頓分社每天播出七小時，奈洛比分社每天播出四小時。中國國際廣播電台（RCI）在亞洲媒體中擁有最強大的對外宣傳服務，有五十多個短波發射機在運行。在美國東海岸的大多數主要城市，可以透過中波調幅接收中國國際廣播電台節目。新華社由中共於 1931 年創立，在全球擁有一萬多名員工，在 140 個國家設有辦事處。隸屬於國務院，播出的新聞嚴格代表黨的官方路線。

在中國境內，媒體完全被控制。外國媒體的報導受到嚴格審查，因此谷歌、Instagram、Facebook、Twitter、Snapchat 多年來被中國「防火牆」封鎖。而《紐約時報》、BBC、《衛報》、《華盛頓郵報》、路透社、法新社、《國家報》、《印度人報》、《明鏡》、《經濟學人》、《世界報》、《解放報》、法國國際廣播電台和許多其他網站也一樣。在中國，作為一名被認可的西方記者是一種無時無刻不懈的鬥爭。第一個困難在於：外國記者，尤其是說中文的記者，都

D. communiqué du 22 mars 2021.（補充法文書第 214 頁註腳）

E. 中國環球電視網是為中國共產黨服務的強大宣傳機器。它以五種語言向 165 個國家播放節目。

受到極其嚴密的控制。他們的一舉一動都被監視著，行動被跟蹤，電話被監聽，郵件被拆開，網路活動和電子郵箱被窺視。記者主要擔心的是給他們的線民和朋友帶來嚴重的麻煩。有哪位在中國的西方記者不曾在執行任務的時候，因為擔心牽連線民或朋友進監獄，而感到焦慮萬狀？另一方面，工作簽證的期限越來越短。1980年代我在北京當記者的時候，工作簽證通常是一年一簽。如果當局不喜歡某篇報導，記者會被邀請與一名外交部官員「喝茶」，隨後可能會受到嚴厲的訓斥。但很多時候，事情就到此為止。如今發放此類簽證的條件已大大惡化。一個月的簽證已經成為慣例，最壞的情況是只有兩星期！簽證猶如一把「達摩克利斯之劍」，讓記者戰戰兢兢如履薄冰。在這種情況下，記者總是處於被迫離開中國並失去工作的永久恐懼之中，如何能不要進行自我審查？根據駐華外國記者協會（FCCC）在其年度報告中的統計，中國在2020年驅逐了至少18名為《紐約時報》、《華爾街日報》和《華盛頓郵報》工作的外國記者，自1989年6月天安門廣場大屠殺以來，中國從未驅逐過如此多的外國記者。[212]

習近平在2016年2月說：「讀者在哪裡，受眾在哪裡，宣傳報導的觸角就要伸向哪裡。」2017年10月，習近平主席在中國共產黨第十九次全國代表大會上進一步定調：「堅持黨對一切工作的領導。黨政軍民學，東西南北中，黨是領

導一切的。」因此,新聞、廣播、電影和電視的國家管理部門現在由中共直接控制。新的指導方針將「資訊文化生產」置於「黨的統一領導」之下,即中共中央宣傳部。中央電視台因此擔負著「宣傳黨的理論和路線方針政策,統籌組織重大宣傳報導」,並向國外「講好中國故事」。[213] 中國環球電視網和中國共產黨之間直屬關係,讓監管英國媒體的機構「英國通訊管理局」(Ofcom)於 2021 年 2 月 4 日決定撤銷這個中國國際頻道在英國本土的運營許可,嚴重打擊中國在軟實力方面的野心。而一年前,美國國務院將中國環球電視網和其他中國官方媒體定義為「外國使團」。從英國被趕出來的中國環球電視網立即轉向法國,並向法國高等視聽委員會(CSA)申請從中國本土向整個歐洲廣播的許可,並於 3 月 3 日獲得授權。我熟悉的高等視聽委員會成員告訴我,中國環球電視網藉由歐洲衛星傳送節目,所以這項授權是「純技術性和理所當然的」。這位消息人士告訴我:「就算高等視聽委員會想阻止,也莫可奈何。另一方面,該頻道現在將置於高等視聽委員會的管制之下,因此必須遵守有關通信自由的法律,高等視聽委員會也會保持警惕。」事實仍然是中國環球電視網轉向法國,而不是德國、波蘭或愛沙尼亞,我的結論是法國確實自甘墮落了。在結束這個主題之前,我最後要提醒一下,法國本來可以要求中國互惠,授予法蘭西 24(France 24)電視台在中國領土上的播放權,只是很顯然

地，法國政府並沒有這樣做。

2021 年 1 月 21 日，中國外交部發言人華春瑩在一次新聞發布會上說，「自 2020 年 3 月以來，中方累計透過出口和捐助等管道向美方提供口罩約 420 多億隻，即每個美國人近 127 個，外科手套約 9 億多雙，防護服約 7.8 億套，護目鏡約 5,066 萬副，無創呼吸機 15,648 台，有創呼吸機 257 台。」「我們也盡己所能向美國人民提供支援和幫助。」「從 3 月到 2020 年底，中國出口了 2,242 億個口罩，占所有口罩出口的 30%，相當於為中國以外的全球每個人提供了近 40 個口罩。」然而，她沒有說清楚的是，中國並沒有「供應」，而是「出售」了這些物資，其中一些物資還是有瑕疵的。

集中勞改營：長期存在的事實

德國記者伊茲科（Hartmut Idzko）多年來一直擔任德國公共廣播聯盟（ARD）的亞洲特派員，他拍攝了一部關於中國強迫勞動制度和勞改營在該國經濟重要性的電影。他說：「我當然知道在 1950 年代的毛澤東時代，中國有很多勞改營。但在參觀了華盛頓的勞改博物館後，我才知道這些勞改營仍然存在，而且數量眾多。這事令人震驚！今天還有近千個營地，幾乎每個中國城市都有一個。目前估計有 400 萬

人被拘留在勞改營。他們通常是反對政權的異議人士，而不是犯了普通法的囚犯。中國政府可以不經審判就將人關押四年。就在最近，超過 180 名民權捍衛者被拘留。這種逮捕在中國是家常便飯。在我們國家的話，至少還會在報紙的小角落報導一下。」

中國的勞改營與蘇聯或德國在納粹時期的勞改營有什麼不同？

伊茲科說：「最大的不同在於勞改營的管理取決於被拘留者的勞動能力，而在古拉格或集中營中則不然。勞改營的工作人員並不會從國家那裡領到工資，他們靠囚犯生產的東西過活。這可以解釋為什麼中國集中營沒有像納粹統治下的那樣進行針對性的滅絕。勞改營的看守人會讓囚犯好好活著，這樣才能剝削他們。勞改營由地區行政部門管理。因此，想讓北京結束這樣的制度是不可能。」

過去，勞改營的囚犯都為中國的基礎設施建設和農業工作。如今他們在中國經濟中扮演什麼角色？

伊茲科說：「當然，確切數字沒有公開。但我認為勞改營對該國經濟的貢獻良多。這是一個價值 10 億美元的市場。通常這些表面是現代工廠，歐洲人可以前來參觀並直接下訂單。但是，他們看不到建築背後生產商品的監獄：聖誕燈飾、

藥廠的包裝、衣服、絨毛玩具或機器零件⋯⋯幾乎所有出現在我們商店裡的廉價中國產品都是在勞改營裡製造的。如果沒有『勞改營』，中國就無法以如此低的價格生產商品。」[214]

中國勞改營和集中營的黑皮書還有待完成。[F]

中國特色的人權觀念滲透聯合國

在等待中國民主好轉的同時，中國政權卻在宣傳新的人權觀念。

2020 年 10 月，中國在聯合國大會裡演出了一齣「戰狼」外交戲碼。據接受「進一步調查」（Complément d'études）節目採訪的前法國大使說：儘管中國強烈鎮壓維吾爾人和香港人的鐵證如山，儘管許多非政府組織的積極抗議，中國仍然在 2020 年 10 月 13 日再次當選聯合國人權理事會的理事。這真是荒謬至極。

這位曾派駐中國直到 2019 年夏天的前法國駐華大使黎想（Jean-Maurice Ripert），向我們解釋中國的策略：中國外交官那天在聯合國大會想表達什麼？無非是想提一項改變人權概念的決議，而「這個決議的草案說些什麼呢？」「當我們談到人權時，首先必須考慮經濟發展水準，並保障選擇政治和社會制度的自由。中國這樣提議就好像中國人在中國已有

選擇的自由……這就是我們說的相對論主義：其實就是在否定人權的普世價值。人權對某些人有利，對其他人不利。」

歐洲聯盟駐日內瓦聯合國大使沃爾特‧史蒂文斯（Walter Stevens）認為，中國正在引入他們自己似是而非的人權概念，企圖改變已被普世認同的人權價值。

但是這次的技倆並沒有得逞……面對多數聯合國外交官的抵制，決議最終沒能提出。對於中國政權來說，這是一個小小的挫敗。但北京並不著急：中國正在做長期的規畫。「中國是怎麼說的？『跟著我走，我們將攜手打造一個不同的世界。』這就是自行車車輪的原則：一個中心，193 根輻條（這是聯合國會員國的數量）。『只要和我在一起，你什麼事情都可以做。』」黎想試著用中文重新定義中國這個詞，「『中國』，並不是『天朝』……而是『世界的中心』，這一點我們必須銘記在心。」[215]

2021 年 3 月上旬，中國駐法國大使館在網上發表了盧沙野大使的評論：「有的同學會說，民主應當是一人一票的普選和多黨制，自由首先是言論自由。普選和多黨制的確是

F 漢學家高德明（Jean-Luc Domenach）出版了一本關於中國監獄狀況的工具書《*L'archipel inconnu*》（Fayard, 1992）。他還為異議人士吳弘達關於勞改主題的傑出作品寫了序言（《中國的古拉格：大陸勞改隊及奴工產品真相》，時報文化出版，Harry Wu, *Laogai. Le goulag chinois*, Dagarno, 1999）。

民主，但這只是民主的形式，而非界定是否民主的本質。民主的本質是人民追求幸福生活和參與管理國家的權利和能力。如果能做到這兩點，那就是民主，而不論採取的是什麼方式。即便是西方國家的普選和多黨制，也是有多種形式的」。（譯註：「盧沙野大使在同巴黎政治學院座談會上的講話」2021-03-12）

這就是中國的民主觀。關於上述評論，我們還可以補充：在中國，沒有多黨制，沒有普選，沒有多元辯論，沒有獨立的司法機構，也沒有新聞自由。此外，中國多年來在聯合國內凝聚了相當大的阻撓權力。中國是安理會五個常任理事國之一，與美國、俄羅斯、法國和英國並列，因此，它阻止了西方陣營為譴責緬甸軍事政變而提出的每一項決議草案，當然，少不了俄羅斯在一旁助陣。

中國兩面都吃得開：除了在安理會這個代表「1945 年世界秩序」的不民主、又有點老掉牙的集團中擁有否決權外，它還是無以名狀的 77 國集團重量級成員。這個集團的名義雖然是 77 國，但其實聯合國 193 個國家中有 134 國都是它的成員。只有無知和天真的人才會相信聯合國是民主團體，因為理論上是按照一國一票的原則運作……。中國非常有效率地收買了對他有利的新興國家，因而成功控制了一大堆聯合國相關機構。在維和任務中，中國現在正發揮著主導作用。今天有 2,500 多名中國士兵在黎巴嫩、馬利、剛果民主

共和國或南蘇丹擔任藍盔維和部隊。此外，中國對於杯葛聯合國機構的決議也越來越順手，特別是在日內瓦人權理事會（中國是正式理事國之一）試圖通過決議譴責其領土上的人權狀況時。2020 年 10 月 13 日，儘管新疆維吾爾人的處境已經被揭發，北京對香港人的鎮壓也被廣泛報導，中國仍然成功地將其人權理事國的任期從 2021 年延長至 2023 年。在西方國家指責中國人權狀況的這一役，北京可以宣稱獲勝。次日，中國外交部發言人趙立堅得意洋洋地宣布：「這是自人權理事會成立以來，中國第五次當選人權理事會成員，充分反映了國際社會對中國人權事業發展進步以及中國積極參與全球人權治理的高度肯定。」（人權理事會成立於 2006 年，共有 47 個理事國，由聯合國大會成員以多數決選舉產生。成員的任期為三年，連任兩屆之後不能立即連任第三次。）

總之，中國在短短幾年的時間裡，就控制了聯合國糧食及農業組織、國際電信聯盟（ITU）、國際民航組織（ICAO）、聯合國工業發展組織（UNIDO），並間接掌控了世界衛生組織。

在這種沸騰的民族主義氛圍中，某些新聞引爆了激烈的情緒。以《遊牧人生》（*Nomadland*）獲得金球獎最佳導演獎的趙婷（Chloé Zhao）就是個例子：

趙婷是第一位獲得金球獎殊榮的亞洲女性，她在 2021

年 3 月初發現自己成了中國的輿論焦點，可能會讓這部電影無法在其祖國上映。

《遊牧民族》可以說是一部頌揚現代嬉皮開著麵包車縱橫美國的讚美詩，在 2021 年 2 月 28 日一舉奪下金球獎戲劇類最佳影片，這是美國電影界最令人垂涎的獎項之一。而三十八歲的趙婷也獲得金球獎最佳導演獎。

趙婷出生於北京，但在美國安居落戶，她成為金球獎歷史上第一位因執導電影而獲獎的亞洲女性。她也是繼 1984 年芭芭拉 - 史翠珊（Barbra Streisand）之後第二位獲得導演獎的女性。

這個獎項最初引起許多中國網友一片叫好，中國媒體紛紛發表關於「中國女導演」的讚美文章，稱她是「祖國之光」。但趙婷 2013 年接受美國電影雜誌採訪時的文章也浮上檯面，在這篇文章中她似乎批評了自己的祖國。

從網路上的文章截圖，可以看到趙婷導演聲稱中國「是個充斥謊言的國家」。而在另一篇也在社群網路上流傳的採訪文章中，趙婷表示「現在我的國家是美國」。雖然這些所謂的導演說的話並沒有出現在當事媒體的網站上，但仍然在中國引起了軒然大波，在民族主義高漲的背景下，趙婷在接下來的一星期當中，不斷被一些網民指為「叛徒」。

與此同時，微博網上找不到《遊牧民族》的主題標籤，但是關於這部電影及其導演的討論似乎並未受到審查。

《遊牧民族》正式定於 2021 年 4 月 23 日在中國上映。但是根據《綜藝》雜誌週五的報導，上映日期已不再出現在中國的主要電影院平台系統上。全國藝術電影放映聯盟（NAAC）沒有立即回應法新社的詢問。[216]

　　2021 年 3 月 24 日，瑞典紡織集團 H&M 對新疆棉田強迫勞動的報導表達「深切的關注」，一股新聞熱潮突然席捲了中國社交網路，又是怎麼一回事？H&M 後來表示，將不再從新疆採購棉花，因為有報導指稱維吾爾人被強迫在棉花田裡勞動。一年前已經表達過這種擔憂，但仍在社權網路上引發了如雪球般越滾越大的報復性評論。中國共產主義青年團（簡稱：共青團）更在微博上怒嗆：「一邊造謠抵制新疆棉花，一邊又想在中國賺錢？癡心妄想！」不久之後，共青團又補上一句，「新疆棉花不吃這一套。」H&M 與中國網路用戶眼中的其他幾個品牌一樣，都是良好棉花發展協會（Better Cotton Initiative）的成員，該組織提倡永續經營棉花生產，並於 2020 年 10 月宣布放棄從新疆採購棉花。中國男星黃軒在其微博上宣布與 H&M 解除合約，強調反對「抹黑造謠」。演員王一博和宋茜隨後跟進。一些微博博主呼籲 H&M 離開中國，也呼籲中國人抵制其產品。[217] 中國現在是 H&M 的第四大市場。中國的一些旅店甚至在入口處張貼告示，告知客人如果穿著 H&M 的衣服，將不允許他們進入。在接下來的幾天裡，群情憤怒延燒到美國巨頭 Nike（以

及其子公司 New Balance、Under Armour、Tommy Hilfiger
和 Converse），他們去年也曾對新疆維吾爾人的待遇表示
關切，然後還有德國公司愛迪達 Adidas，該公司也宣布將
不再使用來自新疆的棉花，以及英國精品公司 Burberry，最
後是德國運動服裝公司 Puma。身為 Burberry 中國區大使的
中國著名女演員周冬雨突然宣布終止與該英國品牌的合作關
係，直到 Burberry「明確公開表達其態度及立場」為止。在
迪士尼電影中扮演花木蘭的女演員劉亦菲宣布，她將停止與
愛迪達的所有合作，讓粉絲拍手叫好。在短短兩天時間裡，
至少有 27 名中國演員、女演員和歌手表示他們將結束與這
些西方品牌的合作關係。香港議員葉劉淑儀（Regina Ip）也
宣布不再購買 Burberry 產品。「Burberry 是我十分喜歡的品
牌之一。我決定即時停買及停用其產品，我與我的國家站在
一起，抵制散布有關新疆謊言的公司。」她說。中國中央電
視台也認為 H&M 希圖扮演正義英雄，失察！失策！失算！
該公司現在應該「為自己的錯誤行徑，付出應有的代價」。
中國共產黨的機關報《人民日報》也不例外，在頭版上刊
登了斗大的「我支持新疆棉花」方框標題。截至 2021 年 3
月 24 日，至少有四個中國線上購物平台：阿里巴巴、拼多
多、京東 JD.COM 和天貓 Tmall，已將 H&M 產品從網站上
刪除。日本集團 Uniqlo 也因宣布放棄從新疆採購棉花而身
陷風暴並被列入黑名單。香港流行歌星陳奕迅則決定與愛迪

達斷絕關係。他在微博上的發文立即獲得了近 80 萬網民的支持。「我知道你不會讓我們失望的。我來自新疆。」其中一位這麼說。2021 年 3 月 29 日，聯合國人權事務高級專員辦事處再生波瀾，根據其工作調查報告顯示，150 多家隸屬於「知名品牌」的中國和外國公司可能參與了新疆的人口販運、強迫勞動和其他侵犯人權行為。人權事務高級專員辦事處說：「人權理事會指派的幾位專家表示，他們收到的資訊指稱，有 150 多家中國或外國公司被指控侵犯維吾爾工人的人權。」聯合國辦公室沒有具體說明品牌名稱，但專家工作小組表示，確定有農經企業、科技、運輸、紡織和服裝等行業。「維吾爾族工人的工作和生活可能受到虐待，並可能構成有任意拘留、人口販運、強迫勞動和強迫勞動造成的奴役狀況。」他補充道。[218]

除了在中國引爆的民族主義怒火之外，這場尚未平息的爭論還凸顯了另一個問題：企業是否應該對人權的普世價值與個人自由負有責任。換句話說，商業行為必須負起道德責任嗎？3 月 24 日，法國外貿及經濟吸引力部長級代表弗蘭克・里斯特（Franck Riester），在參議院回覆一則有關時事的質詢時指出：「關於我們的貿易關係，中國是全球不可少的經濟夥伴，但我們的關係不能損害我們捍衛的原則、價值觀和社會模式，也不能不顧及對等互惠原則。」或許未來幾個月可能會其他答案。

第 **5** 章

中國放眼世界——
征服地球

　　中國積極推動浩大的新絲綢之路計畫、強化在非洲的實力、對西方國家採取挑釁式外交、並強勢影響新興國家，顯見中國在世界地緣政治中已扮演主要角色。中國想征服全球的野心何時才會結束？中國能否承擔起這些巨大的新國際責任？至今中國的行徑有點像瓷器店裡的大象一樣顯得大手大腳的。會不會像是走進瓷器店的大象？有點手足無措？

「第一個行動的領域可以允許掠食者盡可能靠近獵物，並帶回掠奪的成果。」

──弗朗索瓦‧海斯堡（François Heisbourg）──
戰略研究基金會特別顧問 219

新絲綢之路是征服工具？

　　近代世界歷史上最令人震驚的國際計畫之一，但也可以說習近平制下的中國最飽受批評的計畫，就是所謂的新絲綢之路（One Belt and One Road，一帶一路倡議。一項透過陸、空、海貿易路線將中國與絕大多數陸地經濟體連接起來的龐大計畫）。2013 年 9 月，中國國家習主席趁著訪問哈薩克之際，向全世界宣布啟動這一項工程浩大的計畫，習主席同時明確定調：「我們要打造人類命運共同體。並推動全球治理系統的改革。」就這麼多！「但我想說清楚一點，新絲綢之路是一個開放合作的平台。不是以實現任何政治議程為目的。」他小心地澄清道。然而，中國是否想要建立新的霸權世界秩序？靜待以觀之，事實上，縱觀計畫本身及其實施的方式，實帶有新殖民主義的跡象。

　　印度、南亞及其僑民研究中心（CERIAS 隸屬蒙特婁的魁北克大學）的亞洲專家奧利維・吉拉（Olivier Guillard）強調：「根據定義，新殖民主義是指前殖民大國在一個已經獨立的國家所採取的行動。但從狹義上講，也許可以完全適用中國新絲綢之路計畫的經營方式，至少在部分南亞國家的情況是如此。以市場機制以外的融資為主，貸款給各國去建設基礎設施，使北京能夠壟斷一個國家的經濟資產，這種方式真是讓人大開眼界。」[220]

一帶一路到底是什麼？強大後的中國是否又會回到昔日對周邊國家友善的關係？或者，在與美國和整個西方世界日益公開的戰略競爭下，習近平的中國乾脆以大撒金援的方式收買各國成為附庸，為自己建立一個新的帝國？而且這個新帝國在戰略和意識形態上，勢必要削弱那些與之抗爭的國家強權統治地位？「帝國」這個詞顯然過於強烈。中國無意取代美國，尤其是在軍事上。相反地，她想摧毀美利堅帝國，因此需要建立一種新的霸權，一個唯一能夠平衡和削弱美國及其盟國權力的霸權，漢學家高敬文認為。[221]

但是香港亞太經合組織貿易政策研究小組（Hong Kong-APEC Trade Policy Study Group）智庫的主管杜大偉（David Dodwell）則認為不是這樣，他說：撒下「一帶一路」計畫種子的原因並非為了建立全球霸權，也不是為了獲得政治影響力，而是中國認知本身戰略的脆弱性以及對於各項資源日益嚴重（增加）的依賴，所採取的防禦措施。這些資源包含糧食、石油和礦物，往往來自亞洲、非洲和南美洲那些政局不穩定的貧窮國家。[222]

中國新絲綢之路的具體措施，主要是中國花費數萬億美元投資簽約國的基礎建設。中國毫無節制的野心雖然激起人們的熱情，但也引起人們的擔憂。儘管中國從這個龐大的計畫中可以得到經濟和政治利益，但並不能保證其夥伴國家會從中受益。「新絲綢之路」一詞的絲路，這是一條古老的貿

易路線，連接現在的西安與土耳其的安提阿（Antioche）。這些貿易路線開闢於西元前二世紀。當時往來這些路線的歐亞商人所運輸最珍貴的商品就是絲綢，因而以此為名。然而，這些路線從十五世紀開始逐漸被廢棄，取而代之的是通往印度的貿易路線。如果說漢朝時期發展的絲路主要是聯繫中國與歐洲，那麼習近平今天的野心還要大得多，因為他打算發展的貿易路線，除了歐洲，當然還有非洲、中東和亞洲其他地區。今天有兩條主要航線：一條是通過馬六甲海峽、保克海峽、曼德海峽和蘇伊士運河的海上航線；一條是穿越中國新疆、哈薩克、俄羅斯和歐洲的陸上路線。但新絲綢之路的數量實際上更多，以至於很難即時準確地繪出路線圖。許多觀察家將這一雄心勃勃的發展計畫與馬歇爾計畫相提並論，但新絲綢之路的規模要大得多，其主要目標是為了促進和保證中國產品銷往主要消費國，並確保中國的資源供應，特別是碳氫化合物。[223]

讓我們稍微回顧一下歷史：「絲綢之路」這個通用名稱指的是曾經將中國與羅馬帝國聯繫起來的多條路線。從西元前三千年中期開始，只有中國掌握製造絲綢的秘密。絲綢是珍貴的材質，柔滑、耐用而且色澤閃亮，在歐洲備受喜愛。傳說養蠶造絲的技術是由黃帝（神話傳說中的統治者，西元前 2697 年至 2598 年在位，被認為是中華文明始祖）的一位皇后（譯註：嫘祖）發明的。這條橫貫中國西北的漫長曲折

商路，有著兩千多年的悠久歷史。絲路古道從昔日的帝都洛陽、西安出發，在蘭州跨越黃河，然後進入甘肅走廊，沿著沙漠邊緣和高山峻嶺繼續前行。當時會走這條貿易之路的大部分是中亞的商人。除了絲綢，他們還運送馬、牛、皮革和毛皮，還有象牙和玉石等珍貴物品。因此，古代絲綢之路首先指的是連接中亞和中國的古代貿易路線。

絲綢之路的全盛時期是在西元 618 至 907 年，時值中國唐朝盛世。西元十一世紀時，當時的亞洲主宰者為蒙古人，為絲綢之路注入了新的動力。到了西元八世紀，阿拉伯版圖和伊斯蘭教持續擴張，中國也飽受內戰摧殘，絲綢之路遂逐漸趨於沒落。威尼斯人馬可波羅證實了絲路的存在，他在 1298 年出版的《東方見聞錄》一書中有相當精確地描述。雖然中國仍然繼續在這條絲路以北與俄羅斯進行皮毛生意，但是這條商路沿線的貿易與交通流通量從十四世紀末開始就大幅下降。

新絲綢之路的範圍更為遠大，約 138 個亞洲、非洲和歐洲國家簽署了該計畫架構下的協定，幾乎占全球國家三分之二的總數。這些國家占全球 GDP 的近 55%，人口約為全球的 70%，最重要的是能源儲備占地球的 75%。第一批計畫的估計成本在 9,000 億美元左右，但中國向簽約國提供的貸款可能達到 8 兆美元的天文數字。或許「一帶一路」預示著全球貿易將掀起一場革命。同時，更重要的是，「一帶一路」

不只成為中國統治世界政治和經濟的強大工具，也是輸出中國軟實力的出色媒介。但所付出的代價當然是對環境所造成的無法挽回的嚴重破壞。而問題恰恰就出在這兩個方面。中國當時在哈薩克的阿斯塔納[A]（Astana）宣布這一計畫，其實具有強烈的象徵意義，新絲路所經過的各個國家都心知肚明。在一個中亞小國（與幅員遼闊的中國相比）正式啟動如此大規模的計畫，確實意義重大。許多觀察家認為，中國近十年來顯然在這些國家施行掠奪性政策，這些不計其數的基礎設施建設對環境造成的影響確實非同小可。

在世界資源研究所（WRI）[B]的一項研究中研究人員估計，在 2014 年至 2017 年間，僅在能源領域，在「一帶一路」架構下，91% 由中國六大銀行聯合發放的貸款，以及61% 由國家開發銀行和中國進出口銀行發放的款項，都用來為化石燃料提供融資。根據能源經濟與金融分析研究所（IEEFA）[C]的一項研究，2018 年在中國境外建造的燃煤發電廠中，有四分之一以上可能是由中國機構資助的，其中大部分屬於「一帶一路」計畫。

目前，北京在國外建設了 240 座燃煤發電廠，自本世紀初以來，中國開發銀行在全球各地資助的能源項目中有 80%涉及化石燃料，而風能或太陽能項目僅占 3%。

然而，今天所投資的基礎設施將決定未來幾十年的發展軌跡。相關國家可能會因經濟選擇而陷入困境，從而導致可

能無法挽回的環境惡化。如果參與「一帶一路」的國家從現在到 2050 年的發展軌跡，都能遵循《巴黎協定》設定的目標，也就是全球增溫控制在 2℃以內，就需要減少 68% 的年度二氧化碳排放量。

這是一個事實上不可能實現的目標。

面對來自四面八方的批評，中國也做出了反應。

因此，2017 年 5 月發布了推動「綠色投資」的指導方針。2019 年 4 月啟動了一個由參與者（國家、聯合國機構、學術機構和企業）組成的「一帶一路綠色發展國際聯盟」，以以引導融資轉向綠色投資。包括國家開發銀行和中國進出口銀行在內的 27 家金融機構簽署了綠色投資原則，這兩家公共銀行是「一帶一路」計畫中提供融資的主要銀行。

為了防止這種「綠色投資」流於形式成為「漂綠」，都需遵循和實施這些原則、指導方針，並推動「一帶一路綠色發展國際聯盟」的運行。

某些措施能改善投資所造成的環境影響：例如在計畫的實施和監督方面，加強環境和社會的評估規範，同時對項目的經濟、社會和環境影響進行有系統的評估，或關注一些具

A. 今天的努爾蘇丹，以納紮爾巴耶夫總統的名字命名。
B. 世界資源研究所是一家成立於 1982 年的美國智庫。
C. 能源經濟與金融分析研究所，美國智庫。

有氣候、生態多樣性等共同效益的計畫。

　　中國國家開發銀行和聯合國開發計畫署（UNDP）最近的一項研究表明，協調融資以及關於投資的環境和社會標準，是中國日益關注的一項議題。

　　然而，「一帶一路」主要成員國家的二氧化碳排放預測，讓人對「一帶一路」的經濟增長模式和衡量發展指數的方式提出了質疑。資金重新導向永續經營計畫的問題變得更緊迫，也成為國際和國家論壇以及私營部門大量討論的主題。[224]

　　2020 年 11 月底，中國習近平主席在亞太經濟合作論壇（APEC）召開之際，強調將繼續執行新絲綢之路的計畫，但北京也首次表示，今後將以更嚴格的標準向「一帶一路」的合作夥伴提供貸款，暗示「一帶一路」計畫將進入減速階段。這位中國首腦對來自 21 個成員經濟體的參與者發表演講時指出：「中國加強政策、規則、標準融通，同『一帶一路』各國不斷深化基礎設施建設、產業、經貿、科技創新、公共衛生、人文等領域務實合作。」這些看似平凡無奇的言論很可能反映了中國政策開始轉向，中國多年來在「一帶一路」的架構下無限量地提供融資，現在也不得不看清事實，許多國家根本無力償還債務，而中國本身的債務也高得令人擔憂。中國給「一帶一路」簽署國的貸款總額沒有明確的官方數據。但根據美國金融數據和分析商路孚特（Refinitiv）

的數據顯示，在 2020 年第一季度，這些貸款，加上中國對這些項目（總共 1,590 個）的投資，超過 1.9 兆美元，北京在世界各地支付的計畫項目總金額為 4 兆美元。世界銀行估計，2013 年至 2018 年，中國與 50 個發展中國家在「一帶一路」建設中的投資總額約為 5,000 億美元，其中以擔保貸款形式投資的金額約為 3,000 億美元。習近平就此事沒有發表更多評論，但分析人士表示，他的謹慎言論似乎暗示中國「一帶一路」政策進入微調階段。根據國際金融協會（IIF）的數據，中國的公共債務近年來不斷攀升，2020 年第一季度高達國內生產總值的 165%，而去年同期的債務為國內生產總值的 150%。同樣根據國際金融協會的數據，中國總債務，包括家庭、政府和非金融部門企業的債務，在 2020 年第一季度就達到將近國內生產總值的 290%，高於去年同期的 255%，外國觀察人士認為這個數字非常危險。

法國外貿銀行（Natixis）亞太區首席經濟學家艾西亞‧加西亞‧埃雷羅（Alicia Garcia-Herrero）說：「中國將不得不更嚴格選擇資助的項目，尤其是在新興經濟體方面。擁有重大基礎設施項目並因此負債累累的國家（一帶一路的合作夥伴）可能再也找不到足夠的資源來繼續執行這些計畫。」[225]

與此同時，債務陷阱已成為南亞國家面臨的主要問題。

例如孟加拉：近年來，首都達卡（Dhaka）從能源到鐵路的無數基礎建設資金都大量仰賴中國貸款。孟加拉前身為

東巴基斯坦省（1971 年獨立），被納入中國「一帶一路」並非只是巧合。據德國媒體德國之聲（DW）報導，北京和達卡已經簽訂超過 200 億美元的貸款和投資，孟加拉成功被併入這個複雜的中國「一帶一路」拼圖中。令世界銀行遺憾的是，孟加拉的外債在短短十年內增加了 125% ──從 2009 年的 250 億美元增加到 2019 年的 570 億美元。

至於中國的親密盟友巴基斯坦，在 2020 年 12 月底，地區媒體並非毫無來由地關注以下問題：巴基斯坦是否「深陷債務」，失去對中國的政治和戰略自主權？ 2020 年秋季，巴基斯坦智庫「政策改革研究所」（IPR，隸屬於當時伊姆蘭·汗總理〔Imran Khan〕的執政黨「巴基斯坦正義運動」〔Pakistan Tehreek-e-Insaf, PTI〕）對巴基斯坦嚴峻的預算赤字表示擔憂，這個人口 2.35 億的國家面臨的狀況是：僅 2020 的財政年度，巴基斯坦增加的債務和原來負債的總和相當於巴基斯坦國民生產總值的 10.4%。公共外債在 2019 年增加了 13%，在 2020 年增加了 5.4%。在過去五年裡，向外貸款的性質從還款期可延長的多邊貸款轉變為利率更高的雙邊商業性貸款，而這些雙邊貸款主要來自中國。要記得，中國貸款給巴基斯坦的金額已超過 220 億美元。處境相當微妙，尤其在經濟不景氣和新冠肺炎大流行的情況下，因此一位社論作家說：「像巴基斯坦這樣的國家：具有支出大於收入的傳統，基礎設施和經濟均受限制，通貨膨脹指數又高，

貪汙腐敗嚴重以及債務性循環不斷增長，特別容易陷入債務陷阱。」這不是沒有道理的。

斯里蘭卡：舊稱錫蘭，自 2009 年春季島上內戰結束之後，其名聲可疑的政府一直在尋找外部資金來推動一系列一個比一個更具規模卻又令人質疑的基礎建設，如漢班托塔（Hambantota）港、科倫坡 - 卡圖納耶克（Colombo-Katunayake）高速公路或馬特拉（Mattala）機場。這些財務方面的需求受到北京的歡迎。

去年 6 月，該島的外債總共超過 500 億美元，而這個國家在 2019 年的國民生產總值僅有 840 億美元。據稱這筆天價外債的十分之一屬於中國債主。在過去的半個世紀中，斯里蘭卡政府先後從國際貨幣基金組織獲得 16 次的金援。這一點只有巴基斯坦贏過（或是輸？）斯里蘭卡，巴基斯坦向國際貨幣基金組織求助了 20 次，比世界上任何其他國家都多。[226]

由於無法償還對中國的債務，斯里蘭卡於 2017 年被迫簽署長期租約，放棄對漢班托塔港的控制權，期限為九十九年。[D]

「一帶一路」經常對當地環境及傳統生活造成種種

D. 根據一些消息來源，提出租賃建議的是斯里蘭卡，而非中國。

破壞，讓這些新興國家的人民既悲又怒。例如吉爾吉斯的情況，根據《世界報》記者布萊斯・佩德羅萊蒂（Brice Pedroletti）在當地的報導指稱，這個位於中亞的前蘇聯共和國，其居民對中國在當地的活動感到不滿，他們自古以來都非常提防這位中國鄰居。

　　預計在吉爾吉斯草原阿特巴希（At-Bachy）地區投資3,000萬美元建設的物流區，每天可容納一百輛卡車，後來因簽了「一帶一路」，投資金額上修至2.8億美元。物流區面積變成200公頃，比最初的設計大了66倍，完工後將帶來一萬個工作機會，還會建設停車場、學校和醫院。當地居民通常做些小買賣，尤其以畜牧業為生，他們的焦慮顯而易見。當他們在電視上看到這個「中國」基地竟然取得了四十九年的租約時，更是悲憤焦急。「四十九年後，我們不會在這裡了」，一位六十一歲的商婦說，「瑪納斯（吉爾吉斯偉大史詩的英雄）捍衛他的土地（抵抗中國人）並將土地傳給我們這些後代。」梅德貝克（Janusaliev Mederbek）說，「這裡沒有足夠的專業技術工人，那麼這幾千名的僱員將從那裡來呢？當然至少一半來自中國！而吉爾吉斯人只能做次要工作，像是守衛等這類。該區位於上游，在村莊的西邊，風和河流都從那邊衝著我們而來，就是會汙染我們。我們的資源太有限了。」「從來沒有人問過我們的意見。中國實際上是在悄悄擴張，肖想占領我們的土地，就是這樣沒錯！」他

說。不過這個建設計畫最終還是被取消了。[227]

因此，問題來了，「一帶一路」的最終目的究竟為何？。

昆士蘭大學專門研究中國和俄羅斯的中國研究員姜源說：毫無疑問，中國試圖藉「一帶一路」擴大其影響力。各國都在尋求擴大海外影響力，即使是將成為世界第一大經濟體的中國也不例外，只是中國手上的籌碼比別的國家多。問題的關鍵是，「一帶一路」是否掩飾了存心欺騙的花招：例如債務陷阱，以陰險和計畫性的方式行實質的掠奪。[228]

中國在非洲的活動最為明顯也最意味深長。多年來，中國已成為非洲國家的第一大貿易夥伴，幾乎完全把法國與英國這些舊殖民者的勢力逐出非洲，讓黑色大陸成了新的征服之地和勢力範圍。中國不斷的發放巨額貸款，穩步增加對非洲國家發展的財政援助。根據中國商務部的數據，中國與非洲的貿易額從 2001 年的 108 億美元增加到 2017 年的 1,700 億美元。目標是將這一貿易額在 2020 年時增加到 4,000 億。中國在非洲不只建造了港口、機場、鐵路、輸油管線、還有數千公里的公路和大量基礎設施。如果沒有中國，非洲的基礎設施就不會那麼發達。這是無可爭辯的事實。但是，由於中國的這種「慷慨」，撒哈拉沙漠以南的非洲地區在 2017 年底的公共債務占國民生產總值的 45%，三年內增長了 40%，而中國是迄今為止最大的債權國。根據世界銀行的數據，2018 年約有 100 萬中國工人在非洲土地上工作，分別

受雇於零售、農業、建築等各種工作。

中國與非洲互相靠攏的友好關係，始於 1955 年 4 月 18 日至 24 日在印度尼西亞萬隆市舉行的萬隆會議。[E] 當時有 29 個非洲和亞洲國家與會，他們宣布願意齊心協力互相幫助。這次會議的意義在於去殖民化的第三世界國家進入世界舞台，與西方和蘇聯兩大陣營分庭抗禮，並產生了「不結盟運動」。六十年過去了，這個會議的精神幾乎沒有動搖。習近平主席於 2017 年 12 月宣布：「中非一直是命運共同體。我們的過去，我們的共同奮鬥，使我們結下了深厚的友誼。」中國在黑色大陸的投資結果，中非貿易額在 1995 年至 2017 年間從 3 億增加到 1,700 億，中國自 2009 年以後已超越美國，成為非洲最大的貿易夥伴。從 2005 年至 2017 年，中國向非洲國家提供 1,370 億美元的貸款。在短短幾年內，辛巴威的債務占國內生產總值的比例，從 2013 年的 48% 上升到 2017 年的 82%。而同一個時期，莫三比克的債務成長了一倍，達到國內生產總值的 102%。據世界銀行稱，27 個非洲國家的債務出現「令人擔憂的增長」。專門研究中國在非洲狀況的法國國家科學研究中心（CNRS）榮譽研究員裴天士（Thierry Pairault）說，「從這個角度來看，有些非洲國家負債累累，足以令人感到一定程度的擔憂。我們可以繼續這樣借錢給他們嗎？」[229]

習近平表示，中非關係是「雙贏」合作模式。這是什麼

意思？中國在放貸時，對相關國家的政治局勢確實並不十分關心。此外，提供了非常實用的「一條龍」服務：不僅帶來資金，也帶來建築公司、技術專長，在某些情況下還帶來中國自己的勞動力。戰略研究基金會專門研究中國外交和安全政策的研究員暨「台灣安全與外交」項目負責人的巴黎政治學院講師波恩達茲指出，向中國借款的國家通常真的會被中國的政策吸引，才做出這樣的選擇，而中國的政策就是對歐洲國家、美國、日本甚至國際貨幣基金組織或世界銀行所規定的清償能力和透明度標準「視而不見」。

他說，「基本上，北京的目標是儘量增加各國與中國相互依賴的程度，不僅在歐亞大陸，而且在非洲，還有拉丁美洲也是如此。我不會說這是一種支配的方式。但可以肯定這是一種影響力的工具。中國心裡非常清楚，她今天的權力重心首在經濟，有了經濟力量作為槓桿，就可以轉化為政治影響力。這就是為什麼今天的絲綢之路，不僅僅只是鐵路，還會是一條數位絲綢之路，也是符合國際規範和標準的絲綢之路。這是一條涵蓋眾多領域的絲綢之路，尤其是經濟領域。

E. 我們舉一個例子來說明中國和印尼之間綿延至今的「兄弟之情」：2021年，中國公司仍在進行萬隆至雅加達高速鐵路建設的收尾工作，還開通了印尼最長的交通隧道，而且當然是由中國新絲綢之路架構下的貸款資助。

雖然只是其中一個領域，但也可說是中國最具影響力的領域，所以我們對中國這種作法也無可厚非。每個國家都有選擇的自由，只是一旦他們簽了字並依賴借貸成性，那就是另一回事了。該地區的許多國家都可以選擇是否讓中國成為首選的合作夥伴。是的，中國的作法確實讓人有掠奪的隱憂。但這不能說是強加於人的掠奪。應該由這些不同的國家自己做出政治與戰略的選擇。我們都看得出來中國試圖將新絲路作為政治槓桿。但這些國家並沒有被迫一定要接受這種影響。至於債務陷阱的疑慮，各國也沒有義務一定要向中國簽約借貸。有些國家之所以這樣做，是因為中國在透明度或清償能力方面所要求的標準與歐洲國家或美國、日本，甚至國際貨幣基金組織和世界銀行等國際組織的標準大不相同。並沒有人強迫他們去跟中國簽約。」[230]

對於美國駐聯合國大使、非裔美國人琳達・湯瑪斯-格林菲爾德（Linda Thomas-Gteenfild）來說，事情再明白也不過了。

「關於中國在非洲和其他地方的不良影響、還有以債務陷阱作為戰略這方面，我非常有經驗。」她於 2021 年 1 月 28 日在美國參議院的聽證會上說，「中國是一個戰略對手，敢於挑戰我們的安全、我們的繁榮和我們的價值觀。中國大舉侵犯人權，其專制野心與我們的民主價值觀背道而馳。」[231]

湯瑪斯-格林菲爾德女士曾任美國駐賴比瑞亞大使，

2013 年至 2017 年擔任負責非洲事務的助理國務卿，所以她很清楚自己在說什麼，身為具有三十五年資歷的外交官，她密切關注中國在非洲的投資戰略。

「這種投資對非洲人來說並不奏效，結果也大不如中國人的預期」，她說。「中國失敗了。其實如果可能的話，非洲人寧願與美國合作。只是很遺憾，目前他們並沒有太多的選擇。我們必須以此為鑑，更積極主動地參與非洲大陸的事務。」[232]

無論如何，在這「兄弟邦交援助」的表面下，中國多年來一直在大規模開採非洲的自然資源，一些觀察家毫不猶豫地將其定義為有系統的掠奪。例如《中非：大掠奪》（*Chine-Afrique, le grand pillage*）[233] 的作者瓦格納（Julien Wagner）。這位中國與非洲問題專家在 2017 年 9 月發表的一篇採訪中強調：「不幸的是，中國來到非洲，可以說助長了對財富的剝奪，也損害了人民的利益。」[234]

「無論是中國還是非洲，貪腐的程度都非常高。我們也很清楚，歐洲人也是這樣。但自 1990 年代末期以來，他們強制施行的法律約束使得腐敗程度大大降低。」

「輕鬆貸款已經成為一些國家的債務陷阱，這些國家已經無力向北京償還債務。安哥拉就是這種情況，其石油所得現在僅能用來償還欠中國的 200 億美元。」

「你知道，大多數時候，貸款不是用現金償還，而是以

黃金、石油、天然氣或銅來支付。中國的企業以採礦作為抵銷貸款的方式，例如採 20 年的鋅礦。」

「中國人剛來非洲的時候，並不是為了賺錢，他們本來只想要握有當他礦產資源，其戰略的目的比較強烈。但隨著一些呆帳和拖欠貸款等不愉快的事情發生，他們並沒有停止放款，而是開始收取更高的費用來平衡風險」。

「他們不會放手的。他們會繼續從西方國家手中搶奪市場，把這片非洲大陸當作自己的遊樂場。非洲人雖然可以藉此追求發展，但今天我們看到的是，這並非中國承諾的雙贏夥伴關係。」[235]

因為事實上，中國在放貸時，有時會讓借款人（包括非洲和其他國家）簽署「擔保條款」：內容規定，如果不償還貸款，就必須以物易物來償還。也就是說欠債的國家不用金錢來還債，而是以原物料甚至是基礎設施來抵銷欠債。據國際行動援助組織（ActionAid International）援引「土地矩陣」（Land Matrix，一個獨立的研究機構，擁有世界各地土地交易數據的龐大資料庫）的說法，中國也是非洲耕地的主要買家之一，排名第十，擁有 134 萬公頃，僅次於美國（709 萬公頃）、馬來西亞（335 萬公頃）、阿拉伯聯合酋長國（282 萬公頃）、英國（296 萬公頃）、印度（199 萬公頃）、新加坡（188 萬公頃）、荷蘭（168 萬公頃）、沙烏地阿拉伯（157 萬公頃）和巴西（137 萬公頃）。[236] 在這裡要特別指

出的是，中國的可耕地很少，主要是由沙漠、山脈、高原組成的國家，雖然幅員遼闊，但是資源相當匱乏。

債務陷阱

中國貸款使許多非洲國家的償債問題變本加厲，以至於國際貨幣基金組織不得不在 2018 年提醒非洲領導人要正視這一現實。而五年來，這個亞洲巨人在非洲的直接投資累計超過 600 億美元，中國企業簽約項目金額超過 5,000 億，布列敦森林制度（Bretton Woods）明確指稱，這些國家由於債務過高，而且需償還高額貸款的利息，所以無力去投資和支出某些應該優先發展的建設。如國際貨幣基金組織前任總裁克莉絲蒂娜‧拉加德（ChristineLagarde）所說：「天下沒有白吃的午餐。」[237]

總部設於紐約的美國非政府組織自然資源治理研究所（NRGI）解釋說：「過去十五年當中，許多非洲國家向中國借款幾百億美元，用於建設急需的基礎設施。由於資金短缺，這些國家拿自然資源當成貨幣去償還貸款。例如，迦納的鋁土礦、安哥拉的石油、尚比亞的銅，都被用來償還債務。」[238]

該組織補充說自 2020 年 1 月以來，由於新冠肺炎大流

行導致原物料價格大幅下跌，這些國家現在陷入債務陷阱。

不意外地，中國當局正式否認這些指控，據他們說，這些指控是在編造散布「神話」。

中國官方新聞社說：「一些多疑的西方人似乎無視中國與非洲在開發包括石油在內的自然資源方面雙贏的事實。」

「這些指責故意忽略最基本的觀察，例如北京一直以尊重和平等的方式對待非洲夥伴，而且中國注入非洲的投資總是以『雙方互惠』為條件進行的。」

「中國對非洲的政策與西方殖民者大不相同，殖民者從大航海時代就開始瓜分非洲大陸，相互爭奪資源並統治權。」[239]

事情就是這樣。

研究員蒂埃里・維爾庫隆[F]（Thierry Vircoulon）在 2021 年 3 月 16 日《世界報》發表的論壇上提到中國經濟發展為「掠奪性經濟的發展」：「債務問題凸顯了在經濟上依賴中國的風險，自《緩債協議》被提出以後，這個問題一直就被提上國際議程。」

由新冠肺炎大流行傳染病所引發的全球經濟衰退，讓某些非洲國家的財政困難雪上加霜，這些國家因高額債務而變得不堪一擊。2021 年的時候，所有陷入債務困境的國家都在非洲，除了格瑞那達（Grenade）之外。但是，現在必需由北京來解決這個問題。事實上，從 2000 年到 2018 年，54

個非洲國家中有 50 個以不同形式向中國借款。2018 年，中國持有該大陸近 21% 未償還的外債，其中很大一部分的貸款與基礎設施有關，但這些建設（鐵路、港口、公路、發電廠等）的必要性與成本有時會受到質疑。[240]

中國的掠奪癖好不限於非洲或「一帶一路」的簽署國。歐洲顯然也是目標之一。

如果說中國在千禧年的時候，「尚無掠奪全球的能力，對歐洲就更沒有辦法」，「但如今歐洲必須有心理準備，中國對歐洲的掠奪將會來勢洶洶，因為這其中還涉及歷史性的仇恨和報復」，弗朗索瓦・海斯堡這麼預測，「中國對歐洲的掠奪能力將取決於北京是否能成功地強迫全世界運用他的遊戲規則，特別是控制南海，因為歐洲國家一半的海上貿易都必須經過這裡。」[241]

東南亞新霸主

中國僅憑藉其巨大的經濟實力，在東南亞就擁有強大的

F. 蒂埃里・維爾庫隆是獨立諮詢顧問，與法國國際關係研究中心中南部非洲觀察研究所以及全球打擊跨國組織性犯罪行動（global initiative against transnational organised crime）合作。

影響力，政治影響力也越來越大。2017 年中國在亞洲的直接投資額為 82.5 億美元，位居第四，僅次於歐盟、日本、美國。但如果把香港包括在內，金額則有 128 億美元，則僅略次於美國。像柬埔寨就是這樣一個完全落入中國勢力範圍的貧窮國家，中國在當地的存在勢不可擋。

1993 年柬埔寨恢復君主制後，北京也恢復與金邊的關係。在 1997 年洪森政變之後，雙方關係為緊密。中國是柬埔寨的最大供應國（2018 年為 37%），也是最大債權人（40%）和最大投資者。2018 年有 200 萬中國遊客入境柬埔寨，是柬埔寨最大宗的觀光客大隊。

柬埔寨也加入了「新絲綢之路」家族。經典建設計畫包括施亞努市（Sihanoukville）和金邊之間的高速公路（以及 2,230 公里的高速公路）、暹粒國際機場和施亞努市貨櫃港口的修復工程。柬埔寨吸引中國人的地方，是當地物業租金的投資報酬率為上海的三倍。基礎設施建設和房地產投資讓當地建築業發展蒸蒸日上，也為工業發展提供了十足的理由。最具野心的非中國寶武鋼鐵集團莫屬，將兩座高爐（300 萬噸）從新疆搬到柬埔寨北部，以滿足柬埔寨王國的需求。[242]

成千上萬的中國商人來到施亞努市等城市，接管了當地經濟的運作。在 2017 年之前，這施亞努市還是柬埔寨南部一個寧靜和平的小漁港，中國人利用寬鬆的移民規則，大舉

遷移來到這裡工作定居。現在這座城市的人口已經增長到 9 萬人，其中 8 萬人是中國人，到處都說中國的普通話。施亞努市警察局長納林（Chuon Narin）說，近九成的企業都在中國人手中：酒店、賭場（在一個禁止當地人賭博的國家，施亞努市現在有 88 家賭場，2016 年只有 5 家）、餐館、按摩院、妓院，現在都是中國人經營。中國人帶來的非法賭博、賣淫、販毒、洗錢等等社會新禍患讓當地居民同聲譴責。中國人在施亞努市可以盡情從事那些在中國會被嚴懲的非法活動。

金邊大學國際研究主任昌達瑞斯（Neak Chandarith）說：「在中國人陸，當局維持秩序的能力向來雷厲風行。但來到施亞努市的中國人並不全是來投資的。他們利用當地政府執行法律和秩序的能力不足而為所欲為。這已經成為一個非常嚴重的問題。」[243]

加拿大廣播電台記者雅妮克・貝侯（Anyck Béraud）說，「中文普通話無處不在，甚至到了喧賓奪主的地步。在外牆和海報上的中文字體通常比高棉語更大更醒目。在建築工地附近，有時甚至沒有當地語言。而且很多時候，設備、變造成臨時住所的貨櫃、建築原料都直接從中國運來。」[244]

施亞努市柬埔寨商會會長歐納凡索亨（Okhna Van Sok Heng）先生倒是比較務實，他說：「如果我們不能在當地提供他們需要的東西，就不能禁止中國人帶這些東西來這

裡。」在這個相當貧窮的柬埔寨，情況就是如此。2020年，一群中國投資者宣布將建造一個堪比迪士尼樂園的巨大遊樂園，並稱之為「吳哥奇蹟湖」，距離高棉帝國（九至十五世紀）古都的吳哥歷史遺址僅幾公里之遙，引起輿論沸騰。該建案由中國金界控股（NagaCorp Ltd，在金邊擁有賭場）集團負責，占地75公頃，距離1992年被聯合國教科文組織列為世界遺產的吳哥窟緩衝區只有500公尺。金界控股於2020年5月12日獲得柬埔寨首相洪森批准，並取得五十年的租約來經營遊樂園，將包括12個水上景點（2.5公里魔法河、500公尺長的大運河和5,000平方公尺的海灘）、三層水道滑梯、瀑布、複刻版吳哥窟雕塑、餐廳、商店和一座擁有900間客房的湖景豪華旅館。[245] 柬埔寨新聞網站Cambodianess質疑：「吳哥窟的精神是否有被這個奇蹟湖淹沒的危險？它會像猛浪一樣將遊客往寺廟裡倒！」「這兩個如此對立的世界，有沒有可能並肩共存，卻不絲毫削減吳哥窟的魔力？」[246] 這裡值得一提的是，柬埔寨首相洪森已對柬埔寨的所有網路用戶建立了類似於中國的「防火牆」，自2021年2月以來控制和監控所有的網路流量。這項措施立即招致人權組織的譴責。人權觀察（Human Rights Watch）組織的亞洲區副主任菲爾·羅賓遜（phil Robertson）說：「洪森首相擴大政府對國內網路的控制，嚴重打擊網路自由和電子商務。柬埔寨入口網站是政府採取線上鎮壓手段的最後一

個法寶。」[247]

　　另一個東南亞國家緬甸，幾十年來，甚至幾個世紀以來，中國一直對其實行一種監護式的支配，也因而激起了一定程度的反華情緒，甚至是毫不掩飾的敵意，在 2021 年 2 月 1 日緬甸軍隊發生政變後，這種情緒更趨嚴重。在這次政變和緬甸領導人翁山蘇姬被捕之後的幾天，數千名抗議者自發聚集在中國大使館外，呼籲抵制中國產品和服務。還有傳言說，中國士兵已經滲透到緬甸軍隊以協助鎮壓叛亂，中國技術人員也正忙著在緬甸設置「防火牆」，就像中國現有的防火牆一樣，用來控制並審查緬甸的社交網路，並更有效率地壓制抗議活動。有關緬甸政變，中國官方媒體只是輕描淡寫的說成「內閣大改組」。美國雙月刊《外交政策》[I]的評論員詹姆斯・帕爾默（James Palmer）表示：「反華情緒在緬甸由來已久，無論是在全國還是地方，都是由於華裔社區與其他族裔之間的衝突。」一些中資計畫項目，例如密松大壩，已經引發了民眾對中國的不滿情緒。這座位於緬甸北部伊洛瓦底江的大壩水電站工程自 2011 年起暫停，原定於

I.　《外交政策》，2021 年 2 月 17 日。《外交政策》是美國雙月刊雜誌，由山繆・菲力浦斯・杭亭頓（Samuel P. Huntington）和沃倫・戴米安・曼舍爾（Warren Demian Manshel）於 1970 年創刊。它由位於華盛頓特區的卡內基國際和平基金會出版至 2009 年底。於 2009 年 9 月下旬被華盛頓郵報公司收購。

2017 年完工，是全世界前 20 名的水力發電廠之一。當地居民曾抗議這一工程對環境造成破壞。

中國當局對軍政府的支持和作用也啟人疑竇，軍政府於 2021 年 2 月 1 日推翻了翁山蘇姬和她極受歡迎的文職政府。緬甸人民很快就把憤怒發洩到緬甸的中國人身上。3 月 15 日，緬甸經濟首都仰光郊區的 32 家中資工廠被縱火，兩名中國工人在混亂中受傷。手持鐵棍的緬甸抗議者向這些工廠投擲燃燒彈，據北京方面估計，所造成的經濟損失約為 3,780 萬美元（2.4 億元人民幣），而中國移民的車輛和商店也遭到破壞。[248] 中國在這些悲慘事件中所扮演的角色，有待歷史來蓋棺論定。

專門研究東南亞的研究員蘇菲・布瓦索・德・侯雪（Sophie Boisseau du Rocher）強調，「緬甸示威者明確表示，他們希望中國成為一個經濟夥伴，但這不代表中國就可以對緬甸頤指氣使。在整個東南亞，我們看到人們受夠了中國的滲透。緬甸正在發生的事情具有計畫性和區域性。某種程度上，我們今天都是緬甸人。因為如果中國的治理模式在緬甸得逞，在世界其他地方也同樣會得逞。」[249]

在歐洲，中國的擴張主義也引起越來越多的擔憂。愛沙尼亞就是這種情況，這個前蘇聯共和國是歐盟最小的國家之一，只有 130 萬居民。愛沙尼亞外國情報局在 2021 年 2 月 18 日發布的年度報告中，強調北京企圖想壓制任何外來

批評，並想主導愛沙尼亞和其他民主國家的高科技行業。報告指稱，中國「貫徹中國的外交政策理論，或者說建立『命運共同體』，將導致一個由北京所主導的沉默世界。面對與西方日益加劇的對抗，中國的主要目標是在美國和歐洲之間製造分裂」。根據這份文件，中國領導層「有一個明確的目標，就是讓世界依賴中國技術」，並以 5G 製造商華為的網路建構為手段。[250]2021 年 2 月，荷蘭情報總局也對中國威脅荷蘭利益表示擔憂。中國的網路間諜對荷蘭的經濟造成「迫在眉睫的威脅」，包括銀行、能源和基礎設施等領域。芬蘭安全和情報局局長安蒂・佩爾塔里（Antti Pelttari）在 2021 年 2 月中旬指出，「專制國家正試圖接管芬蘭的重要基礎設施」，他意有所指的就是中國和俄羅斯。佩爾塔里表示，不應允許華為在芬蘭布署 5G 網絡。[251]

雖然完全不令人意外，我們仍要補充一點，在 2021 年美國把反中國間諜的預算比例增加了近五分之一。

美國政府於 2020 年 2 月 18 日宣布的這一決定，反映出美國對中國的擔憂日益加劇，川普政府將北京視為主要的經濟、安全和反情報威脅。

雖然確切數額仍然保密，但官員們表示，在每年約 850 億美元的情報預算中，對中國的支出已經在各個項目之上，用來收集秘密資訊、分析其當前活動並預測其未來方向。國家情報總監辦公室（ODNI）在一份聲明中指出：「從 10 月

1 日開始計算的 2021 財政年度的預算中，我們重新分配資源，用於中國的資源增加了近 20%。」

在接受採訪時，國家情報局長約翰‧雷克里夫（John Ratcliffe）說：「這種發展需要大量資金和人員。一些原本被指派打擊恐怖組織的間諜機構專家，現在轉往關注中國。」

雷克里夫又補充說：「在評估了所有威脅之後，有證據表明，而且越來越多的證據表明，目前中國在所有領域與我們競爭，也只有中國有能力與我們競爭，因此我們必須重新分配預算資源。」雷克里夫還在《華爾街日報》2021 年 2 月 18 日發表的一篇專欄文章中寫道：「中華人民共和國是當今美國最大的威脅，也是第二次世界大戰以來，對當今全球的民主和自由最大的威脅。」[252]

對小國的威脅和恐嚇

由於澳大利亞大膽呼籲對冠狀病毒的起源進行國際調查，北京和坎培拉之間就幾乎什麼都不對盤了。甚至到了公開侮辱的地步。兩國外交衝突的最新戲碼，是中國外交部發言人趙立堅於 2020 年 11 月 29 日在其推特帳號上發布的一張假照片。一名打扮成澳大利亞士兵的男子用一把血淋淋的

刀抵住一名阿富汗兒童的喉嚨。這張照片在澳大利亞引起群情激憤。原來澳大利亞於 11 月底發布了一份關於 2005 年至 2016 年期間，澳大利亞士兵在阿富汗犯下戰爭罪的報告，幾天之後趙立堅就發布了這條推文，別忘了推特在中國被禁止。這份調查特別報導了 39 名手無寸鐵的戰俘士兵和阿富汗平民被 19 名澳大利亞士兵殺害。11 月 30 日，澳大利亞總理史考特・莫里森（Scott Morrison）對這張圖片的發布提出嚴正抗議，他說這張照片是「偽造的」、「噁心的」和「可恥的」。並要求中國政府「立即」撤回並道歉。但北京不僅避而不談，中國官方媒體還在 12 月 1 日針對澳大利亞發表了尖刻評論。《人民日報》寫道：「澳洲政府現在應該做的是深刻反思並將凶手繩之以法，向阿富汗人民做出正式道歉，並向國際社會鄭重承諾永不再犯這種可怕的罪行。」11 月 30 日，紐西蘭總理潔辛達・阿爾登（Jacinda Ardern）向澳大利亞表達支持之意。她說，紐西蘭政府已就此事向中國發出了外交照會：「紐西蘭已就散發這張照片一事向中國當局表示關切。這是一篇沒有任何事實依據的推文，這種事當然也與我們有關。」這次中國與澳洲交手過招，是在兩國政治和貿易緊張的背景下進行的。自從澳大利亞拒絕中國電信集團華為架設 5G 網路，並且挺身成為第一個要求調查新冠肺炎起源的國家之後，兩國之間的齟齬更形尖銳。中國這方禮尚往來，對澳大利亞採取了一系列貿易報復措施，包括

徵收高額關稅，繼牛肉、大麥、木材、棉花、海鮮和煤炭之後，現在澳大利亞葡萄酒也成為貿易制裁的目標。

2020 年 11 月 26 日，澳大利亞政府拒絕了來自北京的「恐嚇行為」，並宣布他不會屈服於中國的壓力，澳大利亞無意為了貿易利益而犧牲民主。莫里森在接受電視訪問時說，「澳大利亞永遠是澳大利亞。我們將繼續根據我們的國家利益制定我們的法律法規，不會向其他國家屈服，無論是美國、中國還是其他任何國家」。11 月中旬，北京向澳大利亞當局發送了一份文件，上面列舉了對澳大利亞的 14 項不滿之處，例如澳大利亞公開資助所謂的「反華」研究計畫，譴責中國對維吾爾人或對香港的政策，還否決了 10 起中國在澳洲的基礎建設與農業的投資案。11 月 19 日，一位不具名的中國官員在中國駐坎培拉大使館轉遞並由《雪梨晨鋒報》（Sydney Morning Herald）公布的一份說明中說：「如果你把中國當作敵人，中國便會是你的敵人。」對於擁有 2,350 萬靈魂的澳大利亞來說，面對 14 億人口的中國巨人，這場比賽並不公平。這也凸顯了澳大利亞政府具備一定的政治勇氣，因為這場政治貿易爭端並非沒有經濟後果。中國是迄今為止澳大利亞最大的貿易夥伴。澳大利亞 40% 以上的出口銷往中國。目前兩國之間的危機看似方興未艾。事實上，中國與澳洲的不和始於 2019 年，當時澳大利亞政府公開譴責中國過度干涉澳大利亞內政，包括向政黨捐款來影響澳大利亞

的政局。2015 年，澳大利亞情報部門震驚地發現，該國的政黨得到贊助者積極慷慨解囊的政治獻金，而這些資助者就是中國共產黨的代理人。中國也逐漸滲透到澳大利亞的大學和研究中心，用盡各種手段吸取尖端技術，例如誘惑、奉承、金錢收買、威脅甚至強迫。澳大利亞媒體披露，數以千計的中國特工正四處滲透該國的社會生活。而北京的首要目標是破壞澳大利亞與美國的聯盟關係。2019 年 8 月，澳大利亞議會情報與安全委員會主席安德魯・哈斯提（Andrew Hastie）公開將當前中國的崛起與二戰前納粹德國的崛起相提並論。2019 年，澳大利亞議會通過了一系列打擊間諜活動和外國干涉內政的法律。在澳大利亞之後，下一個會是誰？中國與澳洲的危機只是雙邊的，還是對其他國家來說也值得參考？對莫里森而言，中國對澳大利亞的態度勢必吸引「全世界」的關注。「這不僅僅是中澳的雙邊事務」，《金融時報》在2020 年 11 月 26 日的社論中也如此評論，「所有民主國家都必須密切關注局勢，做好萬全準備以應對中國意欲對他們施加的壓力」。2021 年 3 月 9 日，日本駐澳洲大使山神真吾強調，澳大利亞並非唯一面臨中國步步進逼的國家。「我可以向大家保證，澳大利亞並不孤單，因為日本十年前也經歷過同樣的事情」，他在澳大利亞商界組織的一次會議上說：「日本每天都無一例外，無論在南海和東海，都要面對咄咄逼人的中國。這是讓我們非常困擾的問題。」他並沒有使用太多

外交辭令，只是實話實說。事實上，中國在該地區日益增長的威脅反而大大加強了日美之間的同盟關係，拜登政府上台以來，兩國政府頻頻接觸就足以說明一切。

挑戰美國掀起世紀衝突

從 2018 年的川普時代開始，中美之間的競爭達到高峰。2021 年 1 月 20 日拜登入主白宮後，情況遠未緩和，反而越演越烈。華盛頓終於意識到中國不欲人知的野心：就是削弱美國的世界領導地位並取代美國成為世界第一強權。中美在各個領域競爭，包括經濟、商業、政治、地緣戰略。但美國新總統決心挺身對抗中國，重新奪回美國失去的優勢。自拜登就職以來，這位美國總統身邊有一支堅實的中國問題專家團隊，表示他的首要任務是處理美中關係，並好好地撕碎中國的野心。美國總統幾乎在每個政府部門都安排了亞洲專家以及前歐巴馬政府的顧問，這也說明民主和共和兩黨在如何與北京打交道的方面已達成共識。尤其是新任國務卿安東尼・布林肯，他宣稱中國是「對美國最大的戰略威脅」。布林肯 2021 年 1 月 27 日在紐約對記者說：「美國和中國之間的關係可能是我們目前在世界上最重要的關係，這並不是什麼秘密。」

「這將大幅塑造未來世界的面貌」。拜登決定在國防部成立一個「對中戰略小組」（Task force），任務是「和國會兩黨密切合作及穩固聯盟夥伴關係」。國防部長勞埃德・奧斯丁（Lloyd Austin）此前曾解釋說，他將以「雷射等級的精確對焦」領導國防，以確保美國保持對中國的競爭優勢，並努力防堵北京努力成為世界霸主。中國問題專家埃利・拉特納（Ely Ratner）曾在歐巴馬政府時期擔任副總統拜登的國家安全事務助理，現在也被任命為勞埃德・奧斯丁的「對中戰略小組」組長。拉特納曾在 2020 年夏天發表演說，呼籲美國對中國採取多管齊下的戰略，包括阻止北京在高科技領域的威權主義及其在南海的主導地位。他堅定地認為，「美中關係正迎來一個嶄新而截然不同的時代」和「華盛頓必須更新美國的戰略視野」。五角大廈還有其他靈魂人物，例如國防部副部長凱瑟琳・希克斯（Kathleen Hicks），視中國為「我們這個時代的主要挑戰」；還有國防部副助理部長蔡斯（Michael Chase），在蘭德智庫工作時以研究中國的軍事現代化而見長；最後是參謀長凱利・馬格薩門（Kelly Magsamen），前亞太地區安全事務副助理部長。而國務院的重要人物，除了布林肯之外，還有米拉・瑞普 - 霍伯（Mira Rapp-Hooper），她曾發表一篇關於華盛頓如何重新獲得軍事和經濟主導地位以有效遏制中國的文章；而副國務卿溫迪・謝爾曼（Wendy Sherman）則將中美關係

視為「我們這個時代的核心關係」。拜登指派梅拉妮‧哈特（Melanie Hart）成為國防部的中國政策協調員，曾在智庫美國進步中心（Centre for American Progress）任職，2020年10月時與人共同撰寫的一份報告當中，她講述美國為何需要採取全面戰略來對抗接受中國國家補助的電信巨頭華為。在國家安全領域，美國國家安全委員會（NSC）也將由中國問題專家領導，他們都曾經對來自中國的挑戰發表過看法。因此，歐巴馬「重返亞洲」戰略的設計師庫爾特‧坎貝爾（Kurt M. Campbell）將成為美國國家安全委員會印太政策主要負責人。坎貝爾和被美國總統派任為國家安全委員會主任的魯殊‧多西（Rush Doshi），共同在《外交政策》期刊1月號上發表了一篇文章，他們主張「美國認真地重新參與亞洲事務」，以「致力遏制中國的冒險主義行動」。康乃爾大學法學教授莎拉‧克雷普斯（Sarah Kreps）表示，鑑於拜登早些時候警告說未來將與中國進行「極端競爭」，表示拜登政府團隊的對華政策已經轉向，不同於歐巴馬政府時期的政策。《南華早報》援引克雷普斯的話說：「種種跡象顯示，即使許多官員與十年前相同，政策也會有所不同。」「細節還不清楚，但與歐巴馬政府相比，語氣的轉變是非常明顯的。」另外在經濟方面，新任財政部長珍妮特‧葉倫（Janet Yellen）已經警示，美國正準備「動用所有可用工具」，解決「中國濫用不公平與不合法行為」破壞美國經濟的問題。

最後，美國新任駐聯合國大使琳達‧湯瑪斯 - 格林菲爾德，同時也是職業外交官與研究中國在非洲事務的專家，她強調將會聯合國舞台上反對中國的「專制議程」。她的副手，美國駐聯合國副大使蒲杰夫（Jeffrey Prescott），在拜登擔任副總統期間曾擔任副國家安全事務助理，是公認的中國事務專家，創立了耶魯北京中心（Yale Center Beijing）。組成拜登抗中團隊最後一塊拼圖的是財政部第二把交椅沃利‧艾迪波（Wally Adeyemo），他於 2021 年 2 月 23 日表示，美國打算讓中國負起遵守國際規則的責任，以確保美國企業在任何地方都能公平競爭。他說，「中國是我們的戰略競爭對手」，美國人現在必須尋求國際協調，才能讓「中國人明白，當他們違反國際規則時，是會被孤立的」。[253] 相比之下，據我所知，馬克宏總統身邊沒有任何中國問題專家可以為他提出建言。前法國總統歐蘭德（François Hollande）身邊則有一位經驗豐富的外交官和出色的中國事務專家，燕保羅（Paul Jean-Ortiz），只是很遺憾已經去世。法國，反正只是一個小國？

2021 年 2 月 26 日，美國總統在一次外交政策演講中為未來的中美關係定下基調。他認為歐盟和美國必須做好準備與中國進行「長期戰略競爭」。他也提出警告：「與中國的競爭將會非常激烈」，美國及其盟國必須立定腳跟「堅持」捍衛民主，對抗正在全球蔓延的獨裁主義。另外，「我們必

須站出來反對中國政府用耍賴和脅迫的態度去破壞世界經濟體系的基礎」，而且華盛頓將「反對壟斷市場和隨意採取鎮壓行動的國家」。世界上兩個最強的國家之間，競爭基調已經確立。習近平打算隨著拜登上台而能與美國恢復和平關係的希望將永遠落空。就在拜登發表演說之前，共和黨參議員暨參議院外交事務委員會主席麥克・麥克考（Michael McCaul）呼籲美國總統對中國採取「勇敢而有意義的行動」。他說：「光是譴責和嚴厲的談判已經不夠力了。」[254]

北京強烈主張南海主權

另一個受到高度關切的主題是中國聲稱擁有南海80%以上的主權，包括東南亞的南沙群島和西沙群島，整個劃定領土海域面積為約350萬平方公里，即中國所謂的「九段線」，從中國南部海岸延伸到馬來西亞南部。2016年時，應菲律賓的要求，海牙常設仲裁法院宣布中國的領海主張無效。但北京毫不讓步，並基於虛構的歷史宣稱對這些廣袤地區擁有主權。北京主張南沙群島和西沙群島從大約兩千年前就一直是中國的領土，還拿出古代手稿來證明這些群島曾被記載為中國的國土，甚至說在這些島嶼上發現了中國的陶器和硬幣。對於北京來說，歷史資料（其真實性可議）可以證

明大約在西元前 110 年左右，當時的漢朝已在中國大陸以南的海南島設立了行政機構，其管轄範圍包括南沙群島西沙群島。但是對於專家來說，即使找到漢朝貨幣，也不是一個令人信服的論點，與其說是中國曾真正管轄南海的證據，不如說更能證明中國與東南亞之間的貿易關係。越南、台灣、菲律賓、馬來西亞和汶萊也聲稱對部分島嶼和海域擁有主權。南海地區已成為世界熱點，主要是由於中國在此進行軍事化的建設。這些不同的國家都在爭奪豐富的漁業資源以及可能存在的大量海底石油和天然氣礦藏。全世界總共有 10% 的捕魚活動在南海進行。這裡也是重要貿易路線的戰略交叉點，因為是北太平洋和印度洋之間最短的航道。全球 70% 的貨櫃和 50% 的石油和液化天然氣運輸都要經過南海。

近年來，中國頻繁的出入該地區，甚至建造起人工島，並在幾個島上布署了軍事建築，包括用於戰鬥機降落和布署導彈的跑道，以及設置遠距雷達。由於自 1987 年以來的征服戰略，中國現在控制了整個西沙群島和大部分的南沙群島。2018 年，中國在南沙群島的兩個防禦前哨所（永暑礁和美濟礁）安裝了電子戰設備。這些強大的電台能夠干擾通信和雷達系統。2018 年 4 月同樣在南沙群島，位於越南以東、菲律賓以西的永暑礁、渚碧礁和美濟礁上布署了地對空和空對空導彈，距離中國大陸很遠。越南經常抗議中國船隻

侵入其專屬經濟區（EEZ）」，但無濟於事。菲律賓和印度尼西亞也一樣束手無策。這些國家的軍事能力遠遠無法與中國壓倒性的軍事影響力相提並論，而且後者在未來幾年只會更加強大。美國學者格雷厄姆‧艾利森（Graham T. Allison）指出，中國在南海進行了大型軍事建設，在南沙群島的七個島嶼上建立了前哨基地。2015 年 6 月，中國聲稱在該地區擁有超過 1,200 公頃的土地，而越南為 32 公頃，馬來西亞為 28 公頃，菲律賓為 5 公頃，台灣為 3 公頃。中國建造了港口、飛機跑道、雷達裝置、燈塔和倉庫：「在逐漸將美國擠出這些領海的同時，中國不僅將東南亞國家納入其經濟軌道，而且還將日本和澳大利亞也包含入內。」[255] 他說。與許多中國古代戰略家一樣，中國仍然相信「國家的偉大在於能控制海洋」。因此，可以預見中國「將把全部精力用在南沙群島和西沙群島領海內準備戰鬥並取得勝利」。「透過軍事布署來控制南海航線的出入，又能威脅美國航空母艦和其他戰艦的航行，中國正在逐步將美國艦隊驅逐出南海」。據報導，中國在該地區布署了一千多枚反艦導彈和一支龐大的沿海艦隊。數十艘配備魚雷和導彈的潛艇在這些水域穿梭巡邏，能夠擊沉任何敵艦。格雷厄姆‧艾利森認為，「中國有能力干擾甚至摧毀美國自 1942 年中途島海戰以來在太平洋地區建立的美國情報、監視和通信衛星的運作」。「在這塊與中國接壤寬度為 1,600 公里的海域，美國原本無可爭議的

海空控制權將不復存在。」[256]

　　然而，2020 年 7 月 13 日，美國透過時任國務卿的蓬佩奧宣布改變美國在該地區的政策，聲稱中國對南中國海的主張是「非法的」。蓬佩奧說：「我們明確表示，北京對南中國海大多數海域的離岸資源權利主張是完全不合法的，北京為了控制這些資源而展開的霸凌活動也是完全不合法的。」他提醒：「在 2016 年，海牙國際仲裁庭一致作出裁決，駁回了 PRC 的海洋『歷史性權利』主張，認為該主張依照國際法沒有法律依據。」這是美國外交的轉向，迄今為止，美國一向避免對該區的領海爭端表達任何立場，而只主張「航行自由」。蓬佩奧的繼任者布林肯於 2021 年 1 月 27 日在與菲律賓外交部長洛欽（Teodore Locsin）的電話交談中，更進一步表示美國將對那些受中國主張南海領海權而困擾的東南亞國家提供軍事支援。國務卿的發言人隨後指稱：「布林肯國務卿承諾在中華人民共和國的壓力下，將與東南亞國家站在一起。」

　　發言人續稱：「布林肯國務卿強調《共同防禦條約》對兩國（菲律賓和美國）的重要性。當菲律賓在太平洋、包括南中國海，遭受武裝部隊、船隻和飛機的軍事攻擊時，該條

J.　沿海國行使主權的海洋領域。

約明確適用。」「布林肯國務卿還指出，美國拒絕承認中國在南海的主張，因為這些主張超出了國際法認定國家有權要求的海洋區域，這項國際法是根據 1982 年《海洋法公約》所產生的。」[257]

話說得再明白也不過了。

2020 年 7 月 1 日至 5 日，中國在西沙群島附近的軍事演習驟然加劇了該地區的緊張局勢。華盛頓的回應是派出雷根號和尼米茲號兩艘航空母艦，還有護衛艦相隨，這是自 2014 年以來前所未有的軍事布署。另一方面，一向在這個問題上相當謹慎的法國、德國和英國則在 2020 年 9 月 16 日出乎意外地向聯合國提交了一份聯署的普通照會，他們認為中國在這地區所提出的領海主張是「不合理」並且違反國際法的。這三個國家的外交照會都表示不同意中國此前發出的七份照會。這是歐洲最大的三個國家──也是七大工業國組織 G7 的三個成員國──首次在中國海問題上表達共同意見並確認立場一致。此外，這一立場也經過這三個國家的仔細權衡、討論和準備。這也表明他們對南海衝突的擔憂，以及歐洲對此問題表達看法的必要性。歐洲的外交照會指出「一個大陸國家為了劃定一條直線的邊界而將自己視為群島國家的事實是毫無根據的」。[258] 至於日本，也 2021 年 1 月 21 日宣布中國不遵守《聯合國海洋法公約》的條款，所以在南海的主張「毫無根據」。這是日本常駐紐約的聯合國代表團發給聯

合國的一份普通照會中的內容。²⁵⁹

中國事務專家波恩達茲判斷：「這些國家中大多數都支持海牙仲裁法院 2016 年的裁決，該裁決明確指出，不是中國的主張均屬無效，而是中國所主張的理由，尤其是所謂的『歷史性』主張，從國際法的角度來看是無效的。」這位專家補充道：「也就是說，從純粹的法律角度來看，國際法不承認『歷史性』主張能成為充分的論據。這並不是說中國沒有權利在南海提出主權主張，而是中國的論點中包含『歷史性』主張，然後藉由這些『歷史性』主張讓中國認為伸張整個地區的主權是合理的（這就是中國的作法，不僅主張擁有海島的主權，也主張對整個地區擁有主權，即所謂的「九段線」海域），但是純粹從法律觀點來看的話，這是不能被接受的。」²⁶⁰

中國繼續加強在南海地區的影響。2021 年 3 月 7 日，菲律賓海岸警衛隊發現約有 220 艘中國漁船和中國海警船結隊停泊在聖靈礁（譯註：菲律賓稱聖朱利安‧費利佩礁，北京則將其命名為牛軛礁）附近的南海爭議水域，該區屬於菲律賓專屬經濟區，但中國聲稱聖靈礁是中國南沙群島的一部分。中國政權一次華麗的失誤。中國艦隊被發現之後，菲律賓立即向北京提出抗議。幾天之後，中國駐馬尼拉大使館為了平息眾怒，聲稱這些船只是惡劣天候下避風浪的漁船，並非從事軍事演習。但很快就發現：天氣晴朗之後，船隊並

沒有離開。他們根本就是要留下來的。從那以後，事情越演越烈，以至於原本熱切親中的菲律賓總統杜特帝（Rodrigo Duterte）不得不親自出馬處理。他的助手們在 4 月 5 日星期一公開批評中國，認為這次入侵菲律賓水域可能會損害雙邊關係。僅管北京堅持認為這些船隻只是漁船，但證據明擺在眼前：該船隊的的確確由中國軍艦護衛。菲律賓國家元首的私人律師薩爾瓦多・帕內洛（Salvador Panelo）解釋說，中國船隻持續在菲律賓海域內逗留是兩國關係中出現的一個不受人歡迎的「汙點」，中國此舉只會帶來大家都「不樂見的敵對」。

這位律師在一份官方聲明中說：「我們可以就共同關心和互利的問題進行談判，但不要搞錯，我們的主權是不可談判的。」杜特帝總統的發言人哈里・羅克（Harry Roque）在新聞發布會上強調了這一點：「對於我國領土或專屬經濟海域，一吋也不會放棄。」國防部長德爾芬・洛倫紮納（Delfin Lorenzana）補充說：「我們準備捍衛我們的國家主權並保護菲律賓的海洋資源。」這些聲明在在顯示菲律賓對中國的立場發生了 180 度的轉變，近年來隨著馬尼拉逐漸與美國保持距離，菲律賓也不斷在遷就北京。杜特帝總統為了不得罪北京，竟然無視海牙常設仲裁法院於 2016 年應菲律賓請求所作出的裁決，該裁決宣告中國在南海的主張無效，並裁定菲律賓勝訴。但馬尼拉一再表示，對抗中國可能導致戰爭。這

件事似乎證明中國犯了一個嚴重的戰略錯誤，因為馬尼拉危機把菲律賓推出了中國勢力範圍，並使其投入了美國人的懷抱。中國真是偷雞不成反蝕把米的最佳寫照。華盛頓立即把握良機，介入雙方的關係缺口。國務卿布林肯於 3 月 29 日在推特上表示，在「中國海上民兵」入侵後，「美國和我們的盟友菲律賓站在一起，面對中華人民共和國在聖靈礁集結的海上民兵。我們將始終站在同盟國一邊，維護以規則為基礎的國際秩序」。毛澤東在一份著名的聲明中說「反動派只會搬起石頭砸自己的腳」。這句話非常適用於今天的北京政權。尤其菲律賓在 4 月 2 日星期四又發現了另一件奇怪的事情：中國海軍很可能會在九章群礁（Union Banks）上建造堅固的建築物，其中還包括聖靈礁，這證明北京打算繼續在南海建立軍事基地。

為了維護南海的「航行自由」，一些西方國家定期向南海派遣軍艦，例如美國、澳大利亞、法國和英國就是這種情況。2021 年 2 月 18 日，法國雷電號兩棲攻擊艦（Porte-hélicoptères）和速科夫號護衛艦（Surcouf）從母港土倫出發，穿越印太地區和南海，參加了美國和日本艦隊的聯合海軍演習。當被問及此次任務的目的時，雷電號艦長托尚（Arnaud Tranchant）解釋法國艦隊希望「努力加強」法國與美國、日本、澳大利亞和印度這四個國家的「四邊安全對話」（Quad）關係。這次法國海軍進入中國南海之前，紅寶石級核動力攻

擊潛艦「翡翠號」（Emeraude, S604）及支援艦「塞納河號」（FS Seine A-604）已經從 2 月 8 日起在同一地區巡航，也引起了北京當局的憤怒。對於中國南方廈門大學南海研究所的專家傅崐成來說，這些巡弋和演習活動「令人警覺」，中國應該思考如何因應，「很清楚的，美國希望與其北大西洋公約組織盟友聯合，藉由演習和所謂的航行自由行動，在南海秀肌肉。當這些國家主張航行自由時，中國應該派軍艦陪伴他們。但如果他們進入中國聲稱擁有主權的領海，我們就必須以《聯合國海洋法公約》為準，提出抗議。」香港英文報《南華早報》援引中國軍事事務評論員、前中國人民解放軍教官宋中平的話說：「法國派出海軍艦隊顯然是為了在印太地區爭取存在感，尤其在美國壓力之下，也為了與美國的軍事布署合作。」[261] 法國這項任務是在 2021 年 2 月 9 日美國南海布署之後執行，羅斯福號航母戰鬥群和尼米茲號航母戰鬥群進入南中國海進行聯合演習，是美國七個月以來在南海最重要的布署。

2022 年初，全新的英國航空母艦「伊麗莎白女王」號也將加入南海巡航任務，前往南中國海航線執行首次任務。這項任務於 2019 年 2 月由前英國國防部長蓋文·威廉姆森（Gavin Williamson）披露，他認為：「該任務將使『全球化英國』成真。」2020 年 12 月 31 日，中國國防部新聞發言人譚克非強調，「域外國家不遠萬里跑到南海來耀武揚威、

挑動事端、製造緊張，才是南海『軍事化』的根本原因。中國軍隊將採取必要措施，堅決捍衛國家主權、安全、發展利益，堅定維護南海地區和平穩定。」

但實際上，中國能做什麼？什麼也不能。否則，在這個已經成為世界上特別「熾熱」的戰略地區，就可能會引發武裝衝突，甚至一發不可收拾。2021 年 2 月 20 日，美國警告中國不要在南海使用武力，同時重申中國在該地區的主張是「非法的」。美國國務院對中國全國人民代表大會於 2021年 1 月 22 日通過的新立法表示「關切」，該法案允許中國海警船對「非法」進入這些水域的外國船隻使用武器。美國國務院發言人內德・普萊斯（Ned Price）表示，這項法案「強烈暗示該法律可能被用來恐嚇中華人民共和國的鄰國。我們也擔心中國可能會援引這項新法律來加強其在南海的非法海洋主張」。

口罩疫苗捐贈外交

根據中國商務部的數據，中國在 2020 年出口了約 2,200億個外科口罩。這個驚人的數字相當於在中國以外的每個人可以有 40 個口罩。中國是第一個受新冠病毒影響的國家，也迅速確立世界主要口罩製造商的地位，北京更毫不猶豫地

利用這個機會，在國外大肆宣傳捐贈口罩的外交。商務部副部長錢克明告訴記者，中國還出口了 23 億套防護服和 10 億套病毒檢測快篩盒。他說，對中國來說，這是「為全球抗疫鬥爭作出重要貢獻」。[262] 但是說實話，如果北京捐贈了一小部分口罩和衛生用品（總共幾百萬），那麼絕大多數實際上是銷售出去的，利潤甚至非常豐厚。事實上，在口罩外交之後，中國的政治外交攻勢非常猛烈，向辛巴威、匈牙利、摩洛哥、阿爾及利亞等許多國家捐贈疫苗，希望博得世界各地的人心，也博得民眾的好感。因此，截至 201 年 2 月 15 日，中國共送出了 4,600 萬劑中國國產疫苗（國興和國藥），甚至超過了中國人口接種疫苗的總數量（4,052 萬）！[263] 當時中國每 100 名居民接種了 3 劑疫苗，而美國超過 15 劑，英國每 100 名居民近 22 劑，以色列甚至有 70 劑。因此，中國當局優先考慮的是捐贈疫苗，而非照顧國人的健康！[264] 不過，中國國家主席習近平確實很早之前就承諾要讓中國疫苗造福人類。對照中國的作法，美國、印度、澳大利亞和日本於 2021 年 3 月 12 日在非正式的四邊論壇「四邊安全對話」期間，承諾將在 2022 年底之前向印太地區各國貧困人口提供 10 億劑疫苗。[265] 這些疫苗將全部在印度生產，這樣可以提升印度對抗北京的能力。

冠狀病毒的溯源：
通往真相的漫漫長路

　　隨著世界各地敦促中國說明真相的呼聲越來越高，關於冠狀病毒起源的重要線索逐漸明朗，該病毒很可能來自 2012 年雲南（中國西南部）一個礦區的蝙蝠，從 2021 年 3 月 14 日開始大流行，導致六百多萬人（包括我最親近的家人）死亡並毀掉數十億地球人的生活，這是一個多世紀以來地球遇到的最嚴重健康危機。我們要記住 2019 年 12 月這些場景：生病的穿山甲、武漢海鮮市場攤位上出售的野生動物、幾隻迷失蝙蝠的照片，早已掩蓋了病毒的真正起源。為了反擊各國的指控，中國宣傳部門指責參加 2019 年 10 月在武漢舉辦的世界軍人運動會的美軍才是罪魁禍首。

　　2020 年 9 月初，中國官方媒體甚至在社群網路發布一段關於「美國軍方在世界各地設立 200 個神祕生物安全實驗室」的影片，並懷疑這是新型冠狀病毒流出的原因。然後又將矛頭轉向一個同樣不可能的推論，指稱病毒可能來自從國外進口的冷凍產品。當然，真相必須在其他地方挖掘，而中國當局正在千方百計壓制一條越來越可信的線索：2012 年雲南一家礦區工人感染病毒，然後一直悄悄在傳播，直到一位知名的中國研究人員將病毒帶回武漢病毒研究所 P4 實驗室去研究。這就是關鍵問題所在：是否發生了事故，讓病毒從

實驗室洩漏出去？這是二十六位國際科學家小組在 2020 年 3 月 4 日的一封公開信中提出的關鍵問題之一。他們譴責在 2020 年初世衛組織調查人員無法到武漢進行調查，並敦促不要排除意外洩漏的可能性。根據公開信連署者的說法，有必要審查各種不同的情況，特別是武漢實驗室的一名員工可能在採集冠狀病毒樣本、或在運送病體動物、或在處理此類標本的廢物時意外被感染的情況。

《世界報》12 月 22 日發表了一篇考證詳實的文章，解釋了相關來龍去脈：2012 年 4 月 25 日，一名四十二歲的男子在武漢西南約 1,500 公里的雲南省省會昆明被送醫治療。他連續兩個星期咳嗽，發高燒，尤其呼吸困難的情況越來越嚴重。第二天，另外三名年齡在三十二至六十三歲之間、症狀相似的患者被送入同一機構。第三天，一名四十五歲的男子也被收治。一週後，第六名病人，三十歲，也加入了他們的行列。所有人都或多或少具有相同的嚴重肺炎症狀。他們的胸部掃描顯示雙肺皆感染，伴有毛玻璃樣混濁，現在被認為是新冠肺炎的相對特徵，儘管不是絕對的。其中三個有血栓形成的跡象，這種血管阻塞的病灶也是新冠肺炎併發症的典型特徵。他們所有人的共同點則是都在墨江縣潼關的一個廢棄礦山工作。在一個住有馬蹄蝙蝠（rhinolophes）礦井裡，這六個人花了長達兩週的時間刮除隧道中飛行哺乳動物的糞便。其中三人分別在住院後的十二天、四十八天和一百

零九天之後死於醫院。最年輕的兩個在住院不到一星期之後就脫離險境，而另一個四十六歲的人在入院四個月後才得以出院。北京對這條線索始終絕對保密。而這個有問題的礦井現在已被密封起來，還小心翼翼地防止有人窺探。中國政府的沉默和隱瞞文化再次曝光，但這一次是在一個全球性的話題上。外國記者團隊被憤怒的村民無情地驅趕，礦井入口則設置了攝影機，所有進入礦井的通道都被路障封鎖。去年 2 月，世界衛生組織的專家小組前往武漢，試圖確定病毒來源，但任務徹底失敗。中國當局不僅錙銖必較地與聯合國組織就調查條件進行談判，嚴重損害專業知識的獨立性，而且根據《紐約時報》的調查，這些專家（當然是有聲望的）都被中國政府收編了，他們的工作結論報告必須符合北京所設定的結論。在過去的一年裡，我們已經走過了漫長的道路。在疫情爆發之初，任何提及實驗室線索的行為都被歸類為純粹的陰謀論，或者與川普及其政府的反華攻勢有關。然而，正如《觀點》週刊駐香港記者佛洛赫斯[266]（Jérémy André Florès）所解釋，這一推論實際上並非來自川普陣營。孟天行（Jamie Metzl）是美國智庫大西洋理事會（Atlantic Council）資深研究員，曾任美國參議院外交委員會成員（當時拜登為委員會主席）和克林頓政府期間的國策顧問，他是華盛頓第一個認為 2020 年災難性大流行可能源於研究事故的人。

這位親近「民主黨建制派」的人物早在 2020 年 4 月就列出了許多論點和證據，使他得出結論：「病毒大流行有 85% 的可能性是由意外洩漏開始的。」這一強有力的論點，證據來自公共衛生和基因工程研究的專家、熟悉中國問題的專家及那些只相信科學而非如川普政治化證據的專家意見。2021 年 3 月 11 日，中國總理李克強承諾，中國將繼續與世衛組織合作，與他們一起研究病毒的來源：「我們還願意繼續同世衛組織一道，推動科學溯源工作。」世界各地數百名科學家紛紛加入檢視中國話術的行列。中國的信譽再次受到損害。

　　2021 年 6 月 2 日中國習近平主席在中國共產黨中央政治局上宣布中國應該尋求一種和平的外交政策。聽起來似乎是在質疑實行多年的「戰狼外交」，這種挑釁和毀謗式的外交政策造成中國與許多國家的紛爭，也讓中國的形象在國際上一落千丈。根據英國廣播電台 BBC 轉述中國新華社的報導：習近平主席要求各領導階層以及國家宣傳部要修復外交形象，重新塑造成「可信、可愛、可敬的中國形象」。那他要怎麼做呢？是要改善在國際上的大外宣？還是要擴大過去兩年來不斷縮小的友好國家圈子？

　　根據新華社報導習近平的講話內容：要廣交朋友、團結和爭取大多數，不斷擴大知華友華的國際輿論朋友圈。習近平還指示：「要注重把握好基調，既開放自信也謙遜謙和。」習近平再強調說：「要加強對中國共產黨的宣傳闡釋，說明國外民眾認識到中國共產黨真正為中國人民謀幸福而奮鬥。」

　　習近平發表這些聲明的時間，剛好是在中國與其他大國關係日益緊張的時候。與美國的緊張關係是顯而易見的，另

外還有日本，澳大利亞，歐盟，英國，菲律賓，馬來西亞和印尼等。新冠肺炎疫情擴散對中國的形象並沒有幫助，而且恰恰相反。尤其美國最近決定要再度追究疫情散播的起因，可能指向實驗室洩漏病毒。北京對此當然非常不快，認為華盛頓的指控是「政治操作」或是美國故意把責任「甩鍋」給中國。

另外讓中共的形象江河日下的原因，還有拜登政府譴責為「種族滅絕」的維吾爾族人被大量羈押並殘害的慘劇，以及香港人的自由和民主權利被剝奪的事實。更不用說被視為囂張跋扈的「戰狼外交」了，為這兩個地區政策開脫辯護的傲慢態度令人嘆為觀止，也讓天朝中國所謂的「軟實力」的形象潰不成軍；即便如此，習近平與共產黨準備向西方國家推薦「中國模式」的政治制度，他信誓旦旦認為中國政權的效率優於西方「失靈」又「失效」的民主制度。習近平同時要求外交人員要盡一切可能，傳遞中國「正向」和「開放」的形象。這個要求直接打臉「戰狼外交」的挑釁式策略，外交人員原本被鼓勵採取咄咄逼人的大外宣手段，甚至在網路上散布假消息，處處詆毀西方的民主政治制度。

自 1949 年中共建國以來，最高領導人發布這樣的聲明，即使不是史無前例，也足以令人難以置信。因為聽起來像是在自我批評。這或許說明中共的戰狼外交已經失靈了？

事實上戰狼外交往往造成反效果，與北京當局的期望大相逕庭！那些被戰狼外交盯上的人並沒有被嚇倒也沒有屈服於其淫威，反而信心大增，還因為被中國欺壓而獲得同儕和各界的大力支持。如果不是承認失敗，為什麼習近平的態度突然180度轉變？是否是為了共產黨內部政治的考量？2021年對他來說確實是關鍵的一年，因為他要為2022年秋季的第二十次全國代表大會鋪路。屆時，他必得再度連任，這也會是自1980年代鄧小平改革開始以來，國家領導人史無前例的第三個五年任期。這條路並非一帆風順，中國領導人必須不斷地進行周旋，以消除黨內歧異，有些派系不太贊同他與美國和整個西方國家劍拔弩張，並譴責此舉將引起新「冷戰」，為國家帶來種種危機。

　　與北京中心的紫禁城相鄰的中南海是中國最高權力所在地，最近發生了一些緊張的跡象，我們將不得不密切關注未來幾週或幾個月在這些中國國家管理機構中發生的事情。真實的情況尚待釐清。最近幾個月，與美國的過招確實激烈。習近平的精彩演講也許已經被拜登的政府聽到了。至於他是否會心口一致，那就要看後續了。畢竟那些戰狼外交官們仍然穩穩安居其位。國際觀察家對中國仍然保持戒心，最後還是得「聽其言觀其行」。

　　當太陽從東方升起，在西方落下時，西方就會有點手足

無措。我們都聽過這種刻板的老生常談。^A 但風水輪流轉，也沒有什麼是絕對不變的。我相信在我這本書付梓時，習近平主政的中國會朝向與世界其他國家衝突的路線。北京正招致許多西方國家的敵意，甚至是不信任，更別說掀起公眾輿論的撻伐了。自從這位中國獨裁者於 2012 年上台以來，中國及其外交「戰狼」^B 已經「成功」地與地球上大部分的國家為敵。中國長久以來對美國深惡痛疾，[267] 跟英國、加拿大^C、澳大利亞、印度、瑞典等國也好不到哪裡去，至於對日本、韓國和紐西蘭則稍微好一些。接著也許很快還會與法國和德國翻臉，而德國長期以來一直是支持與中國對話的國家。與此同時，東南亞許多國家都生活於恐懼之中，擔心中國這巨頭在該地區日益增長的影響力。歐盟有的國家的元首甚至表示過去對中國太過「天真」了，現在應視中國為「系統性競爭」的對手。^D 就連早已落入中國圈套的土耳其，最近也開始要求中國為其對待新疆維吾爾人的行為負責。別忘了，新疆維吾爾人也是突厥語系，土耳其也因而成為第一個對這一悲劇打破沉默的穆斯林國家。即使幾乎稱不上反華的新加坡總理李顯龍也認為，北京政權採取的政治方向已經與大大小小國家造成了緊張關係。他在接受英國廣播電台 BBC 的「亞洲商業對話」（Talking Business Asia）節目訪談時說：「對於中國正在走的道路以及是否適合走這條道路，還存在著很大的不確定性和焦慮」，「我認為這不符合中國的最大

利益」。[268]2021 年 3 月 12 日，美國總統拜登、日本首相

A. 支持亞洲主義並批評西方主義的人當中，意見最清晰的可能是新加坡的馬凱碩（Kishore Mahbubani），新加坡外交官，與李光耀關係密切，1971 年至 2004 年曾任新加坡常駐聯合國代表，也是前駐柬埔寨、馬來西亞和美國大使。馬凱碩多年來一直預測中國和亞洲將勢不可擋地戰勝正在江河日下的美國以及西方國家。

B. 這個詞通常指稱新一代的中國外交官，他們聽從黨的指示，蓄意採取咄咄逼人的態度，向世界宣傳中國所謂的成功，尤其是處理冠狀病毒大流行的成功。這個詞取自吳京導演於 2015 年上映的中國冒險動作片《戰狼》，這部片特別針對非洲市場，頌揚中國特種部隊英勇對抗一群被毒梟僱傭的傭兵。事實上，這些外交官的行為時常激怒他們的西方對手。例如中國駐法國大使盧沙野，他於 2020 年 4 月 15 日被法國外交部長勒德里昂（Jean-Yves Le Drian）在外交部召見，勒德里昂非常「不贊同」中國駐法國大使館官網上一系列匿名的「不恰當」專欄文章，尤其文章涉及不實指控，造謠法國的照護養老院工作人員因疫情而擅離職守，集體逃離，導致老人成批餓死、病死。

C. 華為董事孟晚舟涉嫌違反美國對伊朗的制裁並與伊朗進行非法交易，隨後於 2018 年 12 月在溫哥華被捕並軟禁於其住家，六天後，兩位加拿大公民史佩弗（Michael Spavor）和康明凱（Michael Kovrig）被中國指控為間諜，於 2018 年 12 月 10 日被捕，在中國監獄中受刑至今。儘管這兩件事之間的關聯從未得到官方證實，但中國當局似乎將逮捕行動作為談判籌碼，以確保加拿大當局釋放這名華為董事。孟晚舟戴著電子腳鐐住在溫哥華的豪華別墅中，還可以自由地在城市中走動，而史佩弗和康明凱則被單獨監禁在與外界隔絕的牢房中。

D. 「對中國採取天真態度的時代已經過去了」，歐洲議會議員娜塔莉．盧瓦索（Nathalie Loiseau）於 2021 年 1 月 30 日在參議院議員公共電視台 Public Sénat 上說，「不要擔心我們現在的樣子，也不要質疑我們價值觀，更不要覺得我們不夠分量或不夠強大」。https://www.publicsenat.fr/article/parlementaire/accord-chine-ue-le-temps-de-la-naivete-est-derriere-nous-estime-nathalie。

菅義偉、澳大利亞總理莫里森和印度總理莫迪在「四邊安全對話」虛擬峰會之際，一致同意共同打擊中國對他們某些國家的「侵略」和「恐嚇」。白宮國家安全顧問傑克・沙利文（Jake Sullivan）在峰會後解釋，四位領導人譴責「中國恐嚇澳大利亞、騷擾日本的尖閣諸島（位於東海，日本轄下的無人小島，但中國聲稱擁有主權並稱為釣魚台），以及侵略印度 E 的邊界等行為」。[269] 再舉另一個說明中國陷入孤立的例子，2021 年 3 月上旬，中國人民政治協商會議（沒有任何決策權）的一位代表許進公開提議，不再將英語（或外語）設為高考必考的科目。他說，學習英語以及其他外語，對這個國家的年輕人來說是浪費時間和精力。[270] 近年來，中國在年度軟實力排名中一落千丈。根據 2021 年 2 月 25 日發布的年度全球軟實力指數（Global Soft Power Index），中國從2020 年世界第 5 位，在 2021 年降到第 8 位，落後於德國、日本、英國、加拿大、瑞士、美國和法國。這是因為對新疆和香港的鎮壓以及對台灣不斷進行恐嚇演習，造成在國際舞台上形象長期受損的後果。[271]

　　2021 年 2 月 25 日，習主席在長達一小時的電視宣講中表明中國現在已經徹底消除農村極端貧困且取得「全面勝利」。他吹噓說，「中國共產黨領導和我國社會主義制度是抵禦風險挑戰、聚力攻堅克難的根本保證。」[272] 他說，中國在創紀錄的時間內成功使 8.5 億農村人口擺脫了極端貧

困，「縱覽古今、環顧全球，沒有哪一個國家能在這麼短的時間內實現幾億人脫貧」。這位黨主席繼續說，「我們創造了又一個彪炳史冊的人間奇蹟。這是屬於中國共產黨的莫大榮譽。」[273] 多年來，消除貧困一直是中國國家元首的重要功課之一。這一目標現在已經實現，代表習近平取得了不可否認的成功，也完成鞏固共產黨正統地位的條件之一，另外兩個條件則是完成國家統一大業（未完成）與維護國家獨立了。

2021 年 3 月 5 日，中國總理李克強宣布 2021 年軍事預算為 2,600 億美元（1 兆 3550 億元人民幣），比 2020 年增長 6.8%，這是近年來一直穩步增長的預算。當然與美國的國防預算相去甚遠（2021 年為 9,340 億美元，超過世界上所有國家的國防預算總和），但仍是世界排名第二。[F] 中國政府首長在全國人民代表大會開幕式致詞時指出，該預算將能讓人民解放軍「加強其戰備能力」。2021 年 3 月 9 日，習近

E. 2021 年 6 月 15 日星期一晚上至 6 月 16 日星期二，在印度北部拉達克的爭議邊界，至少 20 名印度士兵和 4 名中國士兵在兩軍對峙中喪生，這是兩個亞洲巨人之間 45 年來首次發生致命軍事衝突。

F. 中國目前有 3 艘現役航空母艦（美國有 11 艘），很快會有第 4 艘核動力航空母艦，於 2021 年初開始建造。另外，也要知道美國大約有 800 個軍事基地，分別位於 70 多個國家，而中國在吉布地只有一個，位於吉布地。

平主席強調，「當前我國安全形勢不穩定性不確定性較大。」「全軍要統籌好建設和備戰關係，做好隨時應對各種複雜困難局面的準備，堅決維護國家主權、安全、發展利益，為全面建設社會主義現代化國家提供堅強支撐。」[274] 相較之下，這是台灣國防預算 132 億美元的 16 倍，比一年前增長 4%。此外，相關專家判斷這個官方預算遠低於實際數字，因為將研發新軍備的經費計算在內。為什麼中國軍備預算如此高昂？中國是否面臨遠慮近憂的外國入侵威脅？顯然不是。那麼是不是有朝一日要攻打台灣？中國血親同胞最後會互相殘殺嗎？我擔心習近平在面對國內的叛亂時，會決定攻擊台灣，以孤注一擲的方式挑起國內民族主義以轉移焦點，重新鞏固以自己為核心的政權。2021 年 3 月 23 日，美國印太地區司令約翰・克里斯多福・阿奎利諾（John C. Aquilino）在參議院軍事委員會的聽證會上發出警告：中國很可能「比我們大多數人想像得更快」對台灣發動攻擊。他補充說：「我們必須考慮到這一點，並在短期內緊急建立威懾能力。」[275]

現居葡萄牙的中國著名雕塑家兼導演艾未未，他對於西方民主在面對中國時的前景，毫不留餘地。他認為：「這是新的現實。在全球化的背景下，大企業與中國牽連甚深，沒有任何邊界、意識形態或任何形式的爭論，只有利潤。在戰略上，中國是贏家。」

「過去 30 至 40 年的民主化浪潮即將結束。如果你看看

美國、巴西等國的情況，就會發現民主自由的概念在這些自由民主國家開始產生反彈。其中許多國家都有內部危機，這就會為專制政權帶來巨大優勢。」

「像波索納洛（Jair Messias Bolsonaro）、普丁或中國習近平這樣的領導人都是強人，都很擅長為所欲為。我認為他們還能持續得逞一段時間，似乎沒有辦法阻止他們。」

「現在是一個非常微妙的時期。我不認為這場病毒大流行會真的讓人類得到警惕，並認真思考如何面對未來採取明確的方向。我們面臨的是歷史上無前例可循的時刻。新技術、中國經濟霸權崛起，西方強國對極權束手無策，以及嚴重無比的氣候問題等。所有這些都讓人質疑人類的未來。」他補充道。[276]

雖然艾未未的質疑皆有所據，但我不同意這種悲觀主義。誠然，我們世界確是進入激烈的意識形態戰爭階段：一邊是以中國為首的專制政權，另一邊是我們西方民主社會。中國充滿自信勇往直前，堅信自己路線的正確性和激昂的民族主義，而西方社會則陷入前所未有的道德危機，喪失可以參照依靠的準則、排斥精英階層、不斷質疑世界的未來。假資訊、陰謀論和假新聞正在肆虐，使數以百萬計輕信和天真的人陷入被愚弄的蒙昧境地，世界各地的社群主義和民粹主義也正困擾著我們。

中國趁機利用我們西方這場社會斷層和道德的危機來

向前推進其立場。一方面，中國人有紀律，有一定的公民意識了。在公共場所吐痰的狀況不再，也不再將菸屁股扔在地上，也不再在大眾捷運上違規。沒有像美國那樣的血腥槍擊事件。在中國，嚴格禁止持有槍械。[G] 另一方面，在我們法國，十四歲的孩子在郊區自相殘殺，公民意識逐漸凋零。但是在中國也是如此，2021 年 2 月，陝西省西北部勉縣一名十四歲少年殺害了一名六歲少年，這樁案件在中國社群網路上引發了激烈爭論。2021 年 3 月 18 日，拜登上台後的首次中美高層面對面會晤在安克拉治（阿拉斯加）舉行，中國外交官員楊潔篪清楚表明，中國現在是代表自由民主的替代制度。北京不再打算讓華盛頓壟斷世界模式，而是挑戰美國領導地位的合法性。楊潔篪說，美國「比西方世界更不代表國際輿論」。暗潮洶湧的中美激烈對抗背後，是兩種社會模式的對峙。儘管局勢一一亮起紅燈，我仍然堅信民主、思辨和騷動蓬勃的知識將戰勝單一思想、自由意志的消失和審查制度。

　　西方顯然沒有什麼值得中國借鏡的，而美國可能又比其他國家少一點。中國擺脫貧窮的速度之快令西方大為讚賞，中國又從世界工廠晉升為世界實驗室，其經濟發展的後座力之強更令西方大為豔，至此西方人的腦海開始出現幻想：1978 年鄧小平採取經濟改革，開放中國與世界貿易，假以時日將促使中國民主化並正式擁抱普世價值。這是對一個曾經

照耀世界好幾個世紀的文明大國一廂情願的奢望。這個奢望在中國於 2001 年 12 月 11 日加入世界貿易組織後變得更為具體。對中共來說，這是在政治上取得重大的成功，也得到美國鼎力相助，讓中國能躋身世界貿易大國之列。隨後中國即露出真面目，不但打破規則還弄虛作假。西方國家對中國的奢望隨之被不信任的態度所取代。事實上，中國走的是完全相反的道路。多麼苦澀的幻滅！今天的中國讓我們感覺被背叛的痛苦，感覺白白浪費力氣，而更讓人覺得悲慘的是這個國家正在倒行逆施，但還不知道會倒退到什麼地步，會產生什麼後果。

我們已經到了關鍵時刻。為什麼幾乎所有我認識的漢學家和一些有開明意識的中國事務專家，及一些資歷豐富的駐華記者都與北京保持距離？許多人甚至摸摸鼻子轉身就走。我絕不是要替他們說話。但讓我們張開眼睛說亮話吧，當你我都知道現狀是如何的時候還保持沉默，是不是就有點像是幫凶？最近，一位朋友（我不願透露他的身分）寫道：「我

G. 2021 年 3 月 16 日，亞特蘭大發生槍擊事件，造成 8 人死亡，包括 6 名亞裔女性，這起悲劇在美國亞裔社區引起了一波關注，隨後發生了多起針對亞裔的仇恨攻擊，這無疑是受到前總統川普頻繁使用「中國病毒」一詞的刺激。根據仇恨和極端主義研究中心（Center for the Study of Hate and Extremism）的數據，2020 年美國 16 個主要城市針對亞裔美國人的仇恨犯罪，與 2019 年相比，增加了 149%。

有祖先是中國人，但我發現的中國與這裡所看到的中國可以說完全兩回事。我不想戴著有色眼鏡或偏頗觀點去評論中國。這個民族和其他民族一樣都是人類組成的，我不希望對這個與西方不同的先祖文化產生難以置信的仇恨，因為仇恨會導致脫序且無法控制的災難。我理想政治的模型既不是中國政權，也不是美國政體，尤其不是鼓吹宣傳戰的政府。我身上其他的血緣讓我不得不提防任何過於一致的意見，也不盲目去追隨極右翼或基本教義派。」

我被他這種真誠和天真感動，我告訴他，雖然四十年來我一直喜歡中國，這個國家自 1978 年以來的非凡進步也令我崇拜不已，但今天我心痛欲裂沮喪萬分。不，不是針對中國，尤其對中國人民沒有任何仇恨。但另一方面，還是會關注那些駭人聽聞和令人震驚的重大問題，以及關心那些對地球環境會產生嚴重後果的政策，這是攸關人類共同利益。我們在西方擁有新聞自由，不像在中國的新聞必須被審查、噤聲、聽命於政府。自由和多元化的新聞媒體是保障我們民主國家運作的壁壘之一，也多虧了它們，才能讓北京的所作所為無所遁形。當今世人對這些暴行和問題已經產生了共識。我深信，這種共識會在未來幾年蔓延開來，中國政權如果想挽回面子，除了提供比我們目前聽到的更有說服力的證明外，別無選擇。但是我不確定中共是否有能力，最重要的是，他是否有這個意願。今天的世界是一個前所未有的開放

世界。障礙會消失，面具也一樣。二十一世紀將不再是美國的世紀，也可能不是中國的世紀。中國或許會在 2028 年左右成為世界上領先的經濟強國，但並不會成為世界領袖。不可能的。因為要成為世界領袖，首先需要有一個令人羨慕的政治體系，方能取代美國。再者要有一個強大的軟實力，不能有傲慢的「戰狼」外交官產生適得其反的效果。最後要有一支具有全球影響力的軍隊，可以同時在地球的四面八方進行干預。這些顯然都是中國辦不到的。二十一世紀將是資訊和知識的世紀。人類渴望知識和真理。最終，真理將會戰勝謊言，光明終將戰勝黑暗。再也沒有東西或任何人可以阻止文字和圖像的力量。這場資訊戰，我深信習近平政權必敗無疑。這只是時間問題。習近平把賭注押在西方國家不可逆轉也無法阻擋的衰落，想把他的規矩強加於全世界。他不但會輸掉這個賭注，而且還會事與願違地發現西方國家擋在自己的道路前方。事實上，美國雖然有內部問題，但剛剛進入經濟、政治和技術復興的階段，而且將持續數年，而歐洲也緊追著美國的腳步。另外，無論是個人或是國家都從這場危機中學習到一些教訓並彌補錯誤，找出他們之間無可置疑的共同點，並重新建立趨於瓦解的關係。

2017 年，在中國共產黨第十九次代表大會期間，習近平提醒那些可能忘記口號的人：「黨政軍民學，東西南北中，黨是領導一切的。」這是回歸極權主義的絕妙表現。但習近

平和他的政權已經落入了他們為自己設置的陷阱：恥辱和抹黑。2021 年 3 月 7 日，中國外交部長兼國務委員王毅宣布中國共產黨將再存在一千年。事實上，此時此刻，我們可能正在目睹一個窮途末路的制度開始走向毀滅，而中國已經是世界上最後一個偉大的共產主義國家。2021 年 3 月 18 日在安克拉治舉行的中美會談是拜登上台以來的第一次的中美面對面會晤，而此次會議以失敗告終，說明兩個世界大國之間的鴻溝比以往任何時候都還要大，對未來而言也不是好兆頭。這兩大截然不同的世界觀如今公開正式較量。一個是開放的社會，另一個是封閉的社會。我們今天面臨的問題實際上遠遠超出了中美爭奪世界霸權的範圍。

這是兩種社會模式之間的意識形態衝突：一種將人類廣泛接受的普世價值作為自己的價值觀，而另一種則斷然拒絕這種價值。意即民主主義對抗極權主義。[H] 今天最大的遺憾是我們幾乎沒有機會見到中國人民，與他們談論我們地球的命運。根本原因已在前幾頁中提及。然而，我們迫切需要他們參與這場辯論。重建我們之間的橋梁需要多長時間？在2021 年慶祝成立 100 週年的中國共產黨創造了一個怪物，這是一個地獄般的政黨，故意炒作民族主義，讓 14 億人蒙蔽了雙眼並隨之起舞。我不確定這一切會將我們帶向何處。想要停止這個連鎖作用是不是已經太晚了？有時我在想，我們是不是在走向第三次世界大戰？一邊是蠶食鯨吞的法西斯主

義，數以百萬計的人被當成人質。另一邊還在緩慢、笨拙、漫不經心地摸索如何對抗。這個問題已經困擾我一段時間了。全面的衝突有可能嗎？也許最終不會。但是，當人類的激情像現在這樣捲入其中時，人們就再也無法保證會發生什麼事了。

H. 美國總統拜登於 2021 年 3 月 25 日在華盛頓舉行的新聞發布會上對這場對抗的形式做了說明，這是他上任後的第一次。「您的子孫將要撰寫關於專制或民主哪一方獲勝的博士論文。這就是利害關係之所在。我們必須提供證據證明民主是行得通的。」華盛頓郵報，2021 年 3 月 25 日。https://www.washingtonpost.com/opinions/at-his-first-news-conference-biden-showed-his-passion-for-democracy--starting-at-home/2021/03/25/f4d5117a-8dac-11eb-9423-04079921c915_story.html

致謝

拜許多良師益友不吝賜教，在我書寫過程中受益頗多。這些振聾發聵的建議，在某種程度上，讓這次「大長征」往更光明的方向發展。

首先我要感謝黎明出版社（Éditions de l'Aube）的編輯瑪儂·維亞爾（Manon Viard）女士和她的父親、著名的社會學家吉恩·維亞爾（Jean Viard）先生，感謝他們一再重振我的信心，並一路堅定支持，使這項書寫計畫終能付梓。這份信任並非理所當然，所以讓我倍受感動。黎明出版社自詡為堅持社會責任的出版商。這就是為什麼我馬上就覺得跟他們相處如魚得水。

我非常感謝高敬文（Jean-Pierre Cabestan）幫拙著撰寫序言，他的拔刀相助，在當今時代實屬難能可貴的勇氣。

感謝泰思達（Hubert Testard）先生不只一次在我的寫作過程產生懷疑的時刻，都給予堅定的支持，並仔細校對我的手稿。他的鼓勵珍貴無比。

感謝杜薩德（Thierry Dussard）先生分享他精彩的想法，他是經驗豐富的記者，也是我職涯的忠實夥伴，在調查真相

時，我經常與他分享發現新聞資料的雀躍心情。

還要感謝凱薩琳‧馬特爾-胡松（Catherine Martel-Rousson）女士在尋找參考資料方面的寶貴貢獻。

還要感謝我的姊妹安-米雪勒（Anne-Michèle），她校閱了手稿，為書中論點提出了非常有建設性的建議，還有我的老朋友維列特（Hubert Villette）也提出寶貴建議。

我要感謝我的同事喬艾勒‧嘉輝（Joëlle Garrus）女士，她非常瞭解中國，儘管時間有限，她還是當仁不讓地校閱了我的手稿。

感謝瑪麗‧霍爾茲曼（Marie Holzman）女上，她針對我的手稿所提出的意見非常重要。

卡提亞‧畢菲特里耶（Katia Buffetrille）女士獨具火眼金睛，謹小慎微地幫忙校稿，在此致上友好感謝。

我也要感謝李楠西（Nancy Li）女士，她不可思議的幽默感惠我良多。

再次感謝玻拿修（Patrick Bonnassieux）先生，他可能是無意的，卻讓我找到了有價值的資訊。

還要感謝拉卡茲（Didier Lacaze）先生在資訊來源方面慷慨和忠實的惠賜。

感謝譯者蔡紫珊小姐與謝珮琪小姐。

還有要感謝所有選擇匿名但彼此認識的朋友們，沒有他們的堅定友誼的支持，我可能無法完成我的工作。

最後的感謝尤其要獻給我的妻子莫妮卡，她是我堅定有力的繆斯女神，在我幾乎精疲力盡時，總是能成功地將她無窮的能量傳遞給我。為了配合我寫這本書，她心甘情願地放棄了共同的安逸日子，日夜相挺，而這段消失時光，我還不知道該如何彌補她。

1. *Demain la Chine : démocratie ou dictature ?*, Paris, Gallimard, Coll. Le Débat, 2018.

2. Yves Sintomer et Jérémie Gauthier, « Les types purs de la domination légitime : forces et limites d'une trilogie », *Sociologie,* Vol. 5, 2014/3, pp. 319-333.

3. *Demain la Chine : guerre ou paix ?*, Paris, Gallimard, 2021（即將出版）

4. 中國央行貨幣政策顧問劉世京表示，隨著中國重回多年來的經濟強勁增長，預計2021年中國GDP增長甚至有望達到8%至9%。路透社，2021 年 2 月 26 日。https://www.reuters.com/article/us-china-economy-gdp/chinas-economy-could-grow-8-9-this-year-from-low-base-in - 2020-central-bank-adviser-idUSKBN2AQ090

5. 10 Comparitech，2020年7月22日。https://www.comparitech.com/vpn-privacy/the-worlds-most-surveilled-cities/

6. Daniel Kliman, Rush Doshi, Kristine Lee et Zack Cooper, Grading China's Belt and Road, CNAS, 2019. <https://s3.amazonaws.com/ files.cnas.org/CNAS+Report_China+Belt+and+Road_final.pdf>.

7. Share America, 6 mai 2019. https://share.america.gov/fr/la-chine-exporte-ses-outils-de-repression-dans-le-monde/

8. Martin Untersinger, « Amnesty International dénonce l'exporta tion vers la Chine de technologies européennes de srveillance », *Le Monde*, 21 septembre 2020. <https://www.lemonde.fr/pixels/article/2020/09/21/amnesty-international-denonce-l-exporta tion-vers-la-chine-de-technologies-europeennes-de-surveil lance_6052969_4408996.html>.

9. Webinaire organisé par *Asialyst* et l'INALCO, 27 janvier 2021, *Ibid.*

10. BBC, 23 décembre 2020.

11. Simone McCarthy et Zhuang Pinghui, « Did half a million people in Wuhan contract the coronavirus?», *South China Morning Post*, 29 décembre 2020. <https://www.scmp.com/news/china/science/article/3115725/ did-half-million-people-wuhan-contract-coronavirus>.

12. 《南華早報》，2021 年 3 月 4 日。https://www.scmp.com/news/hong-kong/hong-kong-economy/article/3124023/hong-kong-disappears-heritage-foundations-worlds

13. Déclaration des ministres des Affaires étrangères du G7 sur la situation à Hong Kong, 12 mars 2021. <https://www.vie publique.fr/discours/279015-ministere-de-leurope-et-des affaires-etrangeres-12032021-hong-kong>.

14. Rachida El Azzouzi, « Répression des Ouighours: «Briser, modeler, puis renvoyer dans la société» », Mediapart, 22 novembre 2020. https://www.mediapart.fr/journal/international/221120/repression-des-ouighours-briser-modeler-puis-renvoyer-dans-la-societe

15. *L'Obs*, Ursula Gauthier, *Un rapport chinois confirme la*

volonté de détruire les structures sociales ouïgoures, 3 mars 2021. https://www.nouvelobs.com/monde/20210302. OBS40875/exclusif-un-rapport-chinois-confirme-la-volonte-de-detruire-les-structures-sociales-ouigoures. html#xtor=AD-192-[20210303_ouigours]。

16. Gulbahar Haitiwaji, Rescapée du goulag chinois: Premier témoignage d'une survivante ouïghoure, Equateurs, 2021. Coécrit avec Rozen Morgat.

17. Cette citation et les suivantes sont extraites d'un entretien accordé à Baptiste Fallevoz, «Rescapée du Goulag chinois» par Gulbahar Haitiwaji: le témoignage d'une Ouïghoure de France », Asialyst. com, 12 janvier 2021. <https://asialyst.com/ fr/2021/01/12/res capee-du-goulag-chinois-gulbuhar-haitiwaji-temoignage-livre ouighours-france/>.

18. *Asialyst*, 13 janvier 2021.

19. Matthew Hill, David Campanale et Joel Gunter, << «Their goal is to destroy everyone»: Uighur camp detainees allege systematic rape », BBC：他們的目標是消滅所有人，維吾爾集中營被拘留者聲稱遭到系統性強姦，2021 年 2 月 2 日。https://www.bbc.com/news/world-asia-china-55794071

20. Rachida El Azzouzi, «Gulbahar Jalilova, resca pée ouïghoure: «Nous ne sommes pas des êtres humains pour eux» », Mediapart，Un Monde à vive，2021 年 2 月 22 日。https:// www.mediapart.fr/journal/international/221120/gulbahar-jalilova-rescapee-ouighoure-nous-ne-sommes-pas-des-etres-humains-utm_source=facebook&utm_medium= social&utm_campaign=Sharing&xtor =CS3-66&fbclid=

IwAR32GvblCP9mP3

21. Sorya Khaldoun, «Ouïghours: "La Chine remplit tous les critères de définition du génocide" », Franceinfo，2021 年 3 月 13 日。https://www.francetvinfo.fr/monde/chine/ ouighours-la-chine-remplit-tous-les-criteres-de-definition-du-genocide_4332709.html?fbclid=IwAR3NqMdBWOpk5tzc - 6SC-y_c5fIvSubOsMv8Gtho4joG46L66H4IBya_R8 # xtor = CS2-765-% 5Bautres% 5D-

22. BBC, 31 mars 2021. *The cost of Speaking up Against China.* https://www.bbc.com/news/world-asia-china-56563449

23. « Au Xinjiang, la mémoire en ruines des cimetières musul mans », Le Point, 9 octobre 2019. <https://www.lepoint.fr/ monde/au-xinjiang-la-memoire-en-ruines-des-cimetieres-musul. *Agence France-Presse*, 9 octobre 2019, *Au Xinjiang, la mémoire en ruines des cimetières musulmans.* https://www.lepoint.fr/ monde/au-xinjiang-la-memoire-en-ruines-des-cimetieres-musulmans-09-10-2019-2340180_24.php

24. Frédéric Lemaître, « 2020, mauvaise année pour les journalistes mans-09-10-2019-2340180_24.php>. étrangers en Chine», *Le Monde*, 2 mars 2021.

25. Inside China's police state tactics against muslims », The Intercept, 3 février 221. https://theintercept.com/2021/02/03/ intercepted-china-uyghur-muslim-surveillance-po lice/?fbclid=IwAR0tkdWaT3sUQFzj72LwVCK-r3eSI9BKD6qVjt5GtlZHUqfx-ruQ-Ukb9M4

26. Déclaration de M. Jean-Yves Le Drian, ministre de l'Europe et des Affaires étrangères, en réponse à une question sur la

situation des Ouïghours en Chine, au Sénat le 10 mars 2021. <https://www.vie-publique.fr/discours/278951-jean-yves-le drian-10032021-ouighours-en-chine>.

27. *Public Sénat*, 10 mars 2021. https://www.publicsenat.fr/article/ parlementaire/ouighours-jean-yves-le-drian-demande-l-envoi-d-une-mission-d-experts

28. « Dutch Parliament: China›s treatment of Uighurs is genocide », *Reuters*, 26 février 2021. https://www.reuters.com/article/us-netherlands-china-uighurs-idUSKBN2AP2CI

29. 2 月 22 日在處理中美關係的論壇上發表的評論。https:// www.wionews.com/world/xinjiang-tibet-shining-examples-of-our-human-rights-progress-china-365449?fbclid=IwAR2Q c1i115dfa65gV-KHiFdnI-DbwHALPoTxoIbeXodiXdw-gpLs-lxKUCY

30. *Le Point*，中國如何在大學推兵，Jérémy André。2021 年 2 月 25 日。https://journal.lepoint.fr/comment-la-chine-pousse-ses-pions-a-l-universite-2415125

31. O. C., « Le premier adjoint de Strasbourg demande des expli cations à Christian Mestre, déontologue de l'Eurométropole », Dernières nouvelles d'Alsace, 25 février 2021. <https:// www.dna. fr/societe/2021/02/25/le-1er-adjoint-de-strasbourg-demande des-explications-a-christian-mestre-deontologue-de-l-eurome tropole>.

32. Raphaël Glucksmann, post sur sa page Facebook, 26 février 2021. <https://www.facebook.com/rglucks1/photos/ a.10733152801908 7/117155390370034/?type=3>.

33. Demetri Sevastopulo et Tom Mitchell, Joe Biden holds first call

with Xi Jinping since taking office, Financial Times, 11 février 2021. <https://www.ft.com/content/d637fa79-0002-41ee-97ab 08bb5c472562>.

34. Adrian Morrow, « Biden talks tough on human rights in China », The Globe and Mail, 25 mars 2021. <https://www.theglobeand mail.com/world/us-politics/article-joe-biden-talks-tough-on-human-rights-in-china/>.

35. Rapahel Glucksmann: «Les citoyens veulent-ils finan cer une entreprise qui massacre des Ouïghours?» », Rue89 Strasbourg，2021 年 2 月 27 日。https://www.rue89strasbourg.com/raphael-glucksmann-huawei-citoyens-massacre-ouighours-201534?fbclid=IwAR3OlehBXbun7g5-JuDcumIc3Tw3P

36. « Antoine Griezmann rompt son contrat avec Huawei, accusé de participer à la surveillance des Ouïghours» 法 新 社，2020 年 12 月 10 日。https://www.lemonde.fr/international/article/2020/12/10/antoine-griezmann-rompt-son-contrat-avec-huawei-accuse-de-participer-a- la -surveillance-des-ouigours_6062936_3210.html

37. «Nabilla soutient les femmes ouighoures persécutées en Chine», MCETV，2021 年 3 月 9 日。https://mcetv.fr/mon-mag-buzz/people/nabilla-soutient-femmes-ouighoures-08032021/

38. «La Chine doit fermer les camps de rééducation politique» en région ouïgoure » 世界報，2018 年 10 月 10 日。

39. 路透社，2021 年 2 月 26 日。https://www.reuters.com/article/chine-droits-de-l-homme-onu-idFRKBN2AQ257

40. Clémentine Autain, «< Ouïghours: création d'un collectif de soutien », Clementine-autain.fr, 3 octobre 2020. http://

clementine autain.fr/ouighours-creation-dun-collectif-de-soutien/>.

41. «Ouïghours: l>UE, le Canada et les USA sanctionnent la Chine, Pékin réplique », Le Point, 22 mars 2021. <https://www.lepoint.fr/monde/ouighours-l-ue-le-canada-et-les-usa-sanctionnent-la-chine-pekin-replique-22-03-2021-2418887_24.php>.

42. Raphaël Glucksmann, post sur Twitter, 22 mars 2021. <https://twitter.com/rglucks1/status/1373997665495703552>.

43. "Badge of honour" - Chinas sanctions UK politicians for Xinjiang "lies" » 路透社，2021 年 3 月 26 日。https://www.reuters.com/article/uk-china-uk-xinjiang/china-sanctions-uk-entities-individuals-over-xinjiang-lies-idUSKBN2BH3LK

44. Charlie Parker, « China denounced over "grave threat to academic freedom", *The Times*, 29 mars 2021. https://www.thetimes.co.uk/article/china-denounced-over-grave-threat-to-academic-freedom-z82kxh7lb

45. Raphaël Glucksmann, post sur Facebook du 24 mars 2021. https://www.facebook.com/permalink.php?story_fbid=125908482828058&id=106683624750544

46. Ibid., post sur Facebook du 26 mars 2021. <https://www.facebook.com/permalink.php?story_fbid=127342402684666&id=106683624750544>

47. 《世界報》，2021 年 3 月 31 日。https://www.lemonde.fr/international/article/2021/03/31/quand-la-television-chinoise-cgtn-invente-une-journaliste-francaise_6075155_3210.html

48. V5 Monde，維吾爾人：為什麼穆斯林世界對中國政府的迫害沒有反應？2019 年 5 月 26 日。https://information.

tv5monde.com/info/ouighours-pourquoi-le-monde-musulman-ne-reagit-il-pas-face-aux-persecutions-du-gouvernement

49. 對作者的採訪，2021 年 3 月 5 日。

50. *CNN*, 10 mars 2021. https://edition.cnn.com/2021/03/09/asia/china-uyghurs-xinjiang-genocide-report-intl-hnk/index.html

51. BBC, 7 mars 2021. https://www.bbc.com/news/world-asia-china-56311759

52. BBC, 7 mars 2021. https://www.bbc.com/news/world-asia-china-56311759

53. 《西藏生與死：雪域的民族主義》，董尼德著，蘇瑛憲譯，時報文化出版。1994 *Tibet mort ou vif*, Gallimard, coll. Folio, 1990, nouvelle édition en 2019.

54. *Asialyst*, 11 décembre 2020.

55. 對作者的採訪，在《西藏生與死》，Gallimard，coll. Current Folio，2019 年，第 321-322。

56. 對作者的採訪，2021 年 3 月 5 日。

57. 眾議院公報，2021 年 3 月 10 日。https://www.speaker.gov/newsroom/31021

58. 法新社，2020 年 9 月 1 日。

59. *Le Monde*, Brice Pedroletti, 2 septembre 2020.

60. *South China Morning Post*, 6 mars 2021. https://www.scmp.com/news/china/politics/article/3124370/two-sessions-xi-jinping-tells-inner-mongolias-npc-deputies-put

61. *La crise environnementale en Chine*, ibid., p. 85-86.

62. *Les Echos*, 28 mars 2019.

63. Meiyun Lin *et al.* Transport of Asian Ozone Pollution into Surface Air over the Western United States in Spring, *Journal of*

Geophysical Research: Atmospheres http://green.blogs.nytimes.com/2012/03/06/a-new-east-asian-import-ozone-pollution

64. *World Energy Outlook 2009*, Paris, Agence Internationale de l'énergie.
65. South China Morning Post, 21 octobre 2020.
66. *Le Canard Enchaîné*, 14 octobre 2020.
67. *Le Canard Enchaîné*, 14 octobre 2020.
68. *Financial Times*, 9 janvier 2015.
69. *La crise environnementale en Chine, ibid.*, p. 105. Les Presses d Sciences Po, 2016.
70. *La crise environnementale en Chine, ibid.*, p. 109.
71. Hubert Testard, *Changement climatique : où en est la Chine ? Asialyst*, 21 janvier 2021. https://asialyst.com/fr/2021/01/21/changement-climatique-ou-en-est-chine/
72. Beijing Air Akin in Smoking Lounge, *Bloomberg News* 31 janvier 2013 http://www.bloomberg.com/news/2013-01-30/beijing-air-akin-to-living-in-smoking-lounge-chart-of-the-day.html
73. http://ajw.asahi.com/article/asia/china/AJ201302030021
74. *La crise environnementale en Chine*, Jean-François Huchet, SciencesPo Les Presses, p. 10
75. Robert A. Rohde, Richard A. Muller, *Air Pollution in China : Mapping of Concentrations and Sources*, Berkeley, 2015 http://berkeleyearth.org/wp-content/uploads/2015/08/China-Air-Quality-Paper-July-2015.pdf
76. 然而,2019 年 CBS 新聞排名將 9 個印度城市列為世界上汙染最嚴重的 10 個城市,而中國排名第一的城市僅排在第

19 位。 https://www.cbsnews.com/pictures/the-most-polluted-cities-in-the-world-ranked

77. Yangzhong Huang, Chocking to Death: Health Consequences of Air Pollution in China, *The Diplomat* 6 mars 2013, http://thediplomat.com/2013/03/06/chocking-to-death-the-health-consequences-of-air-pollution-in-china

78. *La Crise environnementale en Chine, Ibid*, p.38.

79. https://www.reuters.com/article/us-china-polltion-oceans/chinas-ocean-waste-surges-27-in-2018-ministry-idUSKBN1X80FL

80. https://www.greenpeace.org/international/press-release/46066/biodegradables-will-not-solve-chinas-plastics-crisis/

81. Webinaire organisé par *Asialyst* et l'Institut National des Langues et Civilisations Orientales (INALCO), 27 janvier 2021

82. *Ibid.*

83. https://www.notre-planete.info/environnement/deforestation.php

84. https://www.globalforestwatch.org/dashboards/country/CHN

85. http://www.leboisinternational.com/le-laos-tente-dendiguer-le-trafic-illegal-des-bois/

86. http://www.fao.org/forest-resources-assessment/2020/en/

87. *Radio France Internationale*, 27 décembre 2020.

88. *South China Morning Post*, 28 février 2021. https://www.scmp.com/news/china/science/article/3123418/how-drop-drop-chinas-yangtze-river-drying?utm_source=email&utm_medium=share_widget&utm_campaign=3123418

89. *La crise environnementale en Chine*, Jean-François Huchet,

2016, Les Presses de Sciences Po, p. 48

90. *Examens environnementaux de l'OCDE*, Paris, OCDE, 2007.

91. *La crise environnementale en Chine, ibid*, p. 51.

92. Xhie Haitao, Liu Hongqiao, Zhang Xia, *Sip of Death Plagues Cancerous River Villages*, Caixin, 10 septembre 2013. http://english.caixin.com/2013-10-09/100589447.html

93. *vnExpress International, Experts worried about impacts of Chinese Red River dams*, 2 mars 2021. https://e.vnexpress.net/news/news/experts-worried-about-impacts-of-chinese-red-river-dams-4240742.html vnExpress est le premier journal au Vietnam qui n'ait pas de format papier. C'est l'un des sites Web les plus populaires au Vietnam.

94. *Chine Magazine*, 4 décembre 2020. https://www.chine-magazine.com/la-chine-va-construire-un-barrage-hydroelectrique-au-tibet/

95. *South China Morning Post*, 10 mars 2021. https://www.scmp.com/news/china/diplomacy/article/3124698/china-india-relations-beijing-should-speed-hydropower-project

96. Alda Engoian, « Kazakhstan, « Après la mer d'Aral, au tour du lac Balkhach de s'assécher? », Courrier international, 27 mars 2021, <https://www.courrierinternational.com/article/kazakhstan-apres la-mer-daral-au-tour-du-lac-balkhach-de-sassecher>, citant David Trilling, « China›s water use threatens Lazakhstan›s other big lake », Eurasianet, 17 mars 2021. <https://eurasianet.org/chinas water-use-threatens-kazakhstans-other-big-lake>.

97. *Courrier International*, 27 mars 2021. https://www.

courrierinternational.com/article/kazakhstan-apres-la-mer-daral-au-tour-du-lac-balkhach-de-sassecher

98. *The Guardian*, 4 janvier 2011. http://www.theguardian.com/world/2011/jan/04/china-desrtification

99. *La crise environnementale en Chine*, ibid., p. 81.

100. Entretien avec l'auteur, 29 janvier 2021.

101. *LCI*, 16 décembre 2020, Charlotte Anglade. https://www.lci.fr/environnement-ecologie/pour-lutter-contre-la-secheresse-la-chine-ambitionne-de-faire-la-pluie-et-le-beau-temps-2173009.html

102. L'Opinion, 22 avril 2020. https://www.lopinion.fr/edition/international/petrole-chine-l-occasion-fait-larron-216311

103. https://commodity.com/data/china/

104. *Les Echos*, 2 décembre 2019. https://www.lesechos.fr/monde/chine/gaz-la-chine-renforce-ses-liens-avec-la-russie-1153027

105. *South China Morning Post*, China's ban on Australian coal drives diversification, but can it fill the gap ?, 17 janvier 2021.

106. *Natura Sciences*, 29 avril 2020. https://www.natura-sciences.com/environnement/penurie-sable.html

107. *Statista*, 10 juillet 2018. https://fr.statista.com/infographie/14616/la-chine-imbattable-sur-le-marche-du-ciment/#:~:text=Une%20situation%20corrobor%C3%A9e%20par%20les,que%20le%20reste%20du%20monde.

108. *Financial Times in Courrier International*, 9 février 2020. https://www.courrierinternational.com/article/submersion-le-delta-du-mekong-est-menace-de-disparition

109. *National Geographic*, 15 mars 2018.

110. *Blé, maïs, soja : la Chine a eu très faim en 2020*, Pleinchamp, 3 décembre 2020. https://www.pleinchamp.com/actualite/ble-mais-soja-la-chine-a-eu-tres-faim-en-2020

111. *La crise environnementale en Chine*, ibid., p. 146.

112. Entretien avec l'auteur, 9 janvier 2021.

113. *Ibid.*

114. *Le Monde*, 4 avril 2013.

115. *Asialyst*, 10 octobre 2019.

116. *France 24*, 6 novembre 2020.

117. *The Spectator*, Londres, 6 juin 2020.

118. *France Info*, 16 janvier 218.

119. *Agence Chine Nouvelle* (Xinhua), 13 janvier 2021.

120. Antoine Izambard *France-Chine Les liaisons dangereuses. Espionnage, business… révélations sur une guerre secrète*, Stock, 209.

121. *France-Chine Les liaisons dangereuses*, p. 40, Stock, 2019.

122. Bloomberg, *Huawei personnel worked with China's military on research projects*, 27 juin 2019. https://www.bloomberg.com/news/articles/2019-06-27/huawei-personnel-worked-with-china-military-on-research-projects

123. On lira utilement sur ce sujet *Huawei lève une armée de lobbyistes et de consultants pour imposer sa 5G en France, Le Canard Enchaîné*, 24 décembre 2019.

124. *Le Monde*, 5 mars 2021.

125. Beijing's biggest chipmaking champion SMIC faces uncertain future after US blacklisting par Che Pan, 21 décembre 2020, https://www.scmp.com/tech/big-tech/article/3114795/beijings-

biggest-chipmaking-champion-smic-faces-uncertain-future

126. Trump administration pressed Dutch hard to cancel China chip-equipment sale: sources par Alexandra Alper, Toby Sterling, Stephen Nellis, 6 janvier 2020, https://www.reuters.com/article/us-asml-holding-usa-china-insight-idUSKBN1Z50HN

127. US steps up talks with Taiwan to secure chip supply chain par Cheng Ting-fang et Lauly Li, 25 février 2021, https://asia.nikkei.com/Business/Tech/Semiconductors/US-steps-up-talks-with-Taiwan-to-secure-chip-supply-chain

128. IC Insights Research Bulletin, 6 janvier 2021, https://www.icinsights.com/data/articles/documents/1330.pdf

129. Entretien avec l'auteur

130. China's semiconductor dream takes a hit as local authority takes over 'nightmare' Wuhan factory par Sidney Leng, 18 novembre 2020, https://www.scmp.com/economy/china-economy/article/3110368/chinas-semiconductor-dream-takes-hit-local-authority-takes\

131. Entretien avec l'auteur

132. China to curb 'chaos' in semiconductor industry and hold bosses accountable for risky, loss-making projects par Amanda Lee, 20 octobre 2020, https://www.scmp.com/economy/china-economy/article/3106307/china-curb-chaos-semiconductor-industry-and-hold-bosses

133. China's top chipmaker hires sought-after former TSMC executive par Cheng Ting-fang, 16 décembre 2020, https://asia.nikkei.com/Business/China-tech/China-s-top-chipmaker-hires-sought-after-former-TSMC-executive

134. What's at Stake If the US and China Really Decouple par Raj Varadarajan, Antonio Varas, Marc Gilbert, Michael McAdoo, Fang Ruan, et Gary Wang, 20 octobre 2020, https://www.bcg.com/publications/2020/high-stakes-of-decoupling-us-and-china

135. Government Incentives and US Competitiveness in Semiconductor Manufacturing par Antonio Varas, Raj Varadarajan, Jimmy Goodrich, et Falan Yinug, septembre 2020, https://web-assets.bcg.com/27/cf/9fa28eeb43649ef8674fe764726d/bcg-government-incentives-and-us-competitiveness-in-semiconductor-manufacturing-sep-2020.pdf

136. Taiwan approves chipmaker TSMC's plan to invest $3.5 bln in new Arizona plant par Reuters, https://www.reuters.com/article/usa-semiconductors-tsmc-idUSL1N2J20UK

137. U weights deal with TSMC, Samsung for semiconductor foundry, par Natalia Drozdiak et Helena Fouquet, 11 février 2021. https://www.bloomberg.com/news/articles/2021-02-11/europe-weighs-semiconductor-foundry-to-fix-supply-chain-risk

138. Former Taiwan president admits 'one country, two systems is dead' par Ching-Tse Cheng, 12 mars 2021, https://www.taiwannews.com.tw/en/news/4149035

139. Why should Australia be concerned about rising tensions in the Taiwan Straits? par Linda Jakobson, https://chinamatters.org.au/policy-brief/policy-brief-february-2021/

140. Taiwan prosecutes semiconductor recruiters accused of illegally poaching talent for Chinese company par Masha Borak, 10 mars 2021, https://www.scmp.com/tech/tech-war/article/3124845/taiwan-prosecutes-semiconductor-recruiters-accused-illegally-

poaching

141. Mensuel *L'astronomie*, janvier 2021, pp. 32-34.

142. *Ibid.*

143. Futura Sciences, 17 décembre 2020. https://www.futura-sciences.com/sciences/actualites/lune-change-5-retour-terre-cargaison-echantillons-lunaires-54866/

144. *South China Morning Post*, 22 décembre 2020.

145. William Zheng et Eduardo Baptista, « Touchdown for China's Mars river Zhu Rong after "nine minutes of terror" », SCMP, 15 mai 2021. <https://www.scmp.com/news/china/science/ article/3133587/china-successfully-lands-mars-rover-zhu-rong after-nine-minutes>.

146. http://www.lunil.com/jiuzhang-ordinateur-quantique-plus-puissant-superordinateur/

147. Futura Sciences, Nathalie Mayer, 7 décembre 2020. https://www.futura-sciences.com/sciences/actualites/fusion-fusion-nucleaire-chine-allume-son-soleil-artificiel-64846/

148. AFP, Fusion nucléaire : la Chine s'échauffe au soleil artificiel de demain. *Sciences et avenir*, 28 avril 2019. https://www.sciencesetavenir.fr/fondamental/fusion-nucleaire-la-chine-echauffe-au-soleil-artificiel_133304

149. *Numerama*, 28 décembre 2020. https://www.numerama.com/sciences/678606-le-soleil-artificiel-de-la-coree-du-sud-etablit-un-nouveau-record-en-fusion-nucleaire.html?fbclid=IwAR1-V9ysHaE6M06iiPCrcgoyB4N9rZWOh3oQoxWMbeupNzv1cJwAOQX4Tig

150. La Chine et l'arme des terres rares, Valérie Niquet, Revue

internationale et stratégique 2011/4, Cairn Info. https://www.
cairn.info/revue-internationale-et-strategique-2011-4-page-105.
htm_. Sur ce sujet, lire l'ouvrage de Qiao Liang et Wang
Xiangsui, *La Guerre hors limites*, Paris, Rivage, 2003

151. South China Morning Post, 19 février 2021. https://www.scmp.
com/news/china/diplomacy/article/3122501/china-raises-rare-
earth-quotas-goodwill-trade-signal-us

152. Reuters, 22 avril 2020. https://www.reuters.com/article/us-usa-
rareearths-projects-factbox-idUSKCN2241L6

153. *The McGill International Review*, 17 décembre 2018. https://
www.mironline.ca/chine-face-a-une-urbanisation-demesuree/

154. *Courrier International* n° 1572 du 17 décembre 2020, p. 65.

155. *Cairn.Info, La Chine à l'heure des villes intelligentes*,
Nicolas Douay, Carine Henriot, mars 2016. https://
www.cairn.info/revue-l-information-geographique-
2016-3-page-89.htm#:~:text=La%20notion%20de%20
ville%20intelligente,au%20d%C3%A9but%20des%20
ann%C3%A9es%202010.

156. Hebdomadaire *Réforme* n° 3842, 19 mars 2020.

157. *You will be assimilated. China's Plan to Sino-form the World*,
David P. Goldman, Bombardier Books, 2020, p. XVI. David
P. Goldman est connu pour sa tribune dans le Asia Times
Online publiée sous le pseudonyme de Spengler. En 2011, il a publié
le livre How civilisations die (Comment meurent les civilisations).

158. BBC, 8 novembre 2019.

159. *Sputnik News*, 16 décembre 2020. https://fr.sputniknews.com/
international/202012161044940203-espionnage-industriel-

chinois-ambiance-de-guerre-froide-ou-realite-de-la-domination/

160. *Huge fan of your work: How turbine Panda and China's top spies enable Beijing to cut corners on the C919 passenger jet.* https://www.crowdstrike.com/blog/huge-fan-of-your-work-part-1

161. https://www.capital.fr/entreprises-marches/airbus-cible-par-des-cyberattaques-un-espionnage-industriel-pilote-depuis-la-chine-1351227

162. Balenieri,« La Chine a fait un TGV toute seule », Libération, 4 juillet 2017. <https://www.liberation.fr/futurs/2017/07/04/la chine-a-fait-un-tgv-toute-seule 1581577/>.

163. Libération, 4 juillet 2017.

164. Parmi ses ouvrages en langue française : Les services secrets chinois: De Mao à Xi Jinping, Nouveau Monde, 2015, Kang Sheng, le maître espion de Mao (avec Rémi Kauffer), Tempus, 2014 et en langue anglaise : Chinese Spies: From Chairman Mao to Xi Jinping, C. Hust & Co, 2019.

165. Entretien avec l'auteur, 10 janvier 2021.

166. 中國學生李煌，涉嫌從事損害設備製造商法雷奧的工業間諜活動，於 2005 年因涉嫌竊取計算機數據而被捕，並因「違反信任」，*le monde*，2007 年 12 月 18 日。

167. *Le Figaro*, 11 février 2021.

168. *South China Morning Post*, 11 février 2021. https://www.scmp.com/week-asia/politics/article/3121400/chinese-spying-fears-revived-security-probe-australian

169. *Agence France-Presse*, 10 juillet 2020. https://www.leparisien.fr/faits-divers/deux-anciens-espions-condamnes-

a-8-et-12-ans-de-prison-pour-trahison-au-profit-de-la-chine-10-07-2020-8351193.php

170. *Le Point* n° 2535, 18 mars 2021. https://journal.lepoint.fr/comment-pekin-profite-de-nos-chercheurs-2418022

171. *Le Point, Comment la Chine pousses ses pions à l'université*, Jérémy André, 25 février 2021. https://journal.lepoint.fr/comment-la-chine-pousse-ses-pions-a-l-universite-2415125

172. *South China Morning Post*, 12 février 2021.

173. *Most cyber attacks from the US: report. Global Times*, 10 juin 2019. http://www.globaltimes.cn/content/1153777.shtml

174. *Le Monde*, 13 mars 2021. https://www.lemonde.fr/international/article/2021/03/13/tensions-entre-etats-unis-russie-et-chine-apres-la-concomitance-de-deux-cyberattaques-majeures_6072975_3210.html

175. *Le Figaro*, 8 mars 2021.

176. BBC, 25 mars 2021. https://www.bbc.com/news/technology-56518467

177. *Le Monde*, 25 mars 2021. https://www.lemonde.fr/pixels/article/2021/03/25/facebook-bloque-une-operation-de-cybersurveillance-visant-des-expatries-ouigours_6074427_4408996.html

178. *Libération*, 9 mars 2021.

179. *La Révolution culturelle en Chine à cœur ouvert*, Pierre-Antoine Donnet, *Asialyst*, 19 janvier 2021.

180. *Sciences Avenir, La Chine réécrit-elle son histoire ?* entretien conduit par Bernadette Arnaud. https://www.sciencesetavenir.fr/archeo-paleo/archeologie/la-chine-reecrit-elle-son-

histoire_151199

181. *Le Monde*, 21 février 2021.

182. *Time Magazine*, 31 mars 2016. https://time.com/magazine/ south-pacific/4278204/april-11th-2016-vol-187-no-13-asia-europe-middle-east-and-africa-south-pacific/

183. *Ibid.*

184. *Asialyst*, Alex Payette, 25 mars 2021. https://asialyst.com/ fr/2021/03/25/chine-flatteries-xi-jinping-patriotes-hong-kong-tensions-parti-communiste/

185. *Reuters*, 25 mars 2021. https://www.reuters.com/article/us-usa-biden/biden-compares-xi-to-putin-republican-voting-plans-to-jim-crow-laws-idUSKBN2BH1AY?il=0

186. *Le Petit Journal*, 11 juin 2018. https://lepetitjournal.com/hong-kong/demain-la-chine-democratie-ou-dictature-entretien-avec-lauteur-232882

187. *Demain la Chine : démocratie ou dictature ?* Gallimard, 2018. p. 26.

188. *Ibid*, pp. 27-26.

189. *Ibid*, p. 41.

190. *Ibid*, p. 57.

191. Ibid, p. 94

192. *Ibid*, p. 97.

193. *Ibid*, p. 98.

194. *Ibid*, p. 99.

195. *Ibid*, p. 109.

196. *Ibid*, p. 115.

197. *Ibid*, p. 120.

198. *Ibid.* p. 212.

199. *Ibid*, p. 265.

200. *Ibid*, p. 273.

201. *Ibid*, p. 273.

202. *Bloomberg News*, 4 février 2021. https://www.bloomberg.com/news/articles/2021-02-04/china-teaches-school-children-do-as-president-xi-tells-you

203. *L'Opinion*, 6 janvier 2020. https://www.lopinion.fr/edition/international/en-chine-xi-jinping-toujours-plus-haut-devient-dirigeant-peuple-207682

204. *Le Monde*, 16 juin 2020. https://www.lemonde.fr/international/article/2020/06/16/en-chine-la-pensee-xi-jinping-ne-fait-pas-l-unanimite_6043030_3210.html

205. BBC, 8 février 2021. https://www.bbc.com/news/technology-55982137

206. *New York Times*, 9 février 2021.

207. *L'Opinion*, 8 juin 2020.

208. *South China Morning Post*, 23 janvier 2021.

209. *Formosana, Histoires de démocratie à Taiwan*, L'Asiathèque, 2021. P.9.

210. Liu Zhen, « "Taiwan independence means war": China's Defence ministry warns Joe Biden against siding with Taipei », SCMP, 28 janvier 2021. <https://www.scmp.com/news/china/milita ry/article/3119663/taiwan-independence-means-war-chinas defence-ministry-warns>.

211. *Courrier International* n° 1579 du 4 février 2021.

212. Agence France-Presse, 2 mars 2021.

213. Agence France-Presse, 2 mars 2021.

214. *Arte*, 1er septembre 2015. https://info.arte.tv/fr/pratiquement-tous-les-produits-chinois-bon-marche-proviennent-dun-camp-de-travail?fbclid=IwAR0q542ha0jESnqPzr6XjQOkM_2R59kC Ii-aXWLCpJgE--wVBgZ176Yq6ao

215. *Extrait de «Chine, la grande offensive», un document* diffusé dans l'émission «Complément d'enquête» *sur France2 le 25 février 2021.*

216. *AFP*, 6 mars 2021. https://www.lefigaro.fr/culture/la-realisatrice-de-nomadland-au-coeur-d-une-polemique-en-chine-20210306?fbclid=IwAR35aYXX9_0dmVXB7A9pOR4GPxszr2 duI-xD6Sxw6JDsVExf1e234rRhF2g

217. *Reuters*, 24 mars 2021. https://www.reuters.com/article/us-china-xinjiang-cotton/hms-xinjiang-labour-stance-raises-social-media-storm-in-china-idUSKBN2BG1G4

218. *South China Morning Post*, 30 mars 2021. https://www.scmp.com/news/china/article/3127537/un-panel-warns-well-known-global-brands-may-be-linked-xinjiang-human?utm_source=Facebook&utm_medium=share_widget&utm_campaign=3127537&fbclid=IwAR2dpEL1DOA5EFS6rqgacoadA7sC4Jj hk1EKYYwhqarmsP0jhx-kGtWS4s4

219. *Le temps de prédateurs, La Chine, les Etats-Unis, la Russie et nous*, p. 34, Odile Jacob, 2020.

220. *Les « Nouvelles Routes de la Soie », la Chine et le néocolonialisme en Asie du Sud, Asialyst*, 22 janvier 2021. https://asialyst.com/fr/2021/01/22/nouvelles-routes-soie-chine-neocolonialisme-asie-sud-pakistan-birmanie/

221. *Cairn.Info, Etudes*, décembre 2019, *les nouvelles routes de la soie.* https://www.cairn.info/revue-etudes-2019-12-page-19.htm

222. *South China Morning Post*, 28 mars 2021. https://www.scmp.com/comment/opinion/article/3127314/myth-chinas-debt-trap-diplomacy-must-be-put-bed-once-and-all

223. Sur ce sujet on pourra consulter utilement le travail universitaire d'Alexandre Debaune intitulé *Les Nouvelles Routes de la Soie : un cadeau empoisonné pour l'Asie Centrale ?* https://misterprepa.net/les-nouvelles-routes-de-la-soie-un-cadeau-empoisonne-pour-lasie-centrale/

224. The Conversation, 9 février 2020. Sur ce sujet, on pourra consulter le lien suivant : https://theconversation.com/de-nouvelles-routes-de-la-soie-durables-un-defi-impossible-130672

225. Cissy Zhou, « China debt: Beijing may cut belt and road lending due to domestic pressure, to ensure future of project », SMCP, 24 novembre 2020. <https://www.scmp.com/economy/china economy/article/3111052/china-debt-beijing-may-cut-belt-and road-lending-due-domestic>.

226. *Asialyst*, Olivier Guillard, 8 janvier 2021.

227. *Le Monde*, 7 février 2021.

228. *The Diplomat*, 6 mars 2021. https://theDiplomat.com/2021/03/the-continuing-mystery-of-the-belt-and-road/

229. Sur ce sujet, à voir sur YouTube la vidéo de Asia Balluffier et Antoine Schirer du journal *Le Monde*, Que fait la Chine en Afrique ? mise en ligne le 22 février 2019.

230. Entretien avec l'auteur, 22 janvier 2021.

231. *Le Monde*, 5 février 2021.

232. Ibid.

233. Julien Wagner, Chine-Afrique, le grand pillage, Paris, Eyrolles, 2014.

234. Laurent Ribadeau Dumas, « L'Afrique serait-elle en passe de devenir une colonie chinoise? », entretien avec Julien Wagner, Francetvinfo.fr, 20 septembre 2017. <https://www.francetvinfo.fr/ monde/afrique/economie-africaine/lafrique-serait-elle-en-passe de-devenir-une-colonie-chinoise_3059111.html>.

235. Interview du 20 septembre 2017 à France Télévisions, Rédaction Afrique, réalisée par Laurent Ribadeau Dumas.

236. Fondation Afrikhepri, *Afrique : les agro-impérialistes font main basse sur les terres agricoles.* https://afrikhepri.org/afrique-les-agro-imperialistes-font-main-basse-sur-les-terres-agricoles /?fbclid=IwAR2v0io2aQ7YxR7gSLh-aJGXpLUGAk66NUK_uaPW0OWbQYuqdH5uFSUbD-o

237. *Le Point*, 7 mai 2019.

238. The China Africa Project, 13 mars 2020. https:// chinaafricaproject.com/podcasts/amid-plunging-prices-africas-commodity-backed-debts-to-china-become-perilous/

239. Agence Chine Nouvelle (Xinhua), 24 avril 2019.

240. *Le Monde*, 16 mars 2021. https://www.lemonde.fr/afrique/ article/2021/03/16/au-bout-de-vingt-ans-la-success-story-de-la-chinafrique-a-des-consequences-qui-posent-probleme_6073324_3212.html?fbclid=IwAR15YznZyrl-pvnyZAE-apebCqKai2rbUesgurxV_G4Djbj581HvgdQKn90

241. François Heisbourg, Le Temps des prédateurs, 2020, op. cit., p.

19, 21, 36.

242. *Asialyst*, Jean-Raphaël Chaponnière, 11 septembre 2013. https://
asialyst.com/fr/2019/09/11/cambodge-sanctions-europeennes-
opportunites-chinoises/

243. Pierre-Antoine Donnet, Le leadership mondial en question;
l'affrontement entre la Chine et les États-Unis, La Tour
d'Aigues, l'Aube,

244. *Radio Canada*, 24 mai 2019. https://ici.radio-canada.ca/
nouvelle/1171564/cambodge-chine-influence-economie-
politique

245. *Le Monde*, Florence Evin, 13 février 2021.

246. *Cambodianess*, 29 novembre 2020. https://cambodianess.com/
article/angkor-lake-of-wonder-the-shadow-cast-over-angkor-by-
nagaworld

247. *Reuters*, 18 février 2021. https://www.reuters.com/article/
us-cambodia-internet/cambodias-new-china-style-internet-
gateway-decried-as-repression-tool-idUSKBN2AI140

248. *South China Morning Post*, 15 mars 2021. https://www.scmp.
com/news/china/diplomacy/article/3125510/chinese-fear-
myanmar-after-attacks-factories

249. *Libération*, 16 mars 2021.

250. Axios，2017 年成立的美國獨立在線新聞網站，*Estonia
warns of « silenced world dominated by Beijing*, 17 février
2021. https://www.axios.com/estonia-warns-of-silenced-
world-dominated-by-beijing-09e54843-6b45-491a-9bfd-
e880f6f14795.html?fbclid=IwAR2CEYo8oDoE6RBPUX9W5A
8RCyb_gojlycB6-cJBbzRWyO5zIfnnhAJlxAo

251. Axios, Growing number of countries issue warnings on China's espionage, 16 février 2021.

252. *L'Opinion*, 4 décembre 2020. https://www.lopinion.fr/edition/ wsj/etats-unis-dopent-leur-budget-dedie-a-l-espionnage-chine-231010

253. 在撰寫這篇文章時，我大量借鑒了《南華早報》的出色分析，這是一家優秀的香港英文報紙，儘管香港新聞介面臨多重壓力，但其勇敢的記者仍在繼續他們的資訊工作。https:// www.scmp.com/news/china/diplomacy/article/3122370/us-china-tensions-joe-biden-signals-tougher-line-beijing-key

254. *South China Morning Post*, 28 février 2021.

255. Graham Allison, *L'Amérique et la Chine dans le piège de Thucydide ? Vers la guerre*, Odile Jacob, 2019

256. *Ibid.*

257. *Reuters*, 28 janvier 2021. https://www.reuters.com/article/us-usa-china-south-china-sea-idUSKBN29X0C1

258. *APN News*, 2 octobre 2020. https://asiepacifique.fr/mer-de-chine-france-allemagne-royaumeuni-bataille-diplomatique/

259. *South China Morning Post*, 21 janvier 2021.

260. Entretien avec l'auteur, 22 janvier 2021.

261. Amber Wang, « France sends warships to South China Sea ahead of exercise with US and Japan », SMCP, 19 février 2021. <https:// www.scmp.com/news/china/diplomacy/ article/3122416/france sends-warships-south-china-sea-ahead-exercise-us-and>.

262. *Agence France-Presse*, 29 janvier 2021.

263. Chiffres du *South China Morning Post* du 15 février 2021.

264. 持平而論，應該說該病毒在中國幾乎沒有傳播，因此接種疫苗並不是像法國那麼緊急。

265. *South China Morning Post*, 13 mars 2021. https://www.scmp.com/news/china/diplomacy/article/3125344/quad-summit-us-india-australia-and-japan-counter-chinas

266. Jérémy André, « Covid: «La thèse du laboratoire de Wuhan n'est pas une théorie du complot» », *Le Point*, 17 février 2021. <https://www.lepoint.fr/monde/covid-la-these-du-laboratoire-de-wuhan n-est-pas-une-theorie-du-complot-17-02-2021-2414409_24. php>.

267. 參見我的著作《中美爭鋒》，對此問題有相當著墨。

268. BBC, 12 mars 2021. https://www.bbc.com/news/business-56318576

269. *South China Morning Post*, 13 mars 2021. https://www.scmp.com/news/china/diplomacy/article/3125290/us-president-joe-biden-opens-quad-summit-calling-alliance?utm_source=email&utm_medium=share_widget&utm_campaign=3125290

270. *South China Morning Post*, 13 mars 2021. https://www.scmp.com/week-asia/opinion/article/3125260/china-walks-fine-line-between-stoking-nationalism-and-seeking

271. Global Soft Power Index, 25 février 2021. https://www.smh.com.au/world/europe/australia-enters-top-10-in-global-rankings-of-soft-power-20210225-p575ll.html

272. Reuters, 25 février 2021, China's Xi trumpets 'victory' in campaign to end rural poverty. https://www.reuters.com/article/us-china-politics-poverty-idUSKBN2AP09Q

273. *South China Morning Post*, 25 février 2021. https://www.scmp.
com/news/china/politics/article/3123174/xi-jinping-declares-
extreme-poverty-has-been-wiped-out-china

274. *South China Morning Post*, 9 mars 2021. https://www.scmp.
com/news/china/military/article/3124733/xi-jinping-tells-
chinas-military-be-prepared-respond-unstable

275. *South China Morning Post*, 24 mars 2021. https://www.
scmp.com/news/china/military/article/3126702/chinas-
ability-invade-taiwan-much-closer-most-think-us-indo?utm_
source=email&utm_medium=share_widget&utm_
campaign=3126702

276. *SwissInfo*, 12 mars 2021. https://www.swissinfo.ch/fre/economie/
gen%C3%A8ve-montre-le-film-dont-p%C3%A9kin-voulait-que-
personne-ne-le-voie/46442890?fbclid=IwAR3PEqa_Z9kRACk-
08w-5CxgQ4ki8pIGKKKESFTd4OjQ-7miTUidh-1492A#.
YE3RIUxDnJM.facebook

歷史與現場 321

中國大掠奪
Chine, le grand prédateur

作　　　者—董尼德 PIERRE-ANTOINE DONNET
譯　　　者—蔡紫珊、謝珮琪
主　　　編—李筱婷
封面設計—兒日設計

總 編 輯—胡金倫
董 事 長—趙政岷
出 版 者—時報文化出版企業股份有限公司
　　　　　一○八○一九台北市和平西路三段二四○號七樓
　　　　　發行專線—（○二）二三○六—六八四二
　　　　　讀者服務專線—○八○○—二三一—七○五
　　　　　　　　　　　（○二）二三○四—七一○三
　　　　　讀者服務傳真—（○二）二三○四—六八五八
　　　　　郵撥—一九三四四七二四時報文化出版公司
　　　　　信箱—一○八九九台北華江橋郵局第九九信箱
時報悅讀網— http://www.readingtimes.com.tw
時報出版臉書—http://www.facebook.com/readingtimes.fans
法律顧問—理律法律事務所 陳長文律師、李念祖律師
印刷—勁達印刷有限公司
初版一刷—二○二二年七月十五日
定價—新台幣四八○元
（缺頁或破損的書，請寄回更換）

中國大掠奪／董尼德（Pierre-Antoine Donnet）著；蔡紫珊，謝珮琪譯 -- 初版 . --
臺北市：時報文化出版企業股份有限公司, 2022.07
352 面；14.8x21 公分 . --（歷史與現場；321）
譯自：Chine, le grand prédateur.

ISBN 978-626-335-679-5（平裝）

1.CST: 中國大陸研究 2.CST: 國際政治 3.CST: 國際經濟關係

574.1　　　　　　　　　　　　　　　　　　　　111010333

CHINE, LE GRAND PRÉDATEUR by Pierre-Antoine Donnet
© Éditions de l'Aube, 2021
http://www.editionsdelaube.com
Published by agreement with EDITIONS DE L'AUBE through The Grayhawk Agency
Complex Chinese Copyrights ©2022 China Times Publishing Company
All rights reserved.

ISBN 978-626-335-679-5
Printed in Taiwan